BIBLIOTHÈQUE NAPOLÉONIENNE

Collection fondée et dirigée par Jacques Jourquin
Directeur éditorial : Jean-Vincent Bacquart

ÉTUDES

Napoléon Ier et Paris, par Georges POISSON. Nouvelle édition.
L'Armée de Napoléon. Organisation et vie quotidienne, par Alain PIGEARD.
Napoléon franc-maçon ?, par François COLLAVERI.
Napoléon et la noblesse d'Empire, avec la liste complète des membres de la noblesse impériale, par Jean TULARD. Nouvelle édition.
Les Maréchaux de Napoléon, par Louis CHARDIGNY. Nouvelle édition.
Les Marins de Napoléon, par Auguste THOMAZI.
Napoléon intime (*Napoléon chez lui*), par Frédéric MASSON, préface de Jean TULARD. Nouvelle édition.
Le Sacre de Napoléon, par David CHANTERANNE.
L'Aventure du Retour des Cendres, par Georges POISSON.

MÉMOIRES

Journal des campagnes du baron Percy, chirurgien en chef de la Grande Armée, publié d'après les manuscrits par Émile LONGIN. Préface du médecin-général A. FABRE.
Napoléon prisonnier vu par les Anglais, par Joseph DE MOUGINS-ROQUEFORT. Préface de Jean-Paul KAUFFMANN.
Un hiver à Paris sous le Consulat. Lettres de Johann Friedrich REICHARDT. Texte présenté et annoté par Thierry LENTZ.
Journal du capitaine François, dit « le dromadaire d'Égypte ». Introduction critique, et annexes par Jacques JOURQUIN. Nouvelle édition.
Mémoires de Marchand, premier valet de chambre et exécuteur testamentaire de l'empereur Napoléon, publiés par Jean BOURGUIGNON et Henry LACHOUQUE. Nouvelle édition.
Souvenirs (1803-1814) et Biographie (1815-1845) du commandant Parquin, par Jacques JOURQUIN. Nouvelle édition critique revue et corrigée.
Journal inédit du Retour des Cendres (1840), par le mameluck Ali. Manuscrits déchiffrés, annotés et présentés par Jacques JOURQUIN.
Souvenirs d'un officier de la Grande Armée, par Jean-Baptiste BARRÈS, publiés par Maurice BARRÈS, son petit-fils. Nouvelle édition.
Souvenirs de campagnes du sergent Faucheur. Texte présenté par Jacques JOURQUIN.
Mémoires et campagnes du baron Larrey. Texte intégral, 2 volumes sous coffret.
Souvenirs d'une courtisane de la Grande Armée, par Ida SAINT-ELME. Texte présenté par Jacques JOURQUIN.

USUELS

Napoléon au jour le jour (*Itinéraire*), par Jean TULARD et Louis GARROS. Nouvelle édition.
Dictionnaire de la Grande Armée, par Alain PIGEARD.
L'Épopée napoléonienne. Les grandes batailles, par Jean TRANIÉ. Album.
Dictionnaire historique de Sainte-Hélène, par Jacques MACÉ.
Dictionnaire des batailles de Napoléon, par Alain PIGEARD.

HORS COLLECTION

Napoléon et le management, par Alexis SUCHET.

NAPOLÉON ET LE MANAGEMENT

ALEXIS SUCHET

NAPOLÉON ET LE MANAGEMENT

TALLANDIER

Je tiens à montrer ma reconnaissance à Jean-Claude Andres, Thérèse de Saint-Phalle et Michel Hiver « le Libraire de l'Empereur ». Il me faut aussi rendre hommage à Charles-Louis, Kiki, Simon et Romain de Maud'huy. Sans oublier mes amis du « 47 » Vladimir Kauffmann Tourkestansky, Henri d'Orglandes, Gérard de Montesquieu, Édouard Ulrich et Guillaume de Galard. Je remercie S.E. Rafael Tovar, S.E. Serge Boidevaix, Yves Aubin, Robert Piret, Marie Monique Steckel, Gérard Legrain, Catherine de Leusse, Xavier Mosquet et Michel Feuillebois. Mais aussi Hélène Guary, Camille de Guillebon, Carole Corm, Maria de Oliveira, Margeleine de Latour, Monica Albuquerque, Sylvia Leuthenmayr, Cédric de Lestrange, Gabrielle de Cosnac, Émilie de Lanzac, Adrien de Felcourt et Ségolène Beuriot. Je tiens enfin à remercier tous ceux que je n'ai pas cités alors qu'ils le méritaient.

18, rue Dauphine
75006 Paris

SOMMAIRE

La mise en œuvre d'une vision

L'éclatement de la bulle

À Louis et Simone Suchet d'Albufera
À Kiki

INTRODUCTION

Destin placé sous le sceau de l'action intrépide, Napoléon Bonaparte s'élance comme une étoile filante qui va *« brûler pour éclairer son siècle*[*] *»*, du pont d'Arcole à Waterloo, en seulement dix-huit ans. Deux siècles plus tard, il demeure la personnalité non religieuse qui fascine le plus à travers le monde car il impressionne par sa capacité à surmonter ses contradictions. C'est un idéaliste visionnaire et un opportuniste. Un potentat sans scrupules en même temps qu'un soldat courageux qui n'ignore rien de la souffrance. Dans son introduction aux *Maximes et pensées de Napoléon*, Honoré de Balzac explique la complexité de sa personnalité et de sa destinée par le fait que « le terroriste de 1793 et le général en chef ont été absorbés par l'Empereur, le gouvernant a souvent démenti le gouverné ». Peut-être Napoléon a-t-il pensé à ces mutations en déclarant : *« Chaque âge nous donne un rôle différent. »*

Au-delà de ces multiples facettes, Napoléon a dirigé les hommes en conciliant une grande rigueur avec une créativité pleine de panache : *« Le pouvoir, c'est en artiste que je l'aime. »* Nietzsche l'a d'ailleurs défini comme un « grand artiste du gouvernement », considérant que Napoléon a œuvré dans les affaires publiques comme Michel-Ange dans les blocs de marbre. Dans son roman *Le Joueur d'échecs*,

* Toutes les citations de Napoléon sont en italique. Les références des ouvrages dont sont tirées les autres citations sont données en bibliographie.

Stefan Zweig place aussi l'Empereur dans son panthéon des plus grands artistes : « N'est-il pas diablement aisé de se prendre pour un grand homme quand on ne soupçonne pas le moins du monde qu'un Rembrandt, un Beethoven, un Dante ou un Napoléon ont jamais existé ? » Même Chateaubriand n'a pu s'empêcher d'admirer sa virtuosité : « Bonaparte était un poète en action, un génie immense dans la guerre, un esprit infatigable, habile et sensé dans l'administration, un législateur laborieux et raisonnable. »

Si Nietzsche a admiré Napoléon, c'est moins pour ses succès militaires ou son œuvre politique que pour la vitalité de sa personnalité qui lui semble être le signe distinctif des « grands hommes ». C'est d'ailleurs grâce à sa volonté d'être fort et libre que Napoléon a réussi à faire de sa vie son véritable chef-d'œuvre, au point de s'en étonner lui-même : *« Quel roman que ma vie ! »*

Même le fiasco de Waterloo ressemble au dénouement d'une tragédie grecque…

Napoléon précurseur du manager moderne

S'il est un art où Napoléon a excellé, c'est celui du management. Avant de devenir matière à réflexions théoriques et à visées pratiques à destination des hommes d'affaires, le management est une philosophie d'entrepreneur, une pratique du pouvoir et une science de la gestion que Napoléon a incarnées en précurseur. L'image d'Épinal de « Bonaparte sur le pont d'Arcole » cache d'ailleurs un dirigeant moderne qui a agi avec souplesse et clairvoyance. Il s'est montré à la fois capable de saisir des opportunités, de promouvoir d'ambitieux projets, de dégager des énergies insoupçonnées, de surmonter de nombreuses difficultés et adversités et de gérer une transition vers un « système » post-révolutionnaire à l'échelle mondiale.

Décideur fulgurant après s'être donné le temps de la réflexion, Napoléon a réussi à démontrer à ses équipes, au départ sceptiques, que *« le doute est l'ennemi des grandes entreprises »*. Napoléon a par ailleurs tiré beaucoup d'hommes *« de la boue »* pour les pousser vers l'excellence. Pour ce faire, il a développé leur professionnalisme en n'oubliant pas que *« la pire des immoralités est de faire un métier qu'on ne sait pas »*. Son management charismatique, qui concilie lyrisme et pragmatisme, lui a permis d'aller de l'avant, même dans les situations les plus dramatiques. Bien sûr, on peut aussi analyser l'ensemble de ce processus sous le prisme de Waterloo. Sa chute révèle alors diverses erreurs managériales telle que la centralisation obsessionnelle de tous les pouvoirs entre ses mains et celles d'une poignée de ministres et de maréchaux.

Plus encore que ce qu'il a fait ou même ce qu'il a été, il est intéressant de comprendre comment Napoléon a fait faire. Là réside la clé de sa destinée énigmatique. Presque aucun de ses exploits ne fut accompli sans l'appui, souvent enthousiaste, parfois calculé, d'autres hommes. L'Empereur le reconnaîtra lui-même à Sainte-Hélène : *« Un homme n'est qu'un homme. Ses moyens ne sont rien si les circonstances et l'opinion ne le favorisent pas*[1]. » Comment, par le biais de son savoir-faire et de son faire-savoir, ce petit Corse a-t-il réussi à obtenir – parfois contre leur gré – de ses subordonnés et de ses nombreux adversaires, les conditions permettant la mise en œuvre de son ambition démesurée ? L'analyse de ses réflexes et réflexions, par le biais d'une grille de lecture volontairement anachronique, permettra de se faire une idée sur sa gestion des ressources humaines et économiques. Outre la perspective historique, il s'agit donc de comprendre en quoi Napoléon Bonaparte peut être perçu à la fois comme un modèle d'excellence et un contre-exemple.

Pour évaluer ses méthodes, il faut d'abord laisser la parole à Napoléon car, comme l'a dit Balzac, « souvent en une seule phrase, Napoléon peint certaines phases de sa vie et plusieurs portions de l'histoire contemporaine beaucoup mieux que l'ont fait jusqu'ici les historiens ». Les Mémoires de ses collaborateurs vont aussi être utilisés. Mathieu Molé, son ministre de la Justice en 1813, remarque d'expérience que l'Empereur « ne fut ni bon ni méchant, ni juste ni injuste, ni avare ni libéral, ni cruel ni compatissant ; il fut tout politique ». Il faut enfin prendre en considération les remarques des adversaires de Napoléon. Leurs analyses sont souvent pertinentes et leurs hommages moins suspects de flatterie. Ainsi, Madame de Staël, que l'Empereur va faire exiler, reconnaît que « la phrase de Napoléon démontre qu'il a le tact des circonstances comme le chasseur a celui de sa proie ».

Il ne faut toutefois pas oublier qu'il a été trop opportuniste pour chercher à élaborer une doctrine cohérente. Méprisant les idéologies, qui ne sont qu'une *« ténébreuse métaphysique qui, en cherchant avec subtilité les causes premières, veut, sur ces bases, fonder la législation des peuples »*, Napoléon a même été jusqu'à inventer le mot *« idéologue »* pour mieux s'en moquer. C'est avant tout un homme d'action qui met en forme les nombreux principes inspirant ses actes : *« Quand on commence à avoir l'habitude des affaires, on méprise toutes les théories et l'on s'en sert comme les géomètres, non pour marcher en ligne droite, mais pour continuer dans la même direction. »* Ses pensées brillantes sont d'ailleurs souvent élaborées pour servir ses desseins à un instant donné. Il déclare ainsi, deux jours avant Iéna : *« Jeunes gens, il ne faut pas craindre la mort ; quand on ne la craint pas, on la fait entrer dans les rangs ennemis. »* Conscient du caractère exceptionnel de ses talents, il préconise à son beau-fils Eugène de Beauharnais de ne pas essayer de l'imiter : *« Éviter la rhétorique aux soldats chez qui un mot à l'ordre du jour va droit au but. »* Homme pressé, Napoléon a la lucidité, mais surtout l'audace, de souvent déclarer à ses interlocuteurs : *« Je vois ce que vous voulez : vous désirez arriver à tel but, eh bien, allons droit à la question. »* Si nombre de ses pensées ont été formulées au jour le jour pour expliquer ses directives, il en a élaboré beaucoup d'autres pour justifier ses actes ou relativiser ses échecs : *« Les grands pouvoirs meurent d'indigestion. »* L'Empereur déchu reconnaît ici que les insuffisances, voire les défaillances de sa gestion sont l'une des causes de la chute de son Empire. Napoléon l'avouera plus explicitement à Sainte-Hélène : *« Quand je reporte ma pensée sur les fautes que j'ai faites et qui ont amené les Alliés en France, je me sens accablé de remords. »*

Napoléon n'a pas été le seul à comprendre trop tard l'extrême fragilité de son immense pouvoir. Considérant la guerre comme « l'accoucheuse de l'histoire », le philosophe Hegel a aussi cru que la Raison se réalise par l'intermédiaire de grands hommes lancés à la conquête du monde. Hegel a perçu dans le système napoléonien non seulement un instrument au service des intérêts de l'Empereur, mais aussi et surtout le levier permettant aux idées libérales, issues des Lumières et de la Révolution, de s'étendre à toute l'Europe. C'est ce qu'il a appelé « la ruse de la Raison ». Au lendemain de l'écrasement de l'armée prussienne en 1806, Hegel a même osé écrire à un ami : « J'ai vu l'Empereur, cette âme du monde, sortir de la ville pour aller en reconnaissance ; c'est effectivement une sensation merveilleuse de voir un pareil individu qui, concentré sur un point, monté sur un cheval, s'étend sur le monde et le domine[2]. » Hegel se montrera moins élogieux quand il définira les déboires de la Grande Armée en Espagne comme l'« impuissance de la victoire ». Après que Napoléon, comme tant d'autres, se soit effondré « comme une douille vide », Hegel ajustera sa thèse en affirmant que les grands hommes sont balayés par le vent de l'Histoire une fois « leur but atteint ». Au-delà des considérations philosophiques, cette réflexion sur « l'impuissance de la victoire » est d'autant plus intéressante que Napoléon a eu, selon Balzac, « le plus beau pouvoir connu, le pouvoir le plus concentré, le plus mordant, le plus acide de tous les pouvoirs ».

L'entreprise France et son environnement concurrentiel

Face à ses concurrentes, la société française dispose, au moment de la Révolution française, de la première population en importance du continent européen. Avec environ 37 millions d'habitants, la France en représente à peu près

15 %. Les autres puissances sont la Russie (30 millions), l'empire des Habsbourg (24 millions), la Grande-Bretagne (16 millions) et la Prusse (9 millions)[3]. À titre de comparaison, lors de l'élaboration de la Constitution des États-Unis d'Amérique en 1787, les treize colonies ne réunissaient que 3,5 millions d'habitants. Au tournant du siècle, Londres, en plein boom démographique, est la première agglomération à atteindre le million d'habitants alors que seulement 4 % de la population russe est urbaine.

Outre sa puissance démographique, la France de la Révolution dispose d'un solide capital de sympathie auprès des élites libérales européennes. Les principaux pays européens sont dirigés par une aristocratie souvent francophone, voire francophile, mais haïssant la République française et son prosélytisme révolutionnaire. Clin d'œil de l'histoire, c'est en français que le général anglais Wellington communiquera avec le maréchal prussien Blücher lors de la bataille de Waterloo qui mettra un terme à l'épopée napoléonienne.

Rongée par de profondes fractures politiques, la jeune République française post-1789 se montre rapidement incapable de faire face à son délabrement. Son exécutif, rassemblé au sein d'un Directoire, n'a ni la volonté ni la force de s'attaquer efficacement aux problèmes économiques et sociaux. L'inflation est galopante et la monnaie, l'assignat, est retirée de la circulation en 1796, après avoir perdu toute sa valeur. Les programmes d'investissement sont suspendus et les infrastructures ne sont plus entretenues alors que la dette publique est très élevée. La guerre fait rage aux frontières. L'insécurité qui règne sur les routes de France n'encourage pas la reprise d'un commerce intérieur anémique.

Les « nouveaux riches » sont les grands gagnants d'une Révolution dévoyée dans le clientélisme et la spéculation. Les « sans-culottes », qui incarnent le petit peuple des villes, sont les oubliés de cette Révolution dont ils ont pourtant été plusieurs fois les sauveurs. Du fait du lobbying de puissants groupes de pression, le Directoire a ainsi supprimé la loi du Maximum qui garantit la stabilité du prix du pain. Cette suppression enrichit les intermédiaires mais aggrave les difficultés des consommateurs. Le développement du chômage et la paupérisation des classes populaires provoquent une chute de confiance dans l'ensemble de la population. L'armée, constituée de citoyens en armes, est le dernier bastion républicain capable de garantir la stabilité du régime. Cette institution méritocratique, qui récupère l'enthousiasme populaire, poursuit, avec la bénédiction du Directoire, une stratégie de fuite en avant par une croissance débridée à l'international.

Pendant ce temps, la concurrence s'organise, en Hollande mais surtout en Angleterre. En cette fin du XVIIIe siècle, ces deux nations possèdent les flottes marchandes les plus importantes et l'offre de biens la plus étendue. On assiste à une progression significative des profits des armateurs, anglais notamment, grâce à leur stratégie commerciale globale. En France, les révolutionnaires tentent de répliquer dès 1796 en instaurant un protectionnisme pénalisant tous les produits « réputés anglais ». Mais, dans les faits, les répercussions sur l'économie britannique sont quasi nulles tandis que le commerce extérieur français subit une chute de près de 45 % de son activité entre 1787 et 1799. La France accuse aussi un net retard technique vis-à-vis de l'Angleterre qui a commencé sa révolution industrielle dans les années 1780 (et sa révolution agricole bien avant !). Dès 1776, les Anglais ont construit le premier chemin de fer dans une mine. Au milieu des années 1780, les britanniques Edmund Cartwright et James Watt ont inventé respectivement le métier à tisser mécanique et la machine à vapeur qui vont donner un avantage concurrentiel considérable à leur industrie nationale.

En 1797, la France connaît une période de calme relatif. Pour assainir ses finances, le Directoire crée un impôt indexé sur le nombre de portes et de fenêtres, et les directeurs annulent systématiquement les élections sans autre objectif que de s'accrocher au pouvoir. Les agriculteurs, qui fournissent la majorité des contingents des armées, sont complètement dépassés par les rivalités au sein de l'« establishment parisien ». À cette date, seulement un tiers des Français parle et lit le français, le reste de la population vit toujours à l'heure des dialectes locaux.

En 1799, la situation est à nouveau dramatique sur le plan militaire. Une nouvelle coalition, rassemblant l'Angleterre, l'Autriche, la Russie et le royaume de Naples remporte plusieurs victoires sur une armée française en perte de vitesse. À ce moment, Bonaparte vient d'achever la conquête de l'Égypte. Lorsqu'il mesure le risque d'invasion de la France, il décide de rentrer en métropole dans le plus grand secret et arrive le 9 octobre à Fréjus où il est accueilli en homme providentiel. Un mois plus tard, Napoléon, qui est parvenu à se positionner au bon endroit au bon moment, met fin au Directoire par le coup d'État du 18 brumaire (7 novembre 1799). Le 15 décembre suivant, le Consulat est instauré.

Le nouveau Premier consul commence par parer au plus pressé en rétablissant les comptes publics. En effet, la dette publique atteint 474 millions de francs tandis qu'il n'y a plus que 160 000 francs dans les caisses de l'État. L'une des premières décisions de son ambitieux programme de réformes est de créer, le 13 février 1800, la Banque de France. Quelques semaines plus tard, tout en refusant de recourir à l'impôt indirect et à l'emprunt pour se procurer des disponibilités financières, le Premier consul s'oppose à la démission de son ministre des Finances en lui écrivant : *« Les beaux jours sont devant nous. »* En effet, dès 1801, la Banque est en mesure d'accorder des avances au Trésor avec une devise admise par tous. L'optimisation des dépenses publiques va même permettre au gouvernement d'obtenir en 1800 – pour la première fois depuis 1789 – un budget équilibré. En quelques mois, Napoléon a réglé en véritable manager d'inextricables problèmes politiques, financiers et militaires pour pouvoir replacer la société française dans une stratégie conquérante.

Un surdoué *self-made-man*

Le 4 décembre 1805, deux jours après son triomphe à Austerlitz, Napoléon rencontre l'empereur François II d'Autriche dont il vient d'écraser l'armée. Pour le général de Marbot, « ce spectacle est bien fait pour inspirer des réflexions philosophiques ! Un empereur venant s'humilier et solliciter la paix auprès d'un petit gentilhomme corse, naguère sous-lieutenant d'artillerie, que ses talents, des circonstances heureuses et le courage des armées françaises avaient élevé au faîte du pouvoir et rendu l'arbitre des destinées de l'Europe. »

Le second fils de Charles et Laetitia Buonaparte naît à Ajaccio le 15 août 1769. À un an près, Napoléon ne serait pas né Français, comme ce fut le cas pour son frère Joseph. La Corse, qui vient d'être achetée par Louis XV à la République de Gênes, a vu ses aspirations à l'indépendance s'évanouir deux mois plus tôt, lors de la défaite de Ponte-Novo : *« Je naquis quand la patrie périssait. »* Ses parents le prénomment Napoléon en souvenir d'un oncle. Rien dans cette famille ne laisse alors présager que, parmi ces cinq fils, il y aura trois rois et surtout un empereur.

Ne pouvant financer l'éducation de ses fils, Charles Buonaparte sollicite auprès de la royauté des bourses d'études. Pour les obtenir, il lui faut alors faire reconnaître son origine noble, statut que niera Napoléon pendant la Révolution : *« La noblesse aurait subsisté si elle s'était plus occupée des branches que des racines. »* Ne parlant pas encore le français, Joseph et Napoléon partent étudier au collège d'Autun ; l'aîné est destiné à la carrière ecclésiastique, son cadet aux armes.

Le 15 mai 1779, Napoléon fait son entrée à l'école militaire de Brienne. De 9 à 15 ans, le jeune boursier évolue dans un environnement difficile. À cause de son caractère sans compromis, il n'a qu'un seul ami, Bourrienne, dont il fera plus tard son secrétaire particulier. Les autres élèves se montrent arrogants à l'égard de ce petit Corse en butte aux railleries sur son accent italien et sur son drôle de prénom : Nabulione (« la paille au nez » !). Premier signe d'un caractère bien trempé : le principal du collège ayant attribué des lopins du jardin de l'école aux élèves, Bonaparte force deux de ses camarades à lui céder leur part. En employant l'argent qu'il reçoit pour ses menues dépenses à l'achat de piquets et d'une palissade, il crée alors un espace conséquent où il pourra méditer tranquillement, notamment sur la stratégie militaire. Selon un de ses camarades, « malheur à ceux qui par curiosité, malveillance ou badinage osaient le troubler dans son repos ».

Dès son jeune âge, on le surnomme, dans sa Corse natale, « Rabulione », c'est-à-dire « celui qui touche à tout ». *« J'étais un enfant curieux et obstiné »*, se souviendra-t-il. Il prend des notes sur tout car *« lire sans un crayon est seulement de la rêverie »*. Dès qu'il réussit l'exploit d'assimiler en dix mois un cours mathématique de trois ans, on l'oriente vers l'artillerie, l'arme savante par excellence : « C'est un enfant qui ne sera propre qu'à la géométrie », déclare le père Patrault. C'est la somme de ces savoirs, greffée sur une énergie hors du commun, qui le place bientôt au-dessus de ses camarades mieux nés : *« Pour ma pensée, Brienne est ma patrie, c'est là que j'ai ressenti mes premières impressions de l'homme. »* À Sainte-Hélène, Napoléon se montrera reconnaissant en léguant par testament un million de francs à son ancienne école.

Durant l'hiver 1783, Napoléon, ne pouvant se réfugier sur sa parcelle à cause de la neige, conçoit le projet de faire édifier deux forteresses que les élèves se disputeront à coups de boules de neige. Lors de ces batailles, Napoléon prend le plus souvent la tête des assaillants. Après avoir encerclé le bastion ennemi, il le prend à revers puis parvient à le faire capituler. Il exige une reddition sans condition, puis force les vaincus à exécuter diverses corvées à la place de leurs vainqueurs. Ce premier jeu, popularisé plus tard par l'imagerie d'Épinal, permet à Napoléon de révéler ses talents de meneur d'hommes.

Napoléon se fait remarquer par un de ses professeurs, le chevalier de Kéralio, qui le désigne pour l'École militaire de Paris, alors qu'il n'a pas l'âge minimum réglementaire : *« Je sais ce que je fais. Si je passe par-dessus la règle, ce n'est pas une faveur de famille, je ne connais pas celle de l'enfant. C'est tout à cause de lui-même. Je perçois une étincelle qu'on ne saurait trop cultiver. »*

Alors que l'évêque de Paris lui demande un jour d'où vient son prénom qui ne figure pas au calendrier des saints, le jeune homme de quinze ans répond : *« Monseigneur, vous êtes bien placé pour savoir qu'il y a beaucoup plus de saints au paradis qu'il n'y a de jours dans l'année.* » Près de dix ans plus tard, la famille Buonaparte francisera son patronyme en Bonaparte.

Sorti seulement quarante-deuxième sur cinquante-huit de sa promotion de l'École militaire, Napoléon obtient pourtant l'épaulette de lieutenant d'artillerie en une seule année, alors que la norme est de deux ans. Comme pour beaucoup de surdoués, ses professeurs lui reprochent toutefois son inattention.

À 16 ans, Bonaparte fait ses débuts d'officier d'artillerie en commandant des hommes qui, pour la plupart, sont deux fois plus âgés que lui. C'est alors qu'il prend l'habitude, qui ne le quittera plus, de glisser sa main droite entre les deux boutons de son gilet car c'est le signe distinctif adopté par les lieutenants de son régiment. Son caractère farouche d'insulaire le rend insociable et frondeur. Il a le teint pâle et l'air revêche. Avec son mètre soixante-huit, il ne dépasse que d'une poignée de centimètres la taille minimale exigée à l'époque pour être soldat.

Bien qu'il ait déclaré : « *tous mes soucis de famille ont gâté mes jeunes années et m'ont rendu grave avant l'âge* », il était déjà grave avant le premier problème sérieux auquel sa famille a dû faire face, c'est-à-dire la mort de son père qui va plonger les siens dans la gêne. S'il reste impassible à l'annonce de cette disparition, alors que Joseph fond en larme, il va néanmoins consacrer sa solde pour l'entretien de ses frères et sœurs : « *Ne croyez pas que j'ai le cœur insensible comme les autres hommes, mais dès la première jeunesse, je me suis habitué à rendre muette cette corde, qui, chez moi, ne rend plus aucun son.* »

En 1788, Napoléon hésite entre la Corse et la France pour la poursuite de sa carrière. Dès Brienne, il s'est enthousiasmé pour le leader indépendantiste Pasquale Paoli. Au moment de la prise de la Bastille, il est déjà acquis aux idéaux révolutionnaires. De retour en Corse en octobre 1789, âgé de seulement 20 ans, il fomente, avec l'aide de son frère Joseph, la révolution en provoquant des émeutes. De retour de son exil anglais à la suite d'une amnistie, Paoli, qui se méfie de Charles Buonaparte et de l'ambition de ses fils, fait échouer leurs plans.

En 1792, Napoléon est élevé au grade de capitaine en second. Un mois plus tard, le jeune artilleur sans affectation assiste en spectateur horrifié à la prise du palais des Tuileries[4]. Atterré par le manque de sang-froid du roi, Bonaparte s'exclame en italien *« quel couillon ! »* Il est en effet persuadé que *« si Louis XVI se fût montré à cheval, la victoire lui fût restée ».* Écœuré par le massacre des gardes suisses, il parvient à sauver l'un d'eux. De la vision d'un *« groupe d'hommes hideux promenant une tête au bout d'une pique »*, Napoléon gardera un profond mépris pour la *« vile canaille ».* Homme d'ordre, il s'efforcera désormais de transformer ces foules, qui ne lui inspirent que répulsion, en armée disciplinée : *« Une armée est un peuple qui obéit. »*

Après l'échec d'un assaut sur la citadelle d'Ajaccio, Napoléon est contraint de s'éloigner d'une Corse au bord de la guerre civile. Suite à un rapport d'un autre frère de Napoléon, Lucien, alors âgé de 18 ans, la Convention décrète l'arrestation de Paoli ; la population s'insurge. En juin 1793, après avoir vu leur maison saccagée par les paolistes, les Bonaparte décident de quitter définitivement une Corse livrée aux Anglais par Paoli.

Les choses s'accélèrent. Blessé deux fois en deux mois au siège de Toulon, à l'automne 1793, le capitaine Bonaparte s'impose comme un « preneur de risques » face à une hiérarchie timorée. En démontrant l'incompétence du général en charge du siège, Napoléon obtient que celui-ci soit relevé de son commandement. Finalement, son nouveau supérieur hiérarchique, ébloui par son action décisive contre les Anglais, écrit au Comité de salut public : « Récompensez et avancez ce jeune homme, car si on était ingrat envers lui, il s'avancerait tout seul. » Quelques jours plus tard, Napoléon est nommé général de brigade à 24 ans. Dorénavant, il cherchera, avec une effrayante obstination, à ne pas faire mentir ce qu'un professeur de Brienne avait dit de lui : « Corse de nation et de caractère, il ira loin si les circonstances le favorisent. » Ce « petit grand homme » se servira donc de l'urgence ambiante pour s'affirmer toujours davantage : *« Chaque heure de temps perdu dans la jeunesse est une chance de malheur pour l'avenir. »*

Un leader et un manager

De même que le collégien Bonaparte a longuement médité sur la vie et l'œuvre de Jules César, de nombreux politiciens et hommes d'affaires ont trouvé dans les exploits et les échecs de Napoléon une source inépuisable d'enseignements. Il a en effet cumulé la plupart des qualités et des défauts d'un leader politique et d'un manager d'entreprise.

Comparaison des caractéristiques d'un leader et d'un manager

Caractéristiques d'un leader	Caractéristiques d'un manager
Crée de l'énergie et de l'adhésion	Met de l'ordre et de la cohérence
S'appuie sur son intuition	Se fie à un raisonnement logique

Par son génie guerrier, Napoléon a démontré qu'il possède l'ensemble des qualités requises pour faire un excellent leader. Dès l'âge de 27 ans, le général en chef de l'armée d'Italie se considère déjà comme un grand leader : *« De nos jours, personne n'a rien conclu de grand ; c'est à moi de donner l'exemple. »* C'est pendant cette même année 1797 qu'il fait éclater au grand jour ses talents de stratège charismatique et de gestionnaire rigoureux. Avec une armée mal équipée de 36 000 soldats, il remporte douze victoires en douze mois sur un empire autrichien beaucoup plus puissant. Quatre armées sont successivement écrasées et abandonnent, au total, 150 000 prisonniers.

Par la capacité d'adaptation qu'il a su déployer lors de son expédition d'Égypte en 1798, Napoléon a montré qu'il possédait aussi les principales qualités d'un manager moderne : organisation, cohérence et logique. Ainsi, Las Cases écrit dans le *Mémorial de Sainte-Hélène* : « Tout ce qu'on admire dans la campagne d'Italie se retrouve dans l'expédition d'Égypte. Celui qui observe et qui réfléchit trouve même que tout cela s'y élève encore plus haut, par les difficultés de tout genre qui donnent à cette expédition une physionomie particulière, et requièrent de son chef plus de ressources et de créations ; car ici tout est différent : le climat, le terrain, les habitants, leur religion, leurs mœurs, la manière de combattre. » Malgré les terribles campagnes de dénigrement menées en Angleterre contre le « crocodile » corse, le *Morning Herald* ne pourra s'empêcher de reconnaître, en évoquant son action en Égypte, que « jamais personne n'a accompli autant en si peu de mois ».

Lorsque Balzac écrit qu'« organiser est un mot de l'Empire, il contient Napoléon tout entier », c'est qu'au-delà des talents militaires, les Français ont perçu dans Bonaparte un organisateur capable de les sortir du chaos : *« Je ne gouverne pas parce que je suis un général, mais parce que la Nation croit que j'ai les qualités civiles nécessaires pour gouverner. »* Il l'a d'ailleurs montré en remodelant profondément l'administration mais aussi la société civile, au point de déclarer : *« Ma vraie gloire n'est pas d'avoir gagné quarante batailles ; Waterloo effacera le souvenir de tant de victoires ; ce que rien n'effacera, ce qui vivra éternellement, c'est mon Code civil. »*

Napoléon a réorganisé et rationalisé aussi rapidement qu'efficacement l'État par la création d'institutions dans les domaines politiques (Conseil d'État) et économiques (Bourse de Paris…). Il a aussi géré de façon rigoureuse l'économie (mise au point d'une comptabilité nationale) et la fiscalité (rénovation des impôts directs et rétablissement progressif des impôts indirects). Il a par ailleurs posé les principes de l'organisation des administrations territoriales (un préfet par département), de la justice (des tribunaux correctionnels à la Cour de cassation), de l'enseignement (lycées et université impériale) et d'une politique culturelle (le musée du Louvre).

« Il veut tout faire ; il peut tout faire ; il sait tout faire » aurait dit de Napoléon son complice du 18 Brumaire, Sieyès. Il a été à la fois le dirigeant qui a eu le plus de pouvoirs de l'histoire de France et celui qui a montré le plus de talents et d'énergie dans sa politique réformatrice. De fait,

Napoléon a pris ses décisions seul (décrets, nominations…), sans rendre compte à des organismes de contrôle ou à de véritables contre-pouvoirs. Il a nommé et révoqué à son gré tous ses collaborateurs (ministres, généraux et évêques) et leurs subordonnés (préfets, maires, professeurs, prêtres…). De même il a été le maître de toutes les décisions politiques (réformes institutionnelles, référendums plébiscitaires…), militaires et diplomatiques (signature de traités de paix, négociation d'alliances…).

Quelques caractéristiques de la mainmise de Napoléon sur l'État et la société civile

	Postérité de son leadership	**Compétences de son management**
Chef des églises	Avec le Concordat, qui perdurera jusqu'en 1905, il a réconcilié le pape avec la République. Il a aussi émancipé les juifs.	L'État nomme les prêtres, les pasteurs et les rabbins. Les évêques sont ses « préfets violets ».
Chef des finances	Il a créé la Banque de France et instauré une parité or/franc qui restera stable jusqu'à la guerre de 1914.	À propos de la Banque de France, il a déclaré qu'elle « doit être dans la main de l'État mais pas trop ».
Législateur	Le Code civil a fixé des bases uniformes et souvent encore d'actualité, concernant la société, la famille et la propriété.	Il a largement participé à l'élaboration du Code civil qui sera baptisé « Code Napoléon ».
Chef des médias	Napoléon a élaboré une communication visuelle universellement reconnue et a contribué à inventer la propagande moderne.	Sa censure est si efficace qu'en 1811, les quatre derniers journaux publiés à Paris font tous de la propagande.
Chef de l'éducation	Napoléon a créé les lycées et l'université impériale.	L'université impériale a le monopole de l'enseignement supérieur en France.

Napoléon ne s'est pas contenté de gérer des institutions politiques et de diriger des armées, il a aussi beaucoup fait pour améliorer les conditions de vie de ses concitoyens. Il a, par exemple, décidé de l'aspect actuel des rues, légèrement bombées avec des ruisseaux d'écoulement le long des trottoirs. C'est à lui que l'on doit aussi les plaques de rues et la numérotation pair/impair.

Ces innovations ne sont pas toutes sans arrière-pensées : si Napoléon a imposé à l'Allemagne, l'Espagne et l'Italie de circuler dans les rues sur la voie de droite, c'est que cela lui semble plus pratique pour dégainer une épée dont le fourreau se trouve à gauche.

Stratège, organisateur, manager, Napoléon a laissé une empreinte indélébile dans l'Histoire comme dans notre vie quotidienne.

L'AFFIRMATION D'UN LEADERSHIP

Napoléon a très tôt été persuadé qu'il *« n'y a qu'un secret pour mener le monde, c'est d'être fort, parce qu'il n'y a dans la force ni erreur ni illusion ; c'est le vrai, mis à nu »*. Pour être fort ou le paraître, il déploie une énergie considérable lui permettant de mener à bien les missions qu'il s'est assignées. Une fois sa résolution prise, rien ne peut le faire dévier de sa route et chacun doit, à son niveau, mettre ses compétences au service de son projet devenu commun. Metternich, qui a connu Napoléon en tant que jeune ambassadeur autrichien à Paris et qui jouera, en tant que ministre des Affaires étrangères de l'Autriche, un rôle prépondérant dans sa chute, déclare que « n'ayant qu'une seule passion, celle du pouvoir, Napoléon ne perdait jamais son temps ni ses moyens à des objets qui eussent pu l'éloigner de son but. Maître de lui-même, il le devint bientôt des hommes et des événements. Dans quelque temps qu'il eût paru, il aurait joué un rôle marquant. Mais l'époque où il fit les premiers pas de sa carrière était particulièrement propre à faciliter son élévation. Entouré d'individus qui, au milieu d'un monde en dissolution, marchaient au hasard, sans direction fixe, et livrés à tous les genres d'ambition et de convoitise, lui seul sut former un plan, y tenir ferme et le conduire à sa fin. » Même Clausewitz, fondateur de la pensée stratégique moderne, qui a détesté l'Empereur au point de refuser de l'appeler autrement que le général Bonaparte, a reconnu qu'il a été « le chef le plus résolu qui vécut jamais ». Napoléon reconnaît lui-même que *« c'est la volonté, le caractère, l'application et l'audace qui m'ont fait ce que je suis »*.

Dès qu'il entre en action, Napoléon retrouve son meilleur allié, lui-même. Au fond, c'est le seul qu'il estime vraiment : *« On ne fait bien que ce que l'on fait soi-même. »*

Il n'en reste pas moins un excellent meneur d'hommes. Sa méthode : canaliser l'agressivité vers l'extérieur. Elle lui permet de forger une identité qui renforce la cohésion de son équipe ; équipe qu'il considère d'ailleurs comme un rassemblement de fortes personnalités présentant une savante conjugaison de qualifications et de tempéraments. Cette dynamique dépend de trois facteurs : les objectifs, les hommes et le cercle vertueux de la réussite.

Son leadership ne se limite pas à ses prouesses de chef de guerre. Comme toute l'Europe, Marie-Caroline de Lorraine-Habsbourg, reine de Naples, est partagée entre frémissement et fascination devant la précocité et la diversité de ses talents. Sœur de Marie-Antoinette et donc adversaire acharnée de la Révolution, Marie-Caroline écrit à propos du général de 28 ans : « J'abhorre le parti que Buonaparte sert et a pris. Il est l'Attila et le fléau de l'Italie, mais j'ai pour lui un sentiment de véritable estime et de profonde admiration. [...] Que Buonaparte soit un grand homme, et comme il n'y a pas un second en Europe dans tous les sens, guerrier, militaire, politique, je défie même un ennemi de le nier. [...] Ce sera le plus grand homme de notre siècle[5]. » Lorsqu'il se proclamera empereur des Français, la reine Marie-Caroline le surnommera « l'Usurpateur ». Son antagonisme sera d'autant plus exacerbé que celui-ci la dépossédera de son royaume pour l'offrir en 1806 à son frère Joseph. Quelques années plus tard, l'ironie de l'histoire fera que sa propre petite-fille, Marie-Louise d'Autriche, épousera Napoléon. Marie-Caroline se retrouvera donc, malgré elle, arrière-grand-mère du roi de Rome qu'elle surnommera « l'enfant du diable ». Adversaire loyale, elle recommandera en vain à Marie-Louise de rejoindre Napoléon à l'île d'Elbe : « La place d'une femme est auprès de son mari. »

Alors qu'il n'était encore qu'un obscur capitaine, Bonaparte a ouvert les vannes, libéré les énergies en donnant à ses hommes la volonté de se réaliser. Ce sera ensuite un général en chef qui, en cas de besoin, se reconvertira volontiers en simple artilleur. Leader efficace, Napoléon a su concilier le rôle de chef charismatique avec celui d'architecte. Dans le premier, il a mobilisé ses subordonnés, dans le second, il s'est chargé du bon fonctionnement de son organisation, notamment par des systèmes de récompense.

LA GESTION DE CRISE

Même si *« obtenir la confiance avant le succès est l'œuvre politique la plus difficile »*, Napoléon pense qu'avec un solide esprit d'équipe la réussite est toujours possible. Un de ses soldats, Jean-Roch Coignet, a d'ailleurs écrit dans ses Mémoires : « J'ai retenu ce que l'Empereur nous avait dit bien des fois, que l'homme peut ce qu'il veut. »

Savoir rebondir

S'il *« vaut mieux ne rien faire que de le faire à moitié »*, Napoléon a quand même su abréger des expériences relativement décevantes pour rebondir. Ainsi, alors qu'il est dans une impasse en Égypte, il tente une traversée périlleuse de la Méditerranée pour retourner en France et réussir un coup d'État sans effusion de sang. Dès son arrivée triomphale à Paris, Bonaparte est utilisé par Sieyès, un membre du Directoire, qui voit en lui « la tête et l'épée » nécessaires pour faire adopter une nouvelle constitution. Un complot est élaboré par deux directeurs (Sieyès et Ducos), des ministres (Talleyrand et Fouché) et des militaires (Napoléon et Murat), avec l'appui de Lucien Bonaparte (frère de Napoléon), président du Conseil des Cinq-Cents. Le 9 novembre 1799 (18 brumaire an VIII), les conspirateurs propagent la rumeur d'un complot royaliste ; les parlementaires sont alors transférés à Saint-Cloud. Quelques jours auparavant, Fouché avait alerté le secrétaire de Bonaparte :

« Dites à votre général de se hâter ; s'il tarde, il est perdu. » Bonaparte et ses complices mettent donc à exécution leur plan et contraignent le directeur Barras à la démission.

Le lendemain, les conspirateurs frôlent le fiasco, en grande partie par la faute de Bonaparte. Durant l'après-midi du 19, au lieu de précipiter les événements, Napoléon prononce un discours tellement décevant devant le Conseil des Anciens que son secrétaire Bourrienne lui aurait murmuré : « Sortez, Général, vous ne savez plus ce que vous dites. » Mais, la vraie maladresse du général, celle qui a failli provoquer l'échec du coup d'État, c'est d'être entré avec son épée dans l'enceinte du Conseil des Cinq-Cents. Cette violation involontaire de la représentation nationale provoque un grave désordre, au point que des parlementaires demandent sa mise hors-la-loi. Napoléon, suffocant, a alors un moment de faiblesse. Pour le futur maréchal Marmont, cela s'explique par le fait que « Bonaparte, peu accoutumé à la résistance, tout-à-fait étranger au spectacle imposant qu'offre toujours une assemblée réunie et constituée d'après les lois du pays, fut peut-être frappé par la hardiesse de son entreprise et de son irrégularité[6]. » Lucien Bonaparte qui, lui, a conservé son sang-froid, parvient à temporiser en annonçant sa démission immédiate de la présidence du Conseil. Il fait ensuite courir la rumeur que les « représentants du poignard » ont essayé d'assassiner son frère. Indignés, les gardes, commandés par Murat, vont « chasser les députés factieux ». Après avoir apostrophé les députés par un « Citoyens, vous êtes dissous », Murat lance à ses soldats : « Foutez-moi tout ce monde là dehors[7] ! » En fin de soirée, une commission de trois membres, Bonaparte, Sieyès et Roger Ducos, remplace le Directoire. Paradoxalement, l'imprudence et le manque de sang-froid de Bonaparte lui ont permis de prendre le dessus sur son complice Sieyès car c'est l'armée, par le biais de Murat, qui a emporté la décision.

Dans les jours qui suivent, Napoléon impose, par une succession de silences et de violentes altercations, une constitution qui lui est favorable, avec un exécutif à trois consuls. Alors que cinquante délégués votent à bulletin secret pour désigner les consuls, Bonaparte prend de vitesse le dépouillement des votes. Il demande à son rival Sieyès, qu'il vient de corrompre en lui promettant la présidence du Sénat, de les désigner lui-même. Ce dernier choisit alors dans l'ordre Bonaparte, Cambacérès et Lebrun.

Après avoir failli être oublié de tous en s'enlisant dans la campagne d'Égypte, Bonaparte a su rebondir et le voilà, à 30 ans, Premier consul et chef des armées.

Sa réussite précoce, Napoléon la doit en grande partie à sa technique de management par projet entièrement tourné vers le résultat – ici, prendre le pouvoir –, au point que lorsque madame de Montholon lui demande quelles étaient ses meilleures troupes, il répond : *« Madame, ce sont celles qui gagnent les batailles. »* Une fois la spirale vertueuse enclenchée, *« rien n'augmente un bataillon comme le succès »*.

Au total, Napoléon a remporté quarante-quatre batailles en un peu plus de vingt ans de guerres. Outre les demi-échecs d'Eylau et d'Essling, la première bataille rangée qu'il a perdue en tant que général en chef présent sur le champs de bataille est celle de Leipzig, en 1813, soit vingt ans après sa première victoire à Toulon. Hors de son commandement, l'armée française avait néanmoins déjà connu des défaites, notamment à Trafalgar pour la marine (1805) ou Baylen en Espagne pour la Grande Armée (1808).

S'affirmer par son charisme et son savoir-faire

Par rapport à l'Ancien Régime, Napoléon bouleverse les critères de pouvoir qui ne viennent plus d'un « parachutage » dynastique, mais du charisme et de la compétence du chef. C'est particulièrement le cas à Toulon où le capitaine Bonaparte est sorti du rang « à cause du zèle et de l'intelligence dont il a fait preuve ». Il s'est imposé, dans des circonstances dramatiques, comme un officier qui a su motiver ses subalternes, mais qui a aussi osé s'opposer à ses supérieurs hiérarchiques pour réussir un challenge : la prise d'une citadelle réputée imprenable. Des années plus tard,

Napoléon synthétisera sobrement cette action managériale en déclarant : *« Je ne crois pas au proverbe selon lequel pour savoir commander, il faut savoir obéir. »* On verra par la suite qu'il se considère en fait comme l'exception qui confirme la règle.

Le 2 juin 1793, la Convention montagnarde a pris le pouvoir et instauré la « Terreur ». Plusieurs grandes villes telles que Lyon, Bordeaux ou Nantes se rebellent car elles sont favorables aux Girondins déchus. La répression y est impitoyable. Les notables de Toulon se révoltent à leur tour en livrant la ville aux Anglais. Comme la possession de Toulon assure aux Coalisés une base d'opération pour envahir la France, le Comité de salut public décrète sa reconquête. Le siège va durer plus de quatre mois.

Bonaparte arrive à Toulon le 16 septembre 1793. Alors que les assauts entrepris se sont révélés infructueux, il comprend rapidement *« qu'il n'y a aucun besoin d'un siège en règle, prenons le fort de l'Éguillette, surnommé le Petit-Gilbraltar, et nous entrons dans Toulon »*. Son optimisme repose sur une conviction : *« Toulon ne sera prise que lorsque l'escadre ennemie, menacée d'être bombardée à boulets rouges, sera forcée d'évacuer la petite rade. »* Avant même son arrivée à Toulon, Napoléon avait déjà écrit au ministre de la Guerre pour lui proposer un modèle de four qui permette de chauffer au rouge les boulets de canon, *« afin de pouvoir mettre le feu aux vaisseaux ennemis »*.

Bonaparte essaye en vain d'imposer son plan audacieux à son chef, le général Carteaux, un ancien peintre en bâtiment qui craint la guillotine en cas de nouvel échec. Ce général n'a que mépris pour celui qu'il surnomme le « capitaine canon » : « Ce blanc-bec ne connaît rien à la géographie. » Bonaparte sait néanmoins faire prévaloir son point de vue grâce à l'intervention des commissaires politiques de la Convention. En effet, le capitaine Bonaparte obtient du commissaire Saliceti, un Corse, le commandement de l'artillerie en lui démontrant, sous les yeux médusés du général Carteaux, l'incompétence de sa hiérarchie. En représailles, ce dernier entrave ses projets en lui refusant le soutien de l'infanterie dont il a besoin pour faire avancer ses batteries.

Le siège est au point mort. Quelques jours plus tard, Napoléon démontre à Barras, autre commissaire politique, que pour prendre Toulon, il faut de se débarrasser de Carteaux. Ce dernier est vite remplacé par un autre général, Dugommier, dont le principal mérite sera de comprendre le potentiel énorme de son artilleur et de le soutenir dans ses initiatives.

Outre sa difficulté à trouver une marge de manœuvre face à la lourde hiérarchie militaire, Bonaparte doit faire face à un problème de crédibilité vis-à-vis de ses soldats, qui possèdent une plus grande expérience de la guerre que lui. Avant même d'avoir fait ses preuves, Napoléon réussit néanmoins à acquérir un fort capital de confiance auprès de ses hommes. Son charisme, sorte de rayonnement proche de l'aura, n'a pas besoin de chaleur humaine, ni de signe extérieur de richesse ou de puissance pour se propager. Le « capitaine canon » se contente d'interpeller ses soldats : *« Je vais créer la batterie des hommes sans peur. [...] Il me faut des hommes, des vrais. [...] Je ne leur demanderai jamais d'aller prendre une position ennemie, mais je tiens à ce qu'ils me suivent sur cette position. Si vous êtes de ces hommes-là, levez la main. »* Tous lèvent la main et crient « Vive Bonaparte ! » C'est à cette occasion que Napoléon élabore sa méthode de leadership qui repose sur un mélange de fermeté et de charisme, avec une touche de théâtralité.

Le 30 novembre, les Anglais attaquent sans succès la batterie *« des hommes sans peur »*. Impétueux, Napoléon contre-attaque et capture le général O'Hara, commandant des troupes anglaises débarquées. Ce dernier déclarera plus tard : « Avec une armée de ces soldats, on pourrait conquérir le monde. » Alors que le sergent Junot écrit des ordres que dicte Napoléon, un boulet tombe à proximité. Éclaboussé par des débris, Junot s'exclame : « Tant mieux, nous n'avions pas de sable pour sécher l'encre. » Selon Las Cases, cette plaisanterie, le calme avec lequel elle est dite, fixe l'attention de Napoléon sur le futur duc d'Abrantès.

Le 16 décembre à minuit, Napoléon prend la tête d'un bataillon d'infanterie et part à l'assaut du fort du « Petit-Gibraltar ». Sous un déluge de feu, Napoléon reçoit un coup de baïonnette mais continue à se battre. Déboussolés, les Anglais évacuent le fort et abandonnent leurs canons. Le lieutenant Marmont, futur maréchal d'Empire, tourne alors les pièces contre les vaisseaux présents dans la rade. Dès le 19 décembre, les navires anglais donnent raison à l'intuition de Bonaparte en fuyant Toulon, sans prévenir ni la population compromise ni leurs alliés espagnols. Le lendemain, les troupes républicaines entrent dans Toulon. Alors que l'on cherche Napoléon pour le féliciter, on le découvre endormi sous la pluie avec un tambour pour oreiller. Le 24 décembre 1793, il est promu général à 24 ans. À Sainte-Hélène, alors que Las Cases affirmera à propos de Toulon que « là le prendra l'Histoire pour ne plus le quitter », Napoléon se contentera de remarquer qu'à l'époque il était loin de se regarder *« comme un être supérieur »*.

Les deux légitimités du capitaine Bonaparte à Toulon
(inspiré de Max Weber)

Type de légitimité	Caractéristiques à Toulon
Charismatique	Il s'est imposé par son dynamisme et son courage auprès de ses soldats
Rationnelle	Il s'est appuyé sur les commissaires politiques pour remplacer ses supérieurs militaires

Après son exploit de Toulon, Napoléon attend encore deux années avant d'avoir l'opportunité de changer véritablement le cours de l'histoire en sauvant *in extremis* la République, grâce à son sang-froid et son sens de l'organisation.

Début octobre 1795, profitant des troubles créés par un changement de constitution, 30 000 royalistes armés marchent sur la Convention qui n'est défendue que par 5 000 soldats commandés par un général républicain débordé. La situation semble désespérée mais Barras, un des cinq directeurs, se rappelle de la « performance » de Bonaparte à Toulon et le charge de mater l'insurrection. Napoléon commence par ordonner à un jeune officier de cavalerie dénommé Murat : *« Prenez deux cents chevaux, allez sur le champ à la plaine des Sablons, amenez ici les 40 canons et les munitions. Sabrez s'il le faut, mais amenez-les. Vous m'en répondez ! Partez ! »* Il fait aussi livrer des fusils aux députés pour qu'ils puissent se défendre par eux-mêmes. Le général Thiébault relate ce fait d'armes : « Napoléon a fait placer deux pièces de 8 dans la rue Neuve-Saint-Roch, en face de l'église. Le tir des boulets enfile la rue. Les canons ayant renversé ou écarté tout ce qui se trouvait en vue, 1 000 hommes du bataillon des patriotes, suivis d'un bataillon de la ligne, débouchent du cul-de-sac et abordent les sectionnaires qui se trouvent devant le portail et occupent la rue Saint-Honoré. Le choc est violent, on combat au corps à corps. Mais, sous la direction du général Bonaparte en personne, les républicains gagnent du terrain ; 6 pièces d'artillerie sont mises en batterie et achèvent la déroute des royalistes. »

C'est en innovant grâce à l'utilisation de l'artillerie en milieu urbain que Napoléon a réussi à mater cette rébellion. En remerciement des services rendus, Napoléon est promu général de division le 16 octobre 1795. Il n'a que 26 ans.

Galvaniser par l'exemple

Dans les situations extrêmes en général, et sur un champ de bataille en particulier, un chef qui parvient à montrer l'exemple dispose d'un atout maître pour sa force d'entraînement. C'est dans ce type de circonstances que le verbe « motiver » prend tout son sens. Pour Bonaparte, *« le courage ne se contrefait pas, c'est une vertu qui échappe à l'hypocrisie »*. Tout au long de sa carrière militaire, Bonaparte a donné la preuve du courage physique qu'il exige de ses hommes. Bien que lucide quant au danger, il a toujours fait montre d'un calme étonnant sur un champ de bataille.

Par son exemple, il a prouvé qu'un guerrier se révèle d'abord dans le combat au corps à corps : *« Pour les braves, un fusil n'est que le manche d'une baïonnette.* » Il n'a pas hésité à s'afficher au premier rang et à passer, étendard et sabre à la main, les ponts dans les bataillons de pointe. Cette légende napoléonienne du héros intrépide est fortement liée à l'épisode du pont d'Arcole. Il s'agit du conquérant héroïque qui arrache la victoire par sa seule bravoure. En fait, ce pont ne sera pas franchi et Napoléon ne devra sa survie qu'au sens du sacrifice de son aide de camp. C'est à Sainte-Hélène, dans ses confidences à O'Meara, que Napoléon a raconté cet événement dramatique : *« Le colonel Muiron se jeta devant moi, me couvrit de son corps et reçut la blessure qui m'était destinée. Il tomba à mes pieds, et son sang me jaillit au visage. Il sacrifia sa vie pour sauver la mienne.* » Cette épisode tragique montre à quel point Napoléon a su imprégner ses subordonnés des valeurs de référence que sont le courage et l'esprit de sacrifice.

S'il faudra attendre son exil à Sainte-Hélène pour qu'il énumère, dans le détail, ses blessures, c'est qu'il veut que le mythe de son invulnérabilité soit la preuve *a contrario* que *« qui a peur pour sa vie est sûr de la perdre »*. Dans le *Mémorial de Sainte-Hélène*, Las Cases note pour le jour de Noël de l'année 1815 : « En faisant sa toilette, l'Empereur passait sa main sur sa cuisse gauche, où se voyait un trou considérable ; il y enfonçait le doigt en me le montrant significativement, et voyant que j'ignorais ce que ce pouvait être, il m'a dit que c'était le coup de baïonnette qui avait failli lui coûter la cuisse au siège de Toulon. [...] Et il a raconté qu'il avait eu trois chevaux tués sous lui au siège de Toulon ; qu'il en avait eu plusieurs tués ou blessés dans ses campagnes d'Italie, trois ou quatre au siège de Saint-Jean-d'Acre. Qu'il avait été blessé maintes fois : qu'à la bataille de Ratisbonne, une balle lui avait frappé le talon ; qu'à celle d'Essling ou de Wagram, je ne saurais dire laquelle, un autre coup de feu lui avait déchiré la botte, le bas et la peau de la jambe gauche. »

Insensible à son corps, Napoléon écrit à son frère Joseph le 1er mars 1807, soit un mois après la bataille d'Eylau : *« Nous faisons la guerre dans toute sa force et sa rigueur. Au milieu de ces grandes fatigues, tout le monde a été plus ou moins malade. Pour moi, je ne me suis jamais trouvé plus fort et j'ai engraissé.* » Napoléon a franchi des distances peu communes, à cheval ou en voiture, parfois jusqu'à cent heures d'affilée. Dans ses Mémoires, un de ses secrétaires particuliers, le baron Fain a remarqué que « Napoléon s'était fait infatigable, non seulement à cheval, mais aussi à pied ; il marchait quelquefois cinq à six heures de suite sans s'en apercevoir. Revenant d'Espagne au mois de janvier 1809, je l'ai vu faire à franc étrier en moins d'une matinée la course de Valladolid à Burgos. Dans les plus rudes journées de la retraite de Moscou, il quittait volontiers sa voiture et, prenant un bâton à la main, marchait avec les grenadiers de la Garde. »

Montrant l'exemple, Napoléon tente de convaincre ses hommes que *« la première qualité du soldat est la constance à supporter la fatigue, la valeur n'est que la seconde »*. Prenant comme référence la Sparte antique, il arrive même à les persuader que *« les privations et la misère sont les vrais instituteurs du soldat »*. Si le rythme de marche réglementaire est de 3,9 kilomètres par heure, avec un arrêt toutes les trois heures, cela n'empêchera pas une division d'infanterie de parcourir 640 kilomètres en vingt-neuf jours lors de la campagne de 1805. Au lendemain de la capitulation d'Ulm, Napoléon félicitera ces soldats pour leur dévouement : *« Soldats, ce succès est dû à votre confiance sans borne dans votre Empereur, à votre patience à supporter les fatigues, à votre rare intrépidité. [...] Tout mon soin sera d'obtenir la victoire avec le moins possible d'effusion de sang : mes soldats sont mes enfants*[8]. »

Galvaniser par le verbe

Fin psychologue des masses, Bonaparte est persuadé que le chef *« qui ne saurait émouvoir est privé de la plus importante des qualités nécessaires »*. Conscient qu'il gagne ses batailles *« avec les rêves de ses soldats endormis »*, il ne manque jamais une occasion de stimuler la vanité de ses hommes par le verbe, une des qualités fondamentales du manager. Il est ainsi capable de transformer un soldat indiscipliné en un guerrier intrépide : *« Tout homme qui estime la vie plus que la gloire nationale et l'estime de ses camarades ne doit pas faire partie de l'armée française. »* Pour y arriver, il utilise, dans sa communication interne, le formidable pouvoir des mots : *« La 32e demi-brigade se serait faite tuer pour moi, parce qu'après Lonato, j'avais écrit : "J'étais tranquille. La 32e était là." »* Il est tellement convaincu que le secret d'un commandement réussi se trouve dans les contacts personnels qu'il ordonne : *« Un chef de bataillon doit connaître le nom et le mérite des officiers et des soldats de son bataillon, lorsqu'il y a six mois qu'il le commande. »* Il se souvient alors qu'en Italie, *« nous étions toujours un contre trois, mais les hommes avaient confiance en moi. La force morale, bien plus que le nombre, décide de la victoire. »*

La prise de la citadelle d'Aboukir en Égypte est un bel exemple du fait que *« la parole peut avoir une importance aussi grande qu'une manœuvre audacieuse »*. À Sainte-Hélène, le général Bertrand l'expliquera à l'Empereur : « À Aboukir, c'était la première fois que je me trouvais près de vous dans une bataille. J'avoue que j'ai été stupéfié par certains de vos ordres au point de me demander si j'avais conservé tous mes sens. Ainsi quand vous avez crié à un capitaine : – Allons, mon cher Hercule, prenez vingt-cinq hommes et chargez-moi cette canaille. Cette canaille, c'était près de mille cavaliers turcs. » C'est ce dépassement de soi qui a sans doute permis au général Bonaparte de battre, avec 6 000 fantassins et 1 000 cavaliers, les 18 000 Anglo-Turcs retranchés dans une forteresse.

On trouve dans la guerre en Espagne une autre illustration de la capacité de Napoléon à obtenir une obéissance aveugle. En 1808, suite au désastre militaire de Baylen, l'Empereur prend en personne le commandement de l'armée. Pour reconquérir Madrid, il lui faut passer par Somosierra. À un général qui hésite à forcer ce col défendu par 20 canons, Napoléon réplique : *« Ne dites pas que c'est impossible, Monsieur, cela n'est pas français. »* Aux cris de

« Vive l'Empereur ! », 150 lanciers polonais chargent et mettent en fuite 8 000 soldats espagnols. Parmi ces cavaliers, le lieutenant Niegolewski reçoit onze blessures. À la fin de la bataille, il rejoint l'état-major et s'écroule aux pieds de l'Empereur en déclarant : « Sire, le col est passé. » Un hymne patriotique polonais rend depuis un vibrant hommage à l'Empereur : « Napoléon nous a appris comment vaincre. »

Selon le grognard Coignet, Napoléon a exercé sur ses soldats « ce superbe talent qu'il a de les subjuguer et de leur forger une âme de vainqueur ». La veillée d'armes du 1er décembre 1805 précédant la bataille d'Austerlitz est emblématique de la relation très forte que Napoléon a établie avec ses soldats. Ce soir-là, l'Empereur est rapidement reconnu alors qu'il essaye de se promener incognito au milieu des bivouacs. Un des plus vieux grenadiers s'approche de lui : « Sire, tu n'auras pas besoin de t'exposer. Je te promets, au nom des grenadiers de l'armée, que tu n'auras à combattre que des yeux, et que nous t'amènerons demain les drapeaux et l'artillerie de l'armée russe, pour célébrer l'anniversaire de ton couronnement. » Peu après, Napoléon tente en vain de tempérer les acclamations frénétiques : *« Silence et à demain : ne songez à présent qu'à aiguiser vos baïonnettes ! »* Très ému, l'Empereur déclare en rentrant à son bivouac : *« Voilà la plus belle soirée de ma vie. »* Le lendemain à l'aube, il inspecte à nouveau ses soldats en les animant de la voix et du geste : *« Soldats, il faut finir cette campagne par un coup de tonnerre qui écrase nos ennemis. Ne vous attachez pas à tirer beaucoup de coups de fusil mais plutôt de tirer juste. Ce soir nous aurons vaincu ces peuplades du Nord qui osent se mesurer avec nous. »* Puis, il prend soin de s'adresser successivement à chacun des régiments. En passant devant le 57e, il s'écrie : *« Souvenez-vous qu'il y a bien des années, je vous ai surnommé le Terrible. »* Devant le 28e, composé majoritairement de conscrits du Calvados, il déclare : *« J'espère que les Normands se distingueront aujourd'hui. »*

Aux niveaux hiérarchiques inférieurs, sans être physiquement présent, Napoléon sait aussi galvaniser ses troupes en étant relayé par des officiers intrépides. Ainsi, Lasalle, un hussard devenu général de division, prétend que « tout hussard qui n'est pas mort à l'âge de 30 ans est un jeanfoutre ». Il a quasiment respecté sa parole puisqu'il disparaît à 34 ans lors de la bataille de Wagram. C'est avec de telles paroles que Lasalle, pendant la campagne de Prusse en 1806, pousse ses 700 hussards à s'emparer de la forteresse de Stettin où 5 300 ennemis son capturés.

Obtenir dévouement et fidélité

Si Napoléon a toujours cherché à innover dans la promotion du dévouement et de la fidélité de ses soldats, c'est d'abord parce qu'il a dû commander une armée de conscrits. Pour la première fois dans l'histoire moderne, les armées révolutionnaires, mises en place par Lazare Carnot, étaient composées de « citoyens en armes chargés de défendre la Patrie en danger ». Pour Clausewitz, « une force dont personne n'avait eu l'idée fit son apparition en 1793. La guerre était soudain redevenue l'affaire du peuple et d'un peuple de 30 millions d'habitants qui se considéraient comme citoyens de l'État. [...] Sa participation faisait entrer une nation entière dans le jeu avec son poids naturel. [...] Dès lors l'énergie avec laquelle la guerre pouvait être conduite n'avait plus de contrepoids et que par conséquent le danger de l'adversaire était parvenu à un extrême. »

Dès sa première campagne d'Italie, Bonaparte sait que son armée de conscrits ne fait pas le poids face à l'armée autrichienne composée de professionnels physiquement beaucoup plus solides. Lors de la campagne de France de 1814, le décalage entre une armée française composée de jeunes recrues, surnommées « les Marie-Louise », et les soldats aguerris des armées alliées sera encore plus défavorable. Pourtant, en Italie comme en France, Napoléon parviendra à donner un moral de vainqueur à ses hommes, qui seront longtemps réputés invincibles aux yeux de leurs ennemis.

« Ce qu'il y a de plus rare est un dévouement continu », et Bonaparte pense que pour l'obtenir il *« faut avoir une grande connaissance des hommes »*. Persuadé que *« les hommes qui ont changé l'univers n'y sont jamais parvenus en gagnant des chefs ; mais toujours en remuant des masses »*, il sait trouver les mots et les actes lui permettant d'obtenir l'adhésion, malgré les terribles sacrifices qu'il exige. Il déclare ainsi à Las Cases : *« Mes soldats étaient fort à l'aise, très libres avec moi ; j'en ai vu souvent me tutoyer. Je passais pour un homme terrible parmi les officiers et peut-être parmi les généraux, mais nullement parmi les soldats. Ils avaient l'instinct de la vérité et de la sympathie, ils me savaient leur protecteur, et au besoin même, leur vengeur. »* Napoléon leur parle lui aussi de façon familière. À la veille de Wagram, l'Empereur interroge des grenadiers : *« Eh bien ! mes enfants, comment trouvez-vous le vin ?* – Il ne nous grisera pas, Sire ; voilà notre cave », dit un soldat en montrant le Danube. L'Empereur ordonne alors qu'on distribue une bouteille de vin à chacun d'eux[9].

Conscient qu'il *« est dans le caractère français d'exagérer, de se plaindre et de tout défigurer dès qu'on est mécontent »*, Napoléon surnomme affectueusement ses soldats les *« grognards »*. Il lui semble même que *« le soldat français est plus difficile à conduire qu'un autre. Ce n'est point une machine qu'il s'agit de mouvoir, c'est un être raisonnable qu'il faut diriger. »* Le soldat suisse Sabon, dans ses *Mémoires de l'apprenti horloger de Genève devenu chef de musique dans le 69e régiment d'infanterie de ligne de la Grande Armée*, ne pense pas autrement : « Les Français sont des gens intelligents, braves par-dessus tout, et presque jamais ils ne doutent du succès, aussi doit-on comprendre et supporter la blague de leur part, car ils savent se battre ; dans ce genre n'est pas imitateur qui veut ; les soldats français ont une discipline à eux, un laisser-aller qui s'éloigne entièrement de la manière d'être du soldat russe ou prussien, qui agit comme un véritable automate ; cette discipline, qui s'établit en six semaines chez les troupiers français, ne s'apprend guère chez les autres qu'en dix ans ; cette différence provient surtout de ce que, chez les premiers, le point d'honneur et l'amour-propre sont des mobiles permanents. »

Dans ses allocutions aux soldats, Napoléon met en avant la fierté d'appartenir à une élite qui gagne grâce à son courage et sa discipline. Cette déclaration, prononcée au lendemain d'Austerlitz, est emblématique de son talent d'orateur : *« Soldats, je suis content de vous. Vous avez, à la journée d'Austerlitz, justifié tout ce que j'attendais de votre intrépidité ; vous avez décoré vos aigles d'une immortelle gloire. Une armée de 100 000 hommes, commandée par les empereurs de Russie et d'Autriche, a été, en moins de 4 heures, ou coupée ou dispersée. Ce qui a échappé à votre fer s'est noyé dans les lacs. [...] Mon peuple vous reverra avec joie, et il vous suffira de dire : J'étais à la bataille d'Austerlitz, pour que l'on réponde : Voilà un brave*[10] *! »*

Si la force morale est une condition nécessaire pour obtenir la victoire, elle l'est aussi pour surmonter les revers de fortune. Ainsi, dans ses *Mémoires*, un sergent de la Garde dénommé Bourgogne a remarqué la joie éprouvée par un camarade ayant été regardé par l'Empereur au moment de la Bérézina : « Il nous avait regardés comme il regardait toujours les soldats de la garde, lorsqu'il les rencontrait marchant isolément, et surtout dans ce moment de malheur, où il semblait, par son regard, vous inspirer de la confiance et du courage[11]. » Alors que cette retraite se transforme en déroute incontrôlable, Napoléon décide, trois jours avant le passage de la Bérézina, de créer un « escadron sacré » chargé d'assurer sa protection. En fait, il s'agit surtout de montrer par le spectacle d'une troupe bien organisée de trois cents officiers de cavalerie qu'il contrôle encore la situation : *« L'alarme abat les esprits et paralyse le courage. »* Se sachant dans une situation désespérée, Napoléon parvient, en sauvant les apparences, à prévenir un sauve-qui-peut général qui aurait empêché l'exploit de la construction d'un pont sur la Bérézina.

« Vivre avec les soldats, c'est connaître leurs vertus, ailleurs, on ne connaît que leurs vices », a remarqué Napoléon qui se positionne plus comme un entrepreneur paterna-

liste que comme un manager issu de l'« establishment ». Les soldats de la Grande Armée admirent le courage de leur chef, mais ils aiment surtout le « petit caporal » proche de ses troupes. Quand il couche au milieu de ses soldats, c'est invariablement au milieu de son unité d'élite, la garde impériale, son *« trésor d'hommes »*. Napoléon s'est en effet façonné son *« joyau de la couronne »*, constitué de régiments aussi divers que des mamelouks ou des Hollandais à l'uniforme blanc. L'Empereur a même créé, pendant la campagne de Russie, un régiment de lanciers lituaniens de la Garde, composé de descendants musulmans de cavaliers de Gengis Khan, établis en Lituanie au cours du Moyen Âge.

Pour maintenir le prestige et la cohésion de sa Garde, Napoléon a élaboré un certain nombre de spécificités par rapport au reste de la Grande Armée. Rejoindre la Garde est un privilège, et chaque soldat qui y est affecté se voit rétrograder d'un rang. Ainsi, un capitaine de la ligne[12] est intégré avec le grade de lieutenant. Plus original, ceux de la Garde se vouvoient entre eux et s'appellent « Monsieur ». La discipline est très dure mais les châtiments corporels sont interdits. Lorsqu'un soldat de la Garde part en retraite ou est réformé, il se considère comme « un vieux de la vieille ». Pour rejoindre ce corps, il n'y a aucun passe-droit : les conditions d'accès sont la bravoure et l'ancienneté. Ce sont des « géants » d'un minimum de 1,83 mètre (soit près de 15 centimètres de plus que Napoléon).

L'Empereur, qui a toujours conservé la Garde sous ses ordres directes, ne l'a utilisée, à l'instar de la garde prétorienne romaine, qu'en dernier ressort, pour donner le coup de grâce ou pour débloquer une situation dangereuse. Au combat, la Garde porte sa grande tenue, sauf à Waterloo où, pour la première et la dernière fois, elle sera contrainte de battre en retraite. Les soldats de la Garde ont été considérés, même par leurs adversaires, comme l'une des unités d'élite les plus courageuses de l'histoire militaire.

Si ces hommes sont de rudes guerriers, il n'en restent pas moins sentimentaux quand Napoléon les « prend aux tripes ». Ainsi, en entendant l'allocution de l'Empereur déchu, lors des adieux dans la cour du château de Fontainebleau en avril 1814, de vieux soldats endurcis se sont même mis à pleurer : *« Soldats de la Vieille Garde, je vous fais mes adieux ! Depuis vingt ans que nous sommes ensemble, je suis content de vous : je vous ai constamment trouvés sur le chemin de la gloire. [...] Soldats, je ne puis vous embrasser tous, mais j'embrasse votre chef. [...] Qu'on apporte l'aigle, que je l'embrasse aussi. Ah ! Cher aigle, puisse le baiser que je te donne retentir dans la postérité ! »*

Ce lien très fort avec les « sans-grade » va permettre à Napoléon de revenir au pouvoir en 1815.

Lorsqu'il débarque de l'île d'Elbe, Napoléon ne dispose que d'un millier d'hommes tandis qu'à Paris, le roi Louis XVIII contrôle l'armée, la police et l'ensemble de l'administration. Pourtant, sans un coup de feu, l'ex-Empereur va réussir le pari qu'il s'est lancé lors de son débarquement au golfe Juan : *« L'aigle avec les couleurs nationales volera de clocher en clocher jusqu'aux tours de Notre-Dame. »* Louis XVIII a quand même essayé de le faire intercepter. Ainsi, le 7 mars 1815 à Laffrey, près de Grenoble, Napoléon, vêtu de son uniforme vert de colonel des chasseurs de la Garde et de sa redingote grise, se retrouve face à des fusils braqués sur lui. Un officier royaliste, le capitaine Randon, que Napoléon III nommera plus tard maréchal, donne l'ordre fatidique : « En joue ! Feu ! » Tétanisés, les soldats n'osent pas tirer. Napoléon sort des rangs. Dans un silence assourdissant, il s'exclame : *« Soldats du 15ᵉ, je suis votre Empereur, ne me reconnaissez-vous pas ? »* Il avance encore, entrouvre sa redingote et lance : *« S'il en est un parmi vous qui veuille tuer son Empereur, me voilà ! »* À ces mots, tous les soldats se rallient en criant « Vive l'Empereur ! », et celui-ci peut alors poursuivre son chemin. Napoléon s'enorgueillira de cette journée : *« Jusqu'à Grenoble, on me traita d'aventurier. À Grenoble, je fus prince. »* Remarquant que *« Machiavel a beau dire, les forteresses ne valent pas la faveur des peuples »*, il s'étonnera lui-même du caractère pacifique de cette marche triomphale vers Paris : *« Ma plus belle campagne est celle du 20 mars car on n'a pas tiré un seul coup de fusil. »* Alors qu'il n'a eu avec lui, pendant les Cent-Jours, que *« le peuple et toute l'armée jusqu'aux capitaines »*, on peut remarquer que les seuls soldats fusillés au retour du roi seront des officiers supérieurs, dont le maréchal Ney et le général de La Bédoyère.

Pour Napoléon, la forme physique de ses soldats est indispensable à leur force morale. En 1800, il déclare qu'un *« homme qui n'a pas de considération pour les besoins de ses soldats ne devrait jamais les commander »* car *« la santé est indispensable à la guerre et ne peut être remplacée par rien »*. Dès 1799, Bonaparte a appuyé le pharmacien militaire Antoine-Augustin Parmentier dans ses campagnes de vaccination contre la variole. Inspecteur général du service de santé des armées impériales de 1805 à 1813, Parmentier est le symbole du ralliement d'une partie du monde médical à la médecine préventive autoritaire du Premier Empire. Officier de la Légion d'honneur et baron d'Empire, Parmentier passera néanmoins à la postérité pour avoir introduit la pomme de terre en France. Celle-ci est d'ailleurs un élément important de l'alimentation du pays (et de l'Empereur), car le kilo coûte, en 1804, seulement 6 centimes contre environ 1,20 franc pour le kilo de viande (l'équivalent du salaire journalier d'un ouvrier). C'est toutefois à Louis XVI que revient le mérite d'avoir aidé Parmentier dans la promotion de la pomme de terre.

Outre la prévention sanitaire, Napoléon sait qu'une bonne organisation médicale est indispensable lors d'une campagne. S'il a accusé ses commissaires de guerre d'avoir perdu sa chirurgie *« à force de la tourmenter et de la livrer à de sots projets*[13]», Napoléon a trouvé dans le chirurgien Larrey un excellent administrateur. Ce dernier restera dans l'histoire pour avoir organisé, dès 1797, une unité d'« ambulances volantes », c'est-à-dire la première prise en charge médicalisée des blessés au cours d'une bataille. Jusque-là, les blessés devaient attendre la fin des combats avant de recevoir les premiers soins.

À Waterloo, Larrey est capturé par des lanciers prussiens qui, l'ayant confondu avec Napoléon du fait de sa redingote grise, le dépouillent puis envisagent de l'exécuter sur-le-champ. Un jeune médecin prussien, reconnaissant son illustre confrère, parvient à le sauver in extremis en arguant que Larrey a soigné le fils du maréchal Blücher. Peu après, le général Wellington, apercevant Larrey, soulève son bicorne en déclarant : « Je salue l'honneur qui passe. » Napoléon, qui a légué à sa mort 100 000 francs à Larrey, dira de lui : *« L'homme le plus vertueux que j'ai rencontré, le véritable homme de bien. »*

Ordonner en secret les missions

Napoléon est persuadé que *« la froideur est la plus grande qualité d'un homme destiné à commander »* car *« intimer un ordre, c'est intimider du regard »*. Dans ses *Souvenirs*, le général Thiard, chambellan, note que « l'Empereur, quand il chargeait quelqu'un d'une mission ou qu'il avait un compte à lui demander, ne souffrait pas d'hésitation. Il ne faisait pas de questions absurdes comme Souvorov [général russe] qui demandait un jour à un officier combien il y avait de poissons dans la rivière qui coulait sous ses yeux, et qui, n'en ayant pas reçu de réponse, le renvoya de l'armée. Napoléon voulait des déclarations précises et catégoriques. »

Napoléon a l'habitude de donner des instructions précises, non seulement sur les objectifs mais aussi sur la procédure à suivre qui repose sur le secret. Ce mode de commandement est utilisé aussi bien pour les manœuvres militaires que politiques. Ainsi, le 13 décembre 1802, le Premier consul écrit au pape : *« Le duc de Parme étant mort, et le roi de Toscane ayant renoncé à l'héritage de son père, l'État de Parme devient vacant et à notre disposition. Je désirerais le réunir au royaume de Toscane. [...] Mais, comme ceci n'est qu'un projet, et que Votre Sainteté sent facilement qu'il faut, avant que cela soit consommé, que j'arrête un traité avec l'Espagne, il est essentiel que Votre Sainteté seule soit dans le secret, et, en conférant avec le roi de Sardaigne, lui en parle comme d'une idée qui lui vient. »* Cette manœuvre réussira car, après la mort de Ferdinand Ier de Bourbon-

Parme, Napoléon récupérera le duché pour l'intégrer à son royaume d'Italie. En 1808, le titre de duc de Parme (sans souveraineté effective) sera accordé à Cambacérès, son archichancelier.

Napoléon n'encourage pas la communication interne de type horizontal car elle pourrait remettre en cause son omniprésence dans les processus de décision. Pour que ses ordres soient efficacement mis en œuvre par ses collaborateurs, Napoléon a besoin qu'ils les comprennent clairement. Pour cela, il est secondé par le maréchal Berthier. Comme chef d'état-major de l'armée d'Italie, de l'armée d'Égypte et de la Grande Armée (longtemps aussi comme ministre de la Guerre), Berthier sait comprendre à demi-mot la pensée de Napoléon et la communiquer aux chefs d'unités. À Sainte-Hélène, l'Empereur dira de lui : *« Il expédiait tous les ordres et les différents détails avec une régularité, une précision et une promptitude admirables ! C'est un travail pour lequel il était toujours prêt, et infatigable. [...] Nul autre n'aurait pu le remplacer. »* Tellement irremplaçable qu'une nuit, l'Empereur le fait mander auprès de lui à dix-sept reprises ! En 1806, le ministère de la Guerre est dirigé de main de maître par Berthier qui doit accompagner l'Empereur en campagne. Ce dernier le remplace en 1807 par un de ses hommes de confiance, le général Clarke, qui sera surnommé le « maréchal d'encre ». Un des talents de Clarke est en effet de produire des rapports précis et objectifs auxquels l'Empereur répond par un *« Approuvé »* ou un *« Désapprouvé »*.

L'obsession de Napoléon pour le secret va de pair avec sa volonté de se croire capable de résoudre personnellement tous les problèmes auxquels fait face son administration. En effet, la procédure secrète lui permet de court-circuiter les voies hiérarchiques traditionnelles. Le 18 avril 1807, il écrit ainsi à son ministre de l'Intérieur, Fouché : *« Ennuyé des tracasseries de l'Opéra, j'ai chargé mon cousin l'archichancelier* [Cambacérès] *de la surveillance immédiate de l'Opéra jusqu'à mon retour dans ma capitale. Mais, comme il ne peut ni ne doit rien dire, mon intention est, quand il sera nécessaire de faire intervenir l'autorité, qu'il vous fasse alors connaître ses intentions par une résolution qui restera secrète, et d'après laquelle vous agirez comme si c'était d'après mon ordre. »*

La contrainte d'agir dans le secret concerne même la famille impériale. Le 5 janvier 1806, Napoléon écrit à Berthier : *« Mon Cousin, expédiez le général Berthier, votre frère, avec le décret qui nomme le prince Joseph, commandant en chef de l'armée de Naples. Il restera au quartier général de cette armée, gardera le plus profond secret sur l'objet de sa mission, et ce ne sera que lorsque que le prince arrivera qu'il lui remettra le décret. Je dis qu'il doit garder le plus profond secret, parce que je ne suis pas sûr que le prince Joseph accepte, et, à cause de cela, il ne faut pas que rien soit connu. »* La confidentialité permet à Napoléon de préserver son prestige face au risque de déconvenue que pourrait provoquer le refus de ce commandement par son frère aîné, qu'il sait réticent à ce type de responsabilité. Quelques jours plus tard, l'Empereur écrit à son frère, qui a finalement accepté la fonction : *« Vous serez le 15 ou le 16 dans le voisinage de Rome. Je compte qu'après quelques jours de repos vous aurez près de 40 000 hommes, que vous pourrez partager en trois corps : le maréchal Masséna aura le plus fort ; le général Saint-Cyr, un autre ; et le général Reynier, le plus petit, formant une division de 6 000 hommes de bonnes troupes, en réserve. Attachez-vous au général Reynier ; il est froid, mais c'est, des trois, le plus capable de faire un bon plan de campagne et de vous donner un bon conseil. Dans votre position, l'art consiste à faire croire à chacun des trois qu'il a également votre confiance. [...] Prenez six aides de camp. Ne tenez point de conseil de guerre, mais prenez l'avis de chacun en particulier. Écrivez-moi souvent et longuement, afin que je vous fasse passer mon avis autant que cela sera possible. »* Ici, Napoléon ne se contente pas donner des ordres à son frère ; il lui prodigue aussi des conseils sur la meilleure façon de gérer ses officiers.

Sans la confidentialité la plus stricte de sa correspondance, toutes ces manœuvres secrètes perdraient de leur pertinence. Pendant la campagne de Russie, Napoléon, qui avait choisi un code peu sûr pour correspondre avec ses maréchaux, a connu de nombreux déboires. Quoi qu'il en soit, il ne dicte jamais ses notes les plus stratégiques, mais les écrit lui-même. Il a toujours avec lui, même en voyage, un cartable avec autant de compartiments que de ministères. Ce portefeuille, fermé avec une clef unique qu'il garde sur lui, contient tout ce qu'il a écrit depuis plusieurs années, toutes les notes secrètes sur ses opérations militaires. Pour les concevoir, Napoléon n'a pas beaucoup sollicité les avis des grands esprits de son époque, mais il a beaucoup écouté. Il croit d'ailleurs à la force du silence : *« On ne mesure pas la force d'un prince qui se tait ; quand il parle, il faut qu'il ait la conscience d'une grande supériorité. »*

LA GESTION DU CAPITAL HUMAIN

Conscient qu'il a besoin d'être relayé par une équipe pour assurer la démultiplication de la stratégie et de la motivation de la ligne hiérarchique, Napoléon sait que son aptitude à identifier les talents est un élément essentiel de sa réussite. L'Empereur déchu expliquera à O'Meara, son médecin britannique à Sainte-Hélène : *« Ma maxime fut "la carrière ouverte aux talents" sans distinction de naissance ou de fortune et ce système d'égalité est la raison pour laquelle votre oligarchie me déteste tant*[14]*. »* L'Autrichien Metternich pense, lui aussi, que l'Empereur était d'autant plus dangereux qu'il « était doué d'un tact particulier pour reconnaître les hommes qui pourraient lui être utiles. Il découvrait bien vite en eux le côté par lequel il en tirerait le plus de parti. N'oubliant cependant jamais de rechercher le gage de fidélité dans un calcul d'intérêt, il avait soin de les lier à sa propre fortune, en les compromettant de manière à ce que tout retour à d'autres engagements leur fût coupé. » Si Chateaubriand pense aussi que Napoléon a été « un grand découvreur d'hommes », il lui reproche d'avoir voulu « qu'ils n'eussent de talent que pour lui, à condition encore qu'on ne parlât peu de ce talent ; jaloux de toute renommée, il la regardait comme une usurpation de la sienne ». Certains propos de l'Empereur confirment cette vision : *« C'est moi qui mène mes affaires. Je suis donc assez fort pour tirer un bon parti des hommes médiocres. De la probité, de la discrétion et de l'activité, voilà tout ce que je demande. »*

S'il n'apprécie pas de déléguer ses prérogatives, Napoléon compense en donnant à ses subordonnés le sentiment de leur importance, tant par des initiatives de micro-management que par sa politique de ressources humaines. Il agit avec souplesse et clairvoyance, en soulignant souvent le sens et la valeur de la compétence de ses hommes, pour qu'ils trouvent dans l'aventure napoléonienne un exutoire à leurs énergies. Cela suppose une bonne adéquation entre activité et organisation, même s'il a dû être tentant pour Napoléon, en ascension fulgurante, de négliger les questions d'organisation ou de les subordonner aux impératifs de réussite à court terme.

Napoléon envisage son rôle de manager comme une surveillance, mais aussi comme un moyen d'impulsion et de coordination des actions. Sa fonction de chef est avant tout affaire d'interactions sociales. L'attention à ses subordonnés est effectivement un aspect fondamental de son action. Non seulement il a réussi à manager nombre de ses collaborateurs pour qu'ils soient en mesure de donner le meilleur d'eux-mêmes, mais il a aussi été attentif à les placer au bon endroit : *« Les hommes sont comme les chiffres : ils n'acquièrent de valeur que par leur position. »* Sachant que chacun possède des forces et des faiblesses différentes, il a essayé d'utiliser leurs qualités en minimisant leurs défauts. En cas de besoin, son rôle de chef a parfois consisté à se métamorphoser en pompier, en médecin, en confident, voire en « coach ».

Identifier les talents

Conscient des talents individuels, Napoléon considère que *« l'égalité n'existe qu'en théorie »*. En effet, si *« tous les hommes sont égaux devant Dieu, l'intelligence, les vertus et la science mettent seules la différence entre eux »*. C'est avec ces critères que Napoléon nomme des hommes de valeur à tous les niveaux de la société civile et militaire.

Ce travail de sélection est considérable puisque, à titre d'exemple, 259 généraux de division et 703 généraux de brigade ont été nommés entre 1805 et 1815. Dans ses *Souvenirs,* Billon décrit la promotion du colonel Lepic sur le champs de bataille d'Eylau. Bien qu'il soit parvenu à bousculer l'infanterie russe, son régiment de grenadier à cheval, aveuglé par la neige, se retrouve cerné. À un officier russe qui le prie de se rendre, Lepic réplique : « Regardez-moi ces gueules-là si elles veulent se rendre ! » Il repart alors à la charge et perce les rangs ennemis. Après ce coup d'éclat, le colonel parvient, sanguinolent et chaussé d'une seule botte, jusqu'à l'Empereur qui le salue par l'annonce d'une promotion : *« Je vous croyais pris, général, et j'en avais une peine très vive. »* Le tout nouveau général réplique par un « Sire, vous n'apprendrez jamais que ma mort ! » Le soir même, l'Empereur offre à Lepic 50 000 francs pour qu'il les redistribue aux rescapés de son régiment. Billon conclut par cette remarque : « Il faisait un superbe sujet de tableau. »

Bonaparte s'entoure d'abord d'hommes qui ont fait leurs preuves. L'un de ses plus proches collaborateurs est Cambacérès, un des meilleurs juristes de son temps. C'est une sorte de « numéro 2 » du régime à qui Napoléon délègue d'importants pouvoirs lors de ses fréquentes absences. Dévoué et courtois, Cambacérès est parvenu, tant bien que mal, à maintenir en ordre les rouages de l'État.

Parmi les ministres de Napoléon, bon nombre avaient des rôles importants avant le 18 Brumaire. Le Premier consul a ainsi reconduit Talleyrand et Fouché dans leurs fonctions respectives de ministre des Affaires étrangères et de ministre de la Police. Un jour, l'Empereur interroge Fouché sur son passé. Alors que Napoléon lui demande s'il a voté la mort du roi Louis XVI, Fouché réplique : « C'est le premier service que j'ai rendu à Votre Majesté. »

Convaincu que *« les jeunes gens valent mieux que les vieillards »*, Napoléon s'efforce de découvrir de nouveaux talents. Au moment d'Austerlitz, la moyenne d'âge des 141 officiers généraux est inférieure à 40 ans. Ces hommes, qui souvent combattent depuis une dizaine d'années, n'auraient pas dépassé le grade de commandant de régiment dans les autres armées européennes, sans ascendance aristocratique.

Manager rigoureux, Napoléon doit séparer le grain de l'ivraie en détectant les sujet médiocres qui essayent de dissimuler leurs failles : *« Le sot a un grand avantage sur l'homme d'esprit, il est toujours content de lui-même. »* Il écrit ainsi à l'amiral Decrès : *« Un officier de marine nommé Léger, qui depuis dix ans ne sert point, a été assez ridicule pour me demander à être contre-amiral. Je n'ai pu lui dissimuler mon mépris sur une demande si déplacée. Faites-le lui sentir, et donnez-lui dans son grade une destination pour qu'il ne reste pas sur le pavé de Paris. »* Cette lettre date du 11 mars 1805, huit mois avant le désastre naval de Trafalgar. Plus tard, Napoléon déclarera que *« la perte de nos batailles navales tient au manque de caractère des généraux en chef, aux vices de la tactique et à l'opinion des capitaines qui croient ne devoir agir que d'après des signaux »*. Napoléon sait de quoi il parle puisqu'il a lui-même failli devenir un marin. En effet, Charles Bonaparte avait bien songé à faire de son fils un homme de mer lorsque le chevalier de Keralio, inspecteur des écoles militaires, avait affirmé qu'il ferait « un excellent marin ». Si les circonstances en ont fait un artilleur, pour le plus grand soulagement de Napoléon qui souffrait du mal de mer, il reste le souverain français qui aura le plus navigué. Remarquons que la seule importante victoire navale française de cette époque fut la prise, en 1795, par un escadron de hussards, de la flotte hollandaise immobilisée dans les eaux glacées du Texel.

Sous l'Empire, Napoléon élève 26 de ses généraux à la dignité de maréchal. Le principal dénominateur commun entre ces hommes est la bravoure dont ils ont fait preuve à un moment ou l'autre de leur carrière. À Ratisbonne, Lannes, sentant fléchir la vague d'assaut, s'est ainsi élancé en criant : « Je vais vous faire voir qu'avant d'être maréchal j'étais grenadier et que je le suis encore ! » Notons que Napoléon fait une distinction entre bravoure et courage : *« La bravoure procède du sang, le courage vient de la pensée. »* De plus, *« s'il suffisait pour être général d'avoir de la bravoure, chaque soldat pourrait prétendre au commandement* ». Enfin, Napoléon, en bon Méditerranéen, croit qu'il faut s'entourer de gens chanceux.

Pour choisir ses généraux et ses maréchaux, Napoléon exige d'eux une qualité essentielle : *« la fermeté de caractère et la résolution de vaincre à tout prix »* car *« une armée de lions commandée par un cerf ne sera jamais une armée de lions »*. Il se méfie aussi des esprits trop brillants : *« Votre lettre contient trop d'esprit. Il n'en faut point à la guerre, il faut de l'exactitude, du caractère et de la simplicité. »*

Certains de ses plus anciens et valeureux compagnons d'armes n'ont jamais été faits maréchaux. Ainsi, Junot, qui était aux côtés du capitaine Bonaparte à Toulon, se verra refuser jusqu'à sa mort, en 1813, le titre de maréchal. Pourquoi ? Parce qu'il a le tort de laisser percer son mécontentement de ne pas faire partie de la première promotion de maréchaux en 1804, parce qu'il prend la défense du banquier Récamier, dont la femme tient un salon où se retrouvent des opposants, parce qu'il se compromet enfin avec son épouse dans toutes sortes d'excès et d'intrigues. Excédé, Napoléon impose à Junot plusieurs exils puis le charge d'envahir le Portugal. Il s'y couvre de gloire au point d'être nommé duc d'Abrantès. Mais il rêve toujours au bâton de maréchal. Frustré, Junot demande à être renvoyé au feu ; les désillusions s'accumulent. Après s'être fait retirer le commandement d'un corps d'armée en Russie, Junot sombre dans la folie. Peu avant de se suicider en se défenestrant, il se présente même à un grand bal vêtu de ses seules décorations.

À Sainte-Hélène, Napoléon a déclaré : *« J'ai tiré la plupart de mes généraux de la boue. Partout où j'ai trouvé le talent et le courage, je l'ai élevé et mis à sa place car mon principe était de tenir la carrière ouverte aux talents. »* Il est vrai que l'Empereur souhaite que *« le fils d'un cultivateur puisse se dire : je serai un jour cardinal, maréchal d'Empire ou ministre »*, ce que l'origine de certain de ses maréchaux ne dément pas : Murat est fils d'aubergiste, Lannes est fils de fermier et Ney est fils de tonnelier. La majorité d'entre eux provient néanmoins de la petite bourgeoisie. Quelques uns ont fait de bonnes études et certains sont même des aristocrates d'Ancien Régime. Après l'Empire, au comte d'Artois qui lui reproche de n'avoir pas émigré pendant la Révolution, le maréchal Macdonald répliquera, alors qu'il se trouve à la table de Louis XVIII : « Si je l'avais fait, je ne serais pas là à dîner à côté du roi. »

Napoléon recherche moins un profil type que la conjugaison des différents types de tempéraments, d'aptitudes intellectuelles, de capacités physiques et de qualités morales. Ainsi, Moncey est un *« honnête homme*[15] *»*, Ney une tête brûlée et Brune un *« prédateur intrépide »*. Si la plupart de ces hommes étaient déjà militaires sous l'Ancien Régime, près de quarante ans séparent le plus âgé, Kellermann, de Marmont, le plus jeune. Lorsque débute la Révolution, Napoléon a 19 ans ; presque tous ses futurs maréchaux sont plus âgés que lui.

Âge et position sociale des principaux maréchaux en 1789

Age	Maréchal	Position sociale
19	Davout	Sous-lieutenant dans un régiment de cavalerie
19	Suchet	Négociant soyeux à Lyon
20	Lannes	Apprenti teinturier
20	Ney	Hussard
22	Murat	Maréchal des logis renvoyé pour indiscipline
26	Bernadotte	Sergent-major à Marseille
26	Poniatowski	Ex-colonel de dragons de l'armée autrichienne et major-général de l'armée polonaise
31	Masséna	Adjudant sous-officier qui démissionne pour épouser une fille de médecin
35	Berthier	Colonel après les combats sur les bords de l'Ohio avec La Fayette. En 1789, il est major général de la garde nationale de Versailles

Outre le talent guerrier, on peut distinguer trois autres types de talents dont Napoléon sait s'entourer : les talents politiques, professionnels et charismatiques. Si Napoléon concilie ces trois éléments, il réussit aussi à s'entourer de personnalités de premier plan possédant l'une de ses qualités.

Les trois types de talents : politiques, professionnels et charismatiques

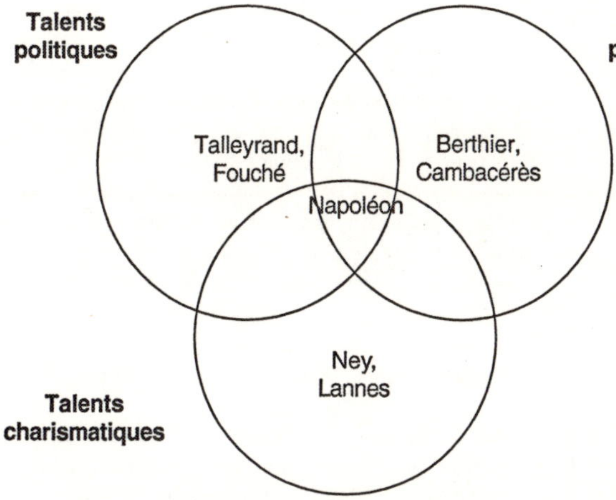

Au cours de sa carrière de plus de vingt ans, Davout a été l'un des rares maréchaux à avoir concilié ces trois types de talents. Issu de la petite noblesse, Davout est tellement républicain qu'il a changé son nom originel, d'Avoust, en Davout. Alors qu'il n'est qu'un obscur général de brigade en Égypte, il n'est pas apprécié par Bonaparte. Ce dernier, devenu Premier consul, surmonte son aversion car il soupçonne chez cet homme des talents guerriers et administratifs. Si bien qu'en 1804, il l'élève à la dignité de maréchal alors que Davout n'a jamais commandé de division au combat. Il se montrera à la hauteur de cette marque d'estime puisqu'il est le seul maréchal resté invaincu et l'un des rares à être toujours resté fidèle à l'Empereur déchu. Dans le *Mémorial de Sainte-Hélène*, Napoléon dira de lui : *« Le maréchal est un homme de guerre froid et circonspect, à l'esprit sage et éclairé, au jugement droit ; une de ses qualités essentielles est sa tendance naturelle à ne rien livrer au hasard, à longuement réfléchir avant d'agir. »* Le maréchal Davout a par ailleurs démontré bien d'autres qualités.

Actes significatifs du maréchal Davout au niveau professionnel

Qualité	Actes de Davout
Souci d'excellence	En 1793, Davout refuse sa nomination comme général de division, considérant qu'il manque d'expérience pour une telle fonction (vingt-deux ans).
Endurance	Lors de la campagne d'Autriche, en 1805, il fait parcourir à ses soldats 144 kilomètres en trente-six heures pour participer à la bataille d'Austerlitz.
Compétence	À Auerstaedt en 1806, il écrase, à 1 contre 3, l'armée prussienne.
Esprit d'initiative	À Eckmühl, en avril 1809, son corps d'armée se retrouve seul face à l'essentiel de l'armée autrichienne. Il attaque et parvient à la faire reculer.
Obéissance	Bien qu'il doute du bien-fondé de l'invasion de la Russie, il réorganise efficacement la Grande Armée dans ce but.
Courage	À Borodino, en Russie, son cheval est tué sous lui. Il perd un instant connaissance, mais reprend vite son commandement.
Sens de l'organisation	Ministre de la Guerre durant les Cent-Jours, il parvient en quelques mois à rassembler une armée de 500 000 hommes.

Davout est toujours resté fidèle à son idéal républicain, qu'il croit incarné en Napoléon, au point que celui-ci déclarera à Sainte-Hélène : *« Je croyais que Davout m'aimait, en fait, il aimait la France. »* À la Première Restauration, Davout est le seul maréchal à ne pas prêter serment à Louis XVIII. Quand Napoléon revient de l'île d'Elbe et lui propose le ministère de la Guerre, Davout refuse car il veut partir combattre avec lui. Napoléon l'interroge alors : *« Je suis seul, en face de toute l'Europe. Voilà ma situation. Voulez-vous m'abandonner ? »* Davout réplique : « Sire, je n'ai plus qu'une réponse à faire. J'accepte le ministère[16]. »

Actes significatifs du maréchal Davout au niveau politique

Qualité	Actes de Davout
Conviction	Enfermé en tant que sous-lieutenant pour avoir violemment critiqué l'élection d'un sous-lieutenant royaliste.
Résistance	En 1800, Davout est l'unique général qui, après le départ de Bonaparte d'Égypte, a refusé de signer la capitulation.
Sens politique	Envoyé en Allemagne en 1810 pour écraser des révoltes, il se contente de renforcer efficacement la défense des places fortes.

S'il est une catégorie où le maréchal Davout n'a pas fait l'unanimité, c'est au niveau des rapports humains. Écoutons le chef d'escadron Dupuy : « Le maréchal, brave guerrier, mais dur, cruel et redouté de tous, était peu fait pour prêter à l'inspiration poétique. » Davout n'a pourtant pas manqué d'inspiration quand il a déclaré à ses soldats, juste avant la bataille d'Auerstaedt : « Le grand Frédéric a dit que c'étaient les gros bataillons qui remportaient les victoires ; il a menti, ce sont les plus entêtés et vous le serez comme votre maréchal[17]. »

Actes significatifs du maréchal Davout au niveau humain

Qualité	Actes de Davout
Probité	En 1810, il dénonce, en tant que commandant en chef de l'armée d'Allemagne, les activités frauduleuses de Bourrienne.
Amitié	En 1812, il pleure la mort de son fidèle ami Gudin, tué devant Smolensk.
Solidarité	Il intervient en faveur de ses anciens compagnons d'armes, Ney compris, mis en jugement après le départ de Napoléon à Sainte-Hélène.

Développer les compétences

Dès 1801, Napoléon démontre son talent d'organisateur et de formateur avec la mise en place du camp de Boulogne où 200 000 soldats participent à des exercices dans le but d'envahir l'Angleterre. La discipline très stricte imposée par Bonaparte débouche sur de véritables exploits, tel que l'embarquement en dix-sept minutes de 67 000 hommes avec armes et bagages. Pour le jeune officier de marine Grivel : « On acquit finalement une si grande habitude que toute l'armée put être embarquée une fois en une heure et demie. C'est prodigieux, mais c'est exact, et jamais, je crois, on n'avait fait jusque-là un pareil tour de force. »

L'excellence du système de formation mis en place par Napoléon ne concerne pas seulement le simple soldat, mais aussi les ingénieurs et les jeunes officiers. Ses idées s'exportent même ! Ainsi, l'académie militaire américaine de West Point, organisée depuis sa fondation en 1802 sur le modèle de l'École polytechnique, accueillera après Waterloo le colonel du génie Crozet. Il y dispensera des cours pendant de nombreuses années, tout en participant à l'amélioration des voies de communication et des canaux dans tout l'Est des États-Unis.

Très fier de ses qualités de développeur de talents, Napoléon écrit le 15 novembre 1805 à son frère Joseph : *« Je me convaincs tous les jours davantage que les hommes que j'ai formé sont, sans comparaison, les meilleurs. Je continue à être fort content de Murat, de Lannes, de Davout, de Soult, de Ney et de Marmont. »*

Auto-satisfaction de Napoléon à propos de ses qualités de développeur de compétences

Maréchal	Observations
Berthier	*« Un oison dont j'ai fait un aigle »*
Lannes	*« Je l'avais pris pygmée, je l'ai perdu géant »*

Napoléon dispose d'un atout majeur qui fait de lui un manager hors pair : il sait gérer le potentiel de chacun de ses collaborateurs et l'optimiser. Roederer rapporte : « Il arriva sous son gouvernement une chose extraordinaire entre les hommes qui travaillaient avec lui : la médiocrité se sentit du talent ; le talent se crut tombé dans la médiocrité, tant il éclairait l'une, tant il étonnait l'autre. Des hommes jusque-là jugés incapables, se rendirent utiles ; des hommes jusque-là distingués, se trouvaient tout à coup confondus ; des hommes regardés comme les ressources de l'État se trouvèrent inutiles. »

Pour développer le potentiel de ses collaborateurs, Napoléon a quelques recettes. Même s'il croit qu'*« il n'y a pas de force sans adresse »*, il est convaincu que les performances dépendent des exigences de départ. Il explique ce phénomène d'extension des limites par le fait que *« chaque soldat a dans sa musette un bâton de maréchal »*. Il croit aussi à l'émulation par la mise en concurrence interne : *« C'est en se cognant la tête les uns contre les autres qu'on apprend à se connaître. »*

Pour Napoléon *« l'important, ce n'est pas de choisir des hommes mais de leur donner toute la valeur, et seulement la valeur, qu'ils peuvent avoir »*. Si tous ses maréchaux sont de brillants officiers, rares sont ceux qui se révèlent capables de commander en chef une armée. Un bon général en chef n'est pas nécessairement compétent dans tous les domaines, mais il doit savoir utiliser les différentes unités au maximum de leur potentiel. Or, tous les maréchaux ne possèdent pas forcément le désir d'autonomie et la propension au risque nécessaires. Ainsi, Berthier prend un temps la tête de l'armée pendant la campagne d'Autriche de 1809, mais son commandement se révèle désastreux car il applique à la lettre les directives que l'Empereur lui envoie de Paris. En ne prenant aucune initiative sur le terrain, il va jusqu'à mettre en danger certains corps d'armée. Accouru à la rescousse, Napoléon rattrape heureusement ces erreurs, et Berthier reprend la place où il excelle, celle de chef d'état-major. Dès 1807, Berthier avait avoué à Soult : « Je ne suis rien dans l'armée, je reçois au nom de l'Empereur les rapports de MM. les maréchaux, et je signe pour lui, mais je suis nul pour ce qui m'est personnel[18]. » Ironie de l'histoire, si Soult a été un excellent général, il s'est révélé à Waterloo un piètre chef d'état-major, au point que Napoléon regretta ouvertement que Berthier ne soit pas à ses côtés.

Analyse par Napoléon des lacunes managériales de certains maréchaux

Maréchal	**Défaillances managériales**
Murat	*« Il était vraiment sublime au feu, le meilleur officier de cavalerie du monde. Au combat c'était un César, mais hors de là, presque une femme [...] Murat avait un très grand courage et fort peu d'esprit. La trop grande différence entre ces deux qualités l'explique en entier »*
Ney	*« Ney était admirable pour sa bravoure [...] il était bon pour conduire 10 000 hommes, mais hors de là, c'était une vraie bête. »*
Sérurier	*« Il avait moins d'élan que Masséna et Augereau, mais il les dépassait par sa moralité, la sagesse de ses opinions politiques et la sûreté de son commerce*. »*
Grouchy	À propos de Waterloo : *« Non, non, Grouchy n'a pas agi avec l'intention de trahir mais il a manqué d'énergie. »*

*. Napoléon, *Correspondance..., op. cit.*, t. XXIX, p. 109.

En règle générale, Napoléon attend de ses collaborateurs qu'ils aient autant d'esprit et de talent que de caractère et de courage. C'est ce qu'il appelle *« être carré »*, autant de base que de hauteur. Les hommes qui ont beaucoup d'esprit et peu de caractère lui paraissent comme *« un navire qui a mâture trop disproportionnée à son lest »*, alors que si leur caractère est supérieur à leur esprit, ils vont entreprendre au-delà de leurs capacités. À Sainte-Hélène, Napoléon avouera à propos de ses maréchaux : *« Ils étaient plusieurs généraux que j'avais fait trop grands : je les avais élevés au-dessus de leurs esprits. »*

Parmi ses officiers qui ont atteint ce « carré magique », Napoléon cite Lannes dont *« le courage l'emportait d'abord sur l'esprit, mais, chez lui, l'esprit montait chaque jour pour se mettre en équilibre »*, Masséna qui *« ne possédait* [cet équilibre] *qu'au milieu du feu, [...] c'était alors un homme très supérieur »* et son beau-fils Eugène de Beauharnais, *« homme très distingué chez lequel cet équilibre était le seul mérite*[19] *»*.

Le « carré magique » de Napoléon

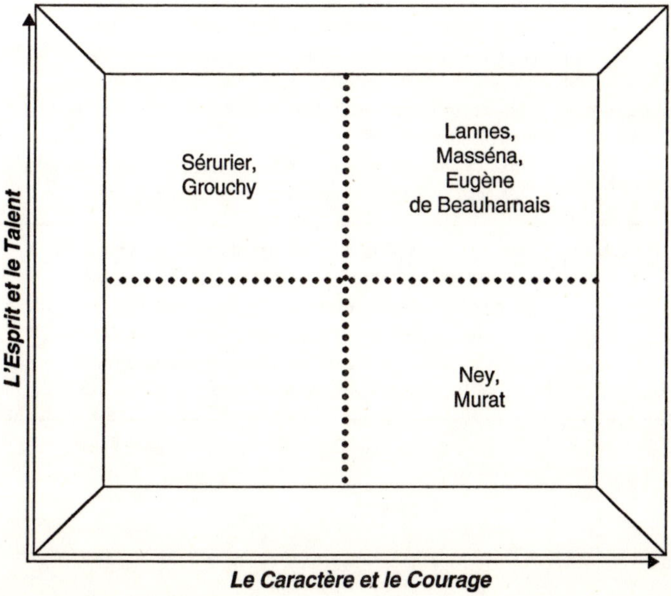

En ce qui concerne Eugène de Beauharnais, Napoléon ne cesse de lui prodiguer des conseils et de contrôler la moindre de ses décisions. Dans les lettres qu'il lui adresse au moins une fois par jour, les ordres formels voisinent avec les simples recommandations et les petits détails avec les généralités. Par exemple : *« Sachez écouter, et soyez sûr que le silence produit souvent le même effet que la science. »*

Quelques conseils de Napoléon à Eugène de Beauharnais

	Correspondance de Napoléon à Eugène
Militaire	*« Mon fils, je suis fâché que vous ayez fait rétrograder le 11e régiment de ligne. Dans la saison où nous sommes, rien ne dégoûte plus le soldat que ces marches et contre-marches. [...] Il faut éviter les contre-ordres ; à moins que le soldat n'y voie une grande raison d'utilité, il prend du découragement et perd la confiance. »*
Politique	*« Il y a dans votre conduite quelque chose de chevaleresque qui est de votre âge, mais non de votre place. J'ai commencé par destituer Salimbeni. Je connais mieux les Italiens que vous. Je protégerai ceux qui me professent de l'attachement, mais je ferai une sévère justice de ceux qui seraient d'une catégorie différente. »*
Communication	*« Il ne faut point discréditer les bruits de guerre dans les journaux, mais s'en moquer. Faites faire une note de tous les préparatifs que font les Autrichiens dans l'État de Venise et ailleurs. Faites-la mettre dans les petits journaux, et ensuite faites-la répéter dans le Journal Officiel. »*
Budget	*« Mon fils, vous avez très mal arrangé vos affaires à Paris ; on me présente un compte de 1 500 000 francs pour votre maison ; cette somme est énorme. [...] Je vois cela avec peine ; je vous croyais plus d'ordre. On ne doit rien faire faire sans un devis, avec engagement de ne pas le dépasser. »*

S'appuyer sur des experts

Dès son arrivée au pouvoir, Napoléon se constitue un *brain trust* de conseillers scientifiques et artistiques à qui il n'hésite pas à confier des fonctions politiques. En novembre 1800, il attribue le ministère de l'Intérieur au scientifique Jean Chaptal. Créateur du Conservatoire des Arts et Métiers, Chaptal est le premier à systématiquement appliquer ses connaissances chimiques au développement industriel. On lui doit, entre autres, des méthodes de fabrication de la soude ou de l'acide sulfurique, des procédés de coloration du coton et surtout l'art de perfectionner le vin. Dans *L'Art de faire le vin*, publié en 1807, Chaptal préconise l'ajout de sucre dans le jus de raisin. La « chaptalisation » assurera sa postérité.

Selon Chateaubriand. Napoléon « se mêlait de toutes choses ; son intellect ne se reposait jamais : il avait une espèce d'agitation perpétuelle d'idées ». S'il respecte les spécialistes pour leurs expertises, il tente d'innover par lui-même. Par exemple, lors de la campagne d'Italie de 1797, il rencontre le mathématicien italien Mascheroni, spécialiste de la géométrie du compas, qui lui soumet ce curieux problème : « Savez-vous retrouver le centre d'un cercle donné sans son centre à l'aide uniquement d'un compas ? » De retour en France, le général expose à l'Académie des sciences les résultats de ce scientifique ainsi qu'une solution personnelle qui nécessite la construction de six autres cercles. À ce propos, Pierre Simon de Laplace, auteur d'un célèbre *Traité sur la mécanique céleste* et ancien professeur de Napoléon, aurait remarqué : « Nous attendions tout de vous, général, sauf des leçons de géométrie ». Depuis lors, ce problème porte le nom de « problème de Napoléon ».

Napoléon aime discuter avec des scientifiques nourris de l'esprit des Lumières, mais il ne se contente pas de simples conversations. Chaque fois qu'il rencontre un expert, il le questionne et note les réponses. Parmi ces hommes, citons le mathématicien Monge, créateur de la géométrie descriptive, le chimiste Berthollet, inventeur de l'eau de Javel et des allumettes dites « suédoises », et le physicien Prony, inventeur du frein dynamométrique, qui sera aussi le premier à mesurer la vitesse du son dans l'air.

Lorsqu'il est élu membre de l'Institut de France, Bonaparte n'a pas les connaissances de ses collègues. Même s'il a achevé ses études dès l'âge de seize ans, il a néanmoins réussi à se constituer une importante culture mathématique grâce à sa formation d'ingénieur militaire spécialisé dans l'artillerie. Bonaparte assiste régulièrement aux séances de l'Institut, jusqu'à son départ en Égypte où il va entraîner une partie de ses collègues.

Outre les objectifs politiques et économiques, Napoléon a voulu que l'expédition d'Égypte s'inscrive dans la continuité des voyages scientifiques du XVIIIe siècle et des commissions chargées de recueillir les œuvres d'art des pays conquis. Le 19 mai 1798, il embarque à Toulon avec 35 000 soldats, mais aussi 21 mathématiciens et physiciens, 3 astronomes, 17 ingénieurs, 13 naturalistes et ingénieurs des mines, 4 chimistes, 13 géographes et géologues, 4 architectes, 8 dessinateurs, un sculpteur, 10 hommes de lettres, 22 imprimeurs munis de caractères latins, grecs et arabes, et même un poète et un pianiste avec son piano Érard à quatre pédales. Tout comme la partie militaire de l'expédition, la préparation de la mission scientifique a été réalisée avec la plus grande discrétion, au point que la majorité de ses membres n'apprennent leur destination finale qu'à leur arrivée sur l'île de Malte. Ce travail minutieux d'organisation a été réalisée par le mathématicien Monge et le chimiste Berthollet. Napoléon remerciera ces deux brillants esprits en les nommant sénateurs et comtes d'Empire.

En entrant au Caire le 25 juillet 1798, Bonaparte achève sa conquête de l'Égypte en moins de deux mois. Mais, cinq jours plus tard, l'amiral Nelson détruit l'escadre française dans la rade d'Aboukir. Napoléon, prisonnier de sa conquête, décide alors de la transformer en État moderne : *« Il faut savoir nous suffire à nous-même. L'Égypte est remplie d'immenses ressources ; il faudra les développer. Autrefois, l'Égypte, à elle seule, formait un puissant royaume : pourquoi cette puissance ne serait-elle pas recréée et augmentée des avantages qu'assurent avec elles les connaissances actuelles, les sciences, les arts et l'industrie ? »* Comme il le fera quelques mois plus tard en France, Bonaparte commence par mettre en place une administration et lance des travaux d'infrastructures.

Pour mener à bien cette mission de développement, Bonaparte fonde, le 22 août 1798, l'Institut d'Égypte. Sous la présidence de Monge, l'Institut va régler les problèmes d'approvisionnement du Caire, une ville de 300 000 habitants, et faire reconnaître le tracé du futur canal de Suez. À la même époque, alors qu'ils établissent des fortifications près de Rosette, à l'est d'Alexandrie, des soldats français exhument une pierre de basalte noir, la « pierre de Rosette ». Cette découverte va permettre à Champollion, quelques années plus tard, de déchiffrer les hiéroglyphes. Pendant son année passée en Égypte, Bonaparte est assidu aux séances de son Institut, « *sa maîtresse favorite* », selon l'expression du savant Geoffroy Saint-Hilaire. Napoléon avouera lui-même : *« Le temps que j'ai passé en Égypte a été le plus beau de ma vie, car il en a été le plus idéal. »*

Si les experts qu'il consulte sont, au départ, le plus souvent indépendants, Napoléon les phagocyte rapidement en les intégrant dans sa sphère d'influence. En 1803, il réquisitionne ainsi son collègue de l'Institut, René Just Haüy : *« La confiance que j'ai dans vos grands talents me porte à désirer que vous vous chargiez de faire un ouvrage élémentaire pour la classe de mathématiques des lycées nationaux. Des ouvrages importants vous occupent ; mais j'attends de celui-ci le plus grand résultat que l'on puisse se promettre : la propagation des Lumières dans une partie aussi importante des connaissances humaines. Je désire donc que vous vous employiez entièrement à cet ouvrage, de manière à l'avoir terminé avant le commencement de l'an XII. »* Ce savant s'était auparavant illustré dans la préparation du nouveau système décimal des poids et mesures avec le mètre-étalon (« la dix millionième partie du quart du méridien terrestre »), et le kilogramme-étalon (« poids d'un litre d'eau pure à 4 degrés centigrades »).

Metternich a admiré les qualités intellectuelles de Napoléon car « la trempe de son esprit le conduisait toujours vers le positif ; il repoussait les idées vagues, il abhorrait également les rêves des visionnaires et les abstractions des idéologues, et il traitait de rabâchage tout ce qui ne lui présentait pas des aperçus clairs et des résultats utiles. Il n'accordait réellement de la valeur aux sciences qu'aux seules connaissances que l'usage des sens peut servir à contrôler et vérifier, à celles qui s'appuient sur des observations et des expériences. »

Si Napoléon est un bon mathématicien, il n'a pas l'esprit d'un chercheur ou d'un ingénieur qui perçoit le potentiel de certaines innovations techniques et l'avantage compétitif qui en découle. Il ne comprend pas que les nouvelles technologies pourraient lui apporter une *killer application* susceptible de lui donner un avantage pour ce que Clausewitz a baptisé la « bataille décisive ». Il refuse, par exemple, le développement de navires censés lui garantir la suprématie sur les mers grâce à leur technologie reposant sur la machine à vapeur, que lui propose, dès 1800, l'autodidacte américain Robert Fulton. Celui-ci fabrique néanmoins le premier sous-marin de l'histoire, qu'il inaugure en plongeant dans la Seine à une profondeur de 7,60 mètres, un exploit qui n'aura pas de suite. Déçu, Fulton retourne alors aux États-Unis où il ouvre, en 1807, la première ligne de bateau à vapeur parcourant en trente-deux heures les 300 kilomètres qui séparent New York d'Albany.

Le scepticisme de Napoléon envers les projets technico-scientifiques ne s'étend pas seulement aux engins amphibies, mais aussi aux engins aéronautiques. Si les ballons sont utilisés dès 1794 pour le repérage militaire, Napoléon va fermer l'École nationale d'aérostation de Meudon. Pourtant, en 1797, André Jacques Garnerin avait réussi le premier saut en parachute de l'histoire en sautant d'une montgolfière à 700 mètres d'altitude. Napoléon sera confirmé dans son scepticisme par un incident qui se produit en 1804. Pour célébrer le couronnement de l'Empereur, Garnerin lâche un ballon à hydrogène orné d'une grande couronne dorée. L'engin disparaît dans les airs et finit par s'abattre, le lendemain, dans les environs de Rome. Superstitieux, Napoléon voit alors comme un mauvais présage le fait que des morceaux de la couronne dorée soient tombés près du tombeau de Néron.

La troisième invention que Napoléon méprise est le télégraphe optique. En quelques années, la République a pourtant mis en place un réseau de 5 000 kilomètres qui va être victime de l'austérité budgétaire de l'après 18 Brumaire. Le Premier consul ne réduit pas seulement les budgets des programmes de recherche, mais aussi les crédits alloués à l'entretien de cette infrastructure de communication, jugée non stratégique. Désavoué, l'inventeur Claude Chappe va se jeter dans un puits. Outre son coût, Napoléon reproche au télégraphe de ne pas fonctionner la nuit ou par temps de brouillard. Ce défaut lui sauvera pourtant la mise en 1815. En effet, lorsque l'Empereur débarque de l'île d'Elbe, Louis XVIII ne l'apprend à Paris que quatre jours plus tard car le télégraphe de Chappe a mal fonctionné à cause de la brume…

Reconnaître les mérites

Si Napoléon déclare qu'un *« homme, véritablement homme, ne hait point ; sa colère et sa mauvaise humeur ne vont point au-delà de la minute »*, il se laisse parfois emporter par la colère, même si elle est souvent feinte. Il a, par exemple, cravaché le général Bertrand en pleine figure ; celui-ci n'en demeurera pas moins, à Sainte-Hélène, son plus fidèle compagnon d'infortune. Selon sa belle-fille Hortense de Beauharnais, Napoléon a le tort « de trop humilier et de ne pas assez punir », mais il accepte de bonne grâce, lors de ses sautes d'humeur, certaines répliques cinglantes. Au cours d'une discussion animée, l'Empereur déclare à l'amiral Decrès : *« Qui m'a foutu un ministre comme vous ? Vous mériteriez que je vous donne du pied dans le derrière. »* La répartie de ce dernier calme immédiatement Napoléon : « Votre Majesté a toujours des coups de pied au cul plein la bouche[20] ! » Le général Thiard a par ailleurs remarqué qu'« on attribue généralement à l'Empereur un caractère despotique, absolu, ne souffrant ni objection ni contrariété, prêt à chaque instant à répondre par un mot désagréable à la plus légère observation. Je n'ai rien vu en lui qui ressemblât à ce portrait. Il avait, comme tout le monde, des moments d'irritation, mais je n'ai jamais remarqué qu'il fût sorti de sa bouche un mot offensant. Il s'emportait contre des fautes qui pouvaient compromettre le salut de l'armée ou les intérêts du pays ; jamais par exemple, quand elles lui étaient personnelles. Parfois il s'exprimait aussi avec une grande véhémence sur les rapports qu'on était forcé de lui faire d'événements auxquels on avait pris une part indirecte, mais à la moindre observation qu'on ne pouvait en être rendu responsable, il disait sur le champ : Ce n'est pas pour vous que je parle. »

Ayant l'habitude de dire à ses collaborateurs qu'il *« ne faut pas de si, ni de mais, il faut réussir »*, Napoléon est un ardent partisan du management par le stress. Ainsi, le 3 juillet 1805, un mois après qu'il se soit couronné roi d'Italie, il écrit à son directeur italien des travaux publics : *« Je ne puis que persister dans mon opinion. Je vous ai chargé du travail le plus important. C'est votre faute s'il ne marche pas bien. Levez toutes les difficultés et réussissez, car, quand on veut fortement, constamment, on réussit toujours. Je connais vos talents, votre zèle et votre attachement à ma personne. Je ne doute donc pas que votre direction ne s'organise promptement, et qu'elle ne marche comme il convient. »*

Si Napoléon se sert parfois du management par l'affectif, c'est surtout pour accroître les performances de ses subordonnés. Il commence souvent ses lettres à destination de ses maréchaux et de ses ministres par un *« Mon cousin »* selon le protocole. Ainsi, au maréchal Soult, qui poursuit un régiment autrichien : *« Ne vous donnez pas de repos [...] il faut que vous m'enleviez ce corps. Le moins que vous puissiez m'envoyer, c'est 3 000 à 4 000 prisonniers. »* Malgré toute sa bonne volonté, Soult ne parvient à faire que 120 prisonniers. Napoléon lui écrit alors : *« Mon Cousin. Je verrai avec plaisir vos 120 gros cuirassiers pris par les petits chasseurs. [...] Mais j'aurais voulu avoir tout le régiment. »*

Caulaincourt a reconnu que Napoléon « n'oubliait rien mais il était cependant sans rancune ». Il est vrai que l'Empereur considère, avec un certain fatalisme, qu'il faut *« reconnaître les faiblesses humaines et s'y plier plutôt que de les combattre »*. Soucieux avant tout du résultat, il peut même se montrer admiratif : *« Masséna a des talents militaires devant lesquels il faut se prosterner. Il faut oublier ses défauts car tous les hommes en ont. »* Quoi qu'il en soit, Napoléon est toujours lucide sur les qualités et les défauts de ses subordonnés, par exemple Masséna : *« Il était fortement constitué et infatigable [...]. Il était décidé, brave, intrépide, plein d'ambition et d'amour-propre ; son caractère distinctif était l'opiniâtreté ; il n'était jamais découragé. Il négligeait la discipline, soignait mal l'administration, et par cette raison, était peu aimé du soldat. Il faisait assez mal les dispositions d'une attaque. Sa conversation était peu intéressante ; mais au premier coup de canon, au milieu des boulets et des dangers, sa pensée acquérait de la force et de la clarté. Était-il battu, il recommençait comme s'il eût été vainqueur. »* C'est pour cette dernière qualité que Napoléon le surnomme *« l'enfant chéri de la victoire »*.

Jugements élogieux de Napoléon vis-à-vis de ses maréchaux

Maréchal	**Jugements de Napoléon**
Bessières	*« On vit Bessières constamment bon, humain, généreux ; d'une loyauté, d'une droiture antiques ; soldat homme de bien, et citoyen honnête homme. »*
Berthier	*« Berthier : talents, activité, courage, caractère, tout pour lui. »*

Lannes	*« C'était un homme d'une bravoure peu commune ; calme au milieu du feu ; il possédait un coup d'œil sûr et pénétrant. »*
Oudinot	*« C'est un général éprouvé dans cent combats où il a montré autant d'intrépidité que de savoir »*

Sous l'emprise de la colère, Napoléon peut se montrer critique sur ses compagnons d'armes. Ainsi, à Tilsit, il dresse au Tsar un portrait sans complaisance de ses maréchaux : *« Soyez bien convaincu que ce ne sont que de bons sergents et rien de plus. Si je venais à leur manquer, le lendemain on verrait toute leur nullité. Sans doute, ils sont braves à la tête de leur colonnes. C'est là leur seul mérite. »* Comme Jules César, Napoléon refuse parfois de reconnaître les mérites des subordonnés dans ses victoires. Le soir de Marengo, il ne se donne même pas le peine de remercier le général Kellermann qui vient pourtant de transformer une déroute probable en triomphe. Autre cas, après Iéna, le bulletin de victoire fait à peine mention de la victoire simultanée de Davout à Auerstaedt[21], même si Napoléon confie ensuite à son maréchal : *« Mon cousin, le combat d'Auerstaedt est l'une des plus belles journées de l'histoire de France. »*

L'Empereur est aussi doté d'un certain sens de l'humour quand il s'agit de donner des sobriquets, souvent ironiques, à ses compagnons d'armes : Marmont est *« Monsieur de cul fier »*, tandis que Mortier est *« Le Soupeur »*, car il a dîné à la fois avec Napoléon et Louis XVIII en 1815.

Récompenser et rémunérer

« Indépendamment de ce que Sa Majesté commande son armée en personne, c'est à elle seule qu'il appartient de distribuer le degré de gloire que chacun mérite », voilà ce que précise Napoléon à ses maréchaux trois jours après Wagram. Même au niveau subalterne, l'Empereur entend

conserver la haute main sur les promotions. Le maréchal Murat lui écrit ainsi en 1806 : « Permettez-moi, Sire, de vous rappeler que votre Majesté a eu la bonté de me promettre de l'avancement pour mes aides de camp : le grade de major ou de chef d'escadron pour le capitaine Dery et ceux de capitaine pour les lieutenants Pieron, Brunet, Lagrange et Flahaut. »

S'il pense qu'un *« ordre doit toujours être exécuté. Quand il ne l'est pas, il y a crime, et le coupable doit être puni »*, Napoléon prévoit des gratification en cas de réussite dans la mise en œuvre de ses instructions. Pour Metternich, « la générosité désintéressée n'était pas dans son âme, Napoléon ne dispensait ses faveurs et ses bienfaits qu'en raison du prix qu'il attachait à l'utilité de ceux qui les recevaient. Il traitait les autres comme il se croyait traité par eux. Il acceptait tous les services, sans scruter ni les motifs, ni les opinions, ni les antécédents de ceux qui les offraient, sauf à en faire usage dans le seul calcul de ses besoins. » Napoléon ne le contredit pas en déclarant qu'il y a *« deux leviers pour remuer les hommes : la crainte et l'intérêt »*. Quand, en 1802, il a congédié Fouché, son trop puissant ministre de la Police, Bonaparte a même associé ces deux leviers, non pas pour le motiver mais pour le neutraliser. Il lui a offert en compensation de sa disgrâce un siège au Sénat et une gratification de 1 250 000 francs.

Napoléon veut que ses maréchaux le craignent : *« Je suis obligé d'être très sévère avec ces hommes-là. Si je me familiarisais avec eux, ils partageraient bientôt ma puissance et le Trésor public. Ils ne m'aiment point, mais ils me craignent, et cela me suffit. »* Aussi souhaite-t-il donner à ses compagnons d'armes une place prestigieuse mais subalterne. Quand il établit, dès 1804, le titre de maréchal d'Empire, Napoléon place ce titre à la cinquième place de la hiérarchie impériale, après l'Empereur et l'Impératrice, la famille impériale, les grands dignitaires et les ministres. Il déclare à ses maréchaux : *« Sachez que je prétends que vous ne soyez militaires qu'à l'armée. Le titre de maréchal est une dignité purement civile qui vous donne dans ma cour le rang qui vous est dû mais qui n'entraîne après lui aucune autorité.*

Généraux sur le champ de bataille, soyez grands seigneurs autour de moi et tenez à l'État par les liens purement civils que j'ai su vous créer en vous décorant du titre que vous portez[22]. »

Selon Metternich, Napoléon est « persuadé que nul homme, appelé à paraître sur la scène publique ou engagé seulement dans les poursuites actives de la vie, ne se conduisait ni ne pouvait être conduit par un autre ressort que celui de l'intérêt ». De ce fait, il se montre généreux envers ses généraux à qui il accorde un salaire équivalent à cinq fois celui d'un préfet, dix fois celui d'un évêque et vingt fois celui d'un ingénieur des Ponts et Chaussées. Il constitue même pour ses compagnons d'armes les plus proches d'immenses fortunes acquises au détriment des pays conquis, avec notamment des dotations en argent et en terres (1 500 000 francs de rente pour Berthier, plus de 600 000 francs pour Masséna). Dans les États italiens et allemands, Napoléon fait établir près de 6 000 dotations-rentes. La majorité d'entre elles, qui varient entre 500 et 15 000 francs, sont destinées à récompenser des militaires français. Soucieux du bien-être de ses officiers méritants, il crée une sorte d'agence matrimoniale en demandant à ses préfets d'établir la liste des « filles de bonne famille » célibataires et susceptibles de faire une bonne épouse. Cette « conscription des filles » montre que la respectabilité sociale est une préoccupation aussi importante que l'acquisition d'une fortune.

En 1805, Napoléon annonce que son *« intention est de rendre si riches les généraux et officiers qui m'ont servi que je n'entends pas qu'ils déshonorent par la cupidité le plus noble métier, en s'attirant la déconsidération »*. Néanmoins, au commencement de sa première campagne d'Italie, il avait harangué ses soldats en guenilles par cet appel au gain voire au pillage : *« Soldats, vous êtes nus, mal nourris. [...] Je vais vous conduire dans les plus fertiles plaines du monde. De riches provinces, de grandes villes seront en votre pouvoir, vous y trouverez honneur, gloire et richesse. »* Son ambiguïté sur l'avidité de ses proches restera une question lancinante tout au long de son règne.

Parce que *« la démocratie élève la souveraineté, l'aristocratie seule la conserve »*, Napoléon érige, dès 1806, douze provinces du royaume d'Italie en duchés qui ne consistent qu'en un titre et des rentes annuelles. Les ducs d'Istrie (Bessières) et de Dalmatie (Soult), reçoivent par exemple 100 000 francs chaque année. Il ressuscite aussi les titres d'Ancien Régime tels que duc, comte, baron, chevalier en les associant parfois à des batailles ou des territoires conquis. Ney obtient ainsi le titre de prince de la Moskova après son action décisive dans cette bataille, en 1812. Au total, l'Empereur va accorder près d'un millier de titres de noblesse, dont 59 % à des militaires. À l'exception des grands dignitaires, la noblesse d'Empire – noblesse de titre et non de race – ne bénéficie d'aucun privilège en droit civil ou pénal ni d'aucune exemption fiscale. Deux maréchaux, Brune et Jourdan, n'ont pas été anoblis, sans doute pour leurs convictions républicaines.

Outre les titres de noblesse, la Révolution avait aboli toutes les décorations, même militaires. Pourtant, le Directoire a réintroduit une ancienne tradition consistant à récompenser les actes de bravoure par l'octroi d'armes d'honneur. Le général Bonaparte applique cette mesure lors de sa première campagne d'Italie car il *« ne faut pas accoutumer les troupes à recevoir de l'argent pour des actes de courage ; il suffit de leur écrire des lettres de satisfaction »*. Jean-Roch Coignet raconte sa fierté d'avoir été distingué : « Un combat sérieux s'engagea dans les environs de Montebello. [...] Sur le midi, un aide de camp du général Lannes arrive au galop avec ordre de nous faire avancer le plus vite possible parce que le général était forcé de tous côtés. [...] Alors je m'élance, je dépasse mon capitaine, et je cours au canon autrichien. J'arrive comme les artilleurs finissaient de charger pour nous cribler une seconde fois. Je les frappe de ma baïonnette et je les étends par terre. Ce fut l'affaire d'un moment. Le général Berthier passe et me demande ce que je fais là. Je lui raconte et il me dit de demander à mon capitaine de me présenter, le soir même, au Premier consul. [...] Le général Bonaparte me prit par l'oreille. Je croyais que c'était pour me gronder, pas du tout, c'était par amitié : *– Berthier, marque-lui un fusil d'honneur…*[23] »

La paix retrouvée, le Premier consul décide d'aller plus loin en créant un ordre, ouvert à tous, qui récompense la vertu, l'honneur et l'héroïsme. Il va ainsi créer la Légion d'honneur pour tirer parti du fait que *« les Français ne sont pas changés par dix ans de Révolution, ils sont ce qu'étaient les Gaulois, fiers et légers. Ils n'ont qu'un sentiment : l'honneur. »* Par conséquent, *« il faut donner de l'aliment à ce sentiment-là, il leur faut des distinctions*[24] *».*

Basée sur le modèle de la *Legio honoratorum* de la Rome antique, la Légion d'honneur, qui ne tient pas compte du rang social ou de l'hérédité, doit récompenser *« côte à côte, le soldat, le savant, l'artiste, le prélat et la magistration de tous les domaines, de toutes les parties ».* Le 19 mai 1802, le corps législatif, sur proposition du Premier consul, vote la création de la Légion d'honneur, qui rencontre une farouche opposition chez madame de Staël, La Fayette et Augereau, du moins pour quelques années. Face aux critiques, le Premier consul s'écrie : *« On nous parle toujours des Romains ; il est assez singulier que, pour repousser les distinctions, on cite l'exemple d'un peuple chez lequel elles étaient le plus marquées. Est-ce ça connaître l'Histoire ? Les Romains avaient des patriciens, des chevaliers, des citoyens et des esclaves. Pour chaque classe, ils avaient des costumes, des meurs. Ils décernaient en récompense toutes sortes de distinctions, des noms qui rappelaient des services, des couronnes murales, des triomphes […] Je défie qu'on me montre une république ancienne ou moderne dans laquelle il n'y a pas eu de distinctions. On appelle cela des hochets ; eh bien, c'est avec des hochets qu'on mène les hommes. L'on convient qu'il nous faut des institutions ; si l'on ne trouve pas celle-la bonne, qu'on en propose donc d'autres ! Je ne prétends pas qu'elle doive sauver la République ou l'état, mais elle y jouera son rôle. »* C'est un fait que le maréchal Mortier a confirmé : « Ma plus grande jouissance d'amour-propre a été d'être l'un des seize chefs de cohorte de la Légion d'honneur. »

Très vite, la Légion d'honneur suscite l'enthousiasme au point que Napoléon remarque que *« le peuple français a deux passions également puissantes qui paraissent opposées et qui cependant dérivent du même sentiment, c'est l'amour de l'égalité et l'amour des distinctions »*. Il est remarquable que la croix de la Légion d'honneur est d'emblée préférée par ses grognards aux promotions, au point que l'un d'eux, auquel Napoléon annonce : *« Je te fais officier ! »*, proteste par un « Sire, je préfère la croix ! » Si les soldats étrangers de la Grande Armée reçoivent la Légion d'honneur à titre français, un décret daté de juin 1804 va élargir l'admission aux civils étrangers. C'est ainsi que l'écrivain allemand Goethe a reçu cette décoration. Après Waterloo, Goethe continuera à la porter ostensiblement, même en présence de représentants de la Sainte-Alliance. En revanche, Napoléon a refusé un *« hochet »* à l'un des plus célèbres économistes de son époque, Pierre Samuel Du Pont de Nemours, vice-président de la Chambre de commerce de Paris. En effet, après avoir encouragé Napoléon à céder la Louisiane, celui-ci a fini par s'opposer à l'autoritarisme de l'Empereur. Ce brillant esprit s'exila aux États-Unis où son fils créa la société de chimie industrielle qui porte toujours son nom.

Quelques années après sa création, Napoléon éprouve toujours de la fierté pour sa Légion d'honneur. Il écrit à son frère Joseph, qui veut créer un ordre similaire pour son royaume de Naples : *« J'avais pensé comme vous à l'ordre de Saint-Janvier ; mais il faut attendre encore. Dans les institutions, il faut créer, et se mettre sur-le-champ, autant que possible, en harmonie avec le siècle. On ne peut pas entendre en Europe le nom de Saint-Janvier sans rire. Il faudrait trouver quelque chose qui imprimât le respect et que l'on fût tenté d'imiter. Les Anglais eux-mêmes veulent aujourd'hui créer chez eux quelque chose de semblable à la Légion d'honneur. »*

Cette volonté *« d'imprimer le respect »* peut paraître contradictoire si l'on évoque une anecdote selon laquelle on aurait offert une décoration à un chien nommé Moustache. Cette mascotte de régiment s'était d'abord illustrée lors d'une attaque surprise des Autrichiens à la veille de

Marengo, en recevant un coup de baïonnette alors qu'il donnait l'alarme. À Austerlitz, Moustache, qui se serait cassé une patte en rapportant les lambeaux d'un étendard français, aurait alors été décoré sur le champ de bataille par le maréchal Lannes. Derrière le grotesque de la situation, Napoléon donnera, des années plus tard, une explication indirecte à cet acte : *« Si vous n'aimez pas les chiens, vous n'aimez pas la fidélité ; si vous n'aimez pas qu'on vous soit fidèle, donc vous n'êtes pas fidèle. »* Lorsque Moustache mourra en 1811, emporté par un boulet, on verra des vieux grognards pleurer leur fidèle compagnon.

LA MISE EN ŒUVRE D'UNE VISION

Avoir une vision suppose d'avoir des convictions, le courage de les assumer et la faculté de les exprimer. Une part essentielle du rôle charismatique de Napoléon consiste à mettre en œuvre une vision dynamique de l'avenir. Dès 1797, il déclare : *« On ne conduit un peuple qu'en lui montrant un avenir ; un chef est un marchand d'espérance. »* Pour cela, il lui faut indiquer la direction à prendre, instituer l'ordre dans le chaos et susciter la foi en ses compétences de chef. Pour devenir empereur, il doit démontrer que, par son biais, *« l'imagination gouverne le monde »*. Avec son message utopique, il va réussir à bâtir une nouvelle identité qui fédère les individus au-delà de leurs intérêts divergents.

Napoléon cherche à imposer une rupture décisive avec ce qui l'a précédé – Révolution ou Ancien Régime. Il déclare que *« la Révolution est finie »*, mais fait aussi exécuter un prince de la famille des Bourbons, le duc d'Enghien, quelques semaines avant son sacre. Après s'être fait bénir par le pape, le nouvel empereur s'empresse de prêter serment en tournant le dos à l'autel de Notre-Dame de Paris, tout en gardant la main sur la Bible : *« Je jure de maintenir l'intégrité du territoire de la République, de respecter et de faire respecter les lois du Concordat et la liberté des cultes, de respecter et de faire respecter l'égalité des droits, la liberté politique et civile, l'irrévocabilité des ventes des biens nationaux. »* Il va donc s'efforcer de préserver les acquis de la bourgeoisie tout en exportant la Révolution en Europe pour mieux l'incarner. Sa puissance militaire et sa volonté politique vont lui permettre de changer en profondeur l'Europe en général et la France en particulier.

Les différentes fonctions de management de Napoléon
(inspiré de Henry Mintzberg)

	Caractéristiques du pouvoir de Napoléon
Les rôles interpersonnels	
Le rôle de symbole	Fonction d'empereur
Le rôle de leader	Fonction de chef d'État
Les rôles décisionnels	
Le rôle de régulateur	Fonction de législateur et de chef de la police
Le rôle d'entrepreneur	Fonction de responsable des Travaux Publics
Le rôle de répartiteur des ressources	Fonction de responsable des Finances
Le rôle de négociateur	Fonction de responsable de la Diplomatie
Les rôles liés à l'information	
Le rôle d'observateur actif	Fonction de chef du Renseignement
Le rôle de diffuseur	Fonction de chef de l'Administration
Le rôle de porte-parole	Fonction de chef de la Propagande

Si Napoléon sait exploiter les compétences, le talent et les idées des autres, il est aussi un « homme d'idées » particulièrement créatif. Quand il part pour l'Égypte, Bonaparte a l'ambition secrète de suivre l'exemple d'Alexandre le Grand en prenant ensuite le chemin de l'Inde. Malheureusement, les choses ne se passent pas comme prévu à cause du désastre naval d'Aboukir. Napoléon bouleverse alors ses plans et propose un nouveau projet : *« Celui qui possédera Constantinople doit gouverner le monde.* » Et Bonaparte envahit la Palestine. Le siège de Saint-Jean d'Acre est un échec, qu'à cela ne tienne. Faute de parvenir à conquérir l'Orient, Bonaparte le Méditerranéen se métamorphose en Napoléon l'Européen !

L'épopée orientale démontre à Napoléon que si la formulation de brillantes rêveries lui est aisée, la vraie difficulté réside dans leur mise en œuvre : *« Le génie est la pensée dans le fait. »* Il avait la tête dans les étoiles, il lui faut désormais avoir les pieds sur terre : *« Dans les affaires du monde, ce n'est pas la foi qui sauve, c'est la méfiance. »* Plus qu'un stratège visionnaire, il doit maintenant devenir un tacticien de l'immédiat : *« Les sots parlent du passé, les sages du présent et les fous de l'avenir. »* Selon Balzac, Napoléon devient alors « un homme qui avait dans la tête un code et une épée, la parole et l'action[25] ». Il va donc tout tenter, tout faire et tout organiser dans le but de devenir ce que Chateaubriand définira comme « le souffle de vie le plus puissant qui jamais anima l'argile humaine ». Pour y parvenir, sa méthode va reposer sur un savant mélange d'énergie débridée et de tact. Son œuvre comptera ainsi autant d'évolutions progressives que de révolutions brutales.

Les 4 modes d'action de Napoléon
(inspiré de Hersey et Blanchard)

	Définition	**Exemple d'action de Napoléon**
Diriger	Donner des instructions précises et superviser méticuleusement l'exécution	Manœuvres d'Ulm et d'Austerlitz
Entraîner	Diriger l'exécution en sollicitant des conseils d'amélioration	Élaboration du Code civil
Épauler	Faciliter et encourager les efforts des exécutants en faisant participer à la décision	Élaboration de la Constitution de la Confédération helvétique
Déléguer	Transmettre la responsabilité de la prise de décision et de la résolution des problèmes	Administration de l'Égypte par Kléber au départ de Bonaparte

Ayant pour nouveau principe de *« mesurer mes rêveries au compas de mon raisonnement »*, Napoléon prend parfois des décisions à contre-cœur. En 1803, une série de revers vont ainsi le contraindre à abandonner son « rêve américain ». Tout d'abord, Bonaparte apprend la mort de son beau-frère, le général Leclerc, qui dirige le corps expéditionnaire chargé de rétablir l'ordre à Haïti. Face aux risques grandissants d'une nouvelle guerre avec l'Angleterre, Bonaparte doit se rendre à l'évidence qu'il n'a pas les moyens de défendre la Louisiane face à la marine britannique. Ayant besoin de la neutralité américaine et d'argent, il se résout à négocier la vente pure et simple de la Louisiane. Après quelques semaines de négociations, il conclut la plus importante transaction foncière de l'Histoire, à seulement 8 *cents* l'hectare, soit 15 millions de dollars (environ 250 millions de dollars actuels). Cette dépossession a dû être pénible pour Napoléon qui déclarera à Sainte-Hélène : *« En mourant, je laisse deux vainqueurs, deux hercules au berceau : la Russie et les États-Unis d'Amérique. »*

Cette superbe intuition prouve que ses analyses géniales ne sont pas seulement le fruit de son ambition débordante, mais aussi celui d'une réflexion géostratégique à long terme. L'ironie de l'histoire veut qu'en 1812, à quelques mois près, l'Empereur envahisse la Russie tandis que l'Angleterre entre de nouveau en guerre avec les États-Unis. Et deux capitales brûlent : Moscou et Washington. L'épilogue de ces affrontements entre deux nations de la Vieille Europe et leurs jeunes « challengers » trouve sa conclusion en 1815, par l'arrivée des Russes à Paris et la victoire des Américains sur les Anglais à La Nouvelle-Orléans, capitale de la Louisiane. Pour Napoléon, le surcroît de puissance que les États-Unis vont retirer de ce dix-huitième État de l'Union aura pour conséquence *« de donner à l'Angleterre une rivale maritime qui, tôt ou tard, abaissera son orgueil »*. Malheureusement, cette vengeance contre la « perfide Albion » ne se réalisera que près d'un siècle après sa mort.

Napoléon visionnaire ? N'a-t-il pas prédit à Sainte-Hélène : *« Quand la Chine s'éveillera, le monde tremblera. »*

PASSER À L'ACTION

Tant au niveau politique que militaire, Napoléon a pour principe d'*« être lent dans la délibération et vif dans l'exécution »*. Il avoue d'ailleurs : *« Si je parais toujours prêt à répondre à tout, c'est qu'avant de rien entreprendre, j'ai longtemps médité, j'ai prévu ce qui pourrait arriver. Ce n'est pas un génie qui me révèle tout à coup ce que j'ai à dire ou à faire dans une circonstance inattendue pour les autres, c'est la réflexion, c'est la méditation. »*

Pour réussir, Napoléon a eu besoin d'audace (*« le plus beau calcul du génie »*) et de fermeté car *« la vraie sagesse pour un général est dans une résolution énergique »*. Sachant que son succès *« dépend de la prudence, de la bonne conduite et de l'expérience »*, il s'astreint à trois principes pour vaincre : *« Réunion des forces, activité et ferme résolution de périr avec gloire. »* Une fois son idée faite, il passe à l'action en se souvenant que *« les tâtonnements, les* mezzo-termine *perdent tout »*. Il agit et réagit avec optimisme, sans trop se préoccuper du long terme : *« Je fonce, et après je vois. »*

Fier d'avoir démontré que la guerre est un art à la fois humble et exigeant, il est convaincu qu'il arrive *« malheur au général qui vient sur le champ de bataille avec un système »*. S'il pense d'expérience que *« le grand art, c'est de changer pendant la bataille »*, il a la modestie de reconnaître que *« l'inspiration n'est le plus souvent qu'une réminiscence »*. Sa méthode d'action consiste donc à choisir, dans un univers changeant et complexe, la moins mauvaise solution, compte tenu de l'information disponible sur l'état de la situation.

Imposer l'unité du commandement

Alors que la doctrine managériale classique prône la délégation, l'autonomie et la responsabilisation, Bonaparte exige de ses subordonnés une obéissance aveugle à ses ordres, sans admettre la moindre discussion : *« Moi seul, je sais ce que je dois faire. »* Selon lui, *« les hommes ne sont rien, c'est un homme qui est tout »* car *« l'unité de commandement est la première nécessité de la guerre »*. Pour autant que les circonstances le permettent, l'unité de commandement requiert la réunion de toutes les forces disponibles, aux ordres d'un seul dirigeant, sur le principal théâtre d'opérations.

Dans le contexte si particulier de la création d'un empire, Bonaparte a l'obligation d'agir sans contrainte. Pendant la première campagne d'Italie, alors qu'il est encore subordonné au pouvoir politique, il écrit au Directoire : *« Il faut que le gouvernement ait une confiance entière dans son général, lui laisse une grande latitude et lui présente seulement le but qu'il veut remplir. »* C'est cette unité de commandement qu'il considérera comme la base de ses victoires italiennes : *« J'ai fait la campagne sans consulter personne ; je n'eusse rien fait de bon, s'il m'eût fallu me concilier avec la manière de voir d'un autre. »*

Début janvier 1800, Bonaparte s'impose comme Premier consul. Il combine dans ses mains directions politique et militaire. Il faut dire qu'il a toujours gardé une certaine méfiance dans la délégation : *« Personne ne sait plus faire de politique [...] Il faut que je fasse tout. [...] On me gâte tout. »* Pourtant, Bonaparte n'a jamais regretté la seule fois où il a délégué l'ensemble de ses pouvoirs : avant de partir d'Égypte, il confia en effet la direction militaire et civile au général Kléber qui se révéla un excellent administrateur.

L'unité de commandement semble nécessaire à Napoléon pour mener une action cohérente et éviter le phénomène d'hernie : en soignant une douleur d'un seul côté, on en fait apparaître une autre ailleurs. Il ne croit pas à l'efficacité du principe de subsidiarité, qui implique de ne pas traiter au niveau supérieur ce qui peut l'être à un niveau inférieur. Il pense arriver aux meilleurs solutions en décidant lui-même, après avoir consulté un petit comité de proches collaborateurs. À la veille de ses batailles, il reste le seul à prendre les décisions ultimes ; c'est ce qu'il appelle *« le courage de trois heures du matin »*.

Napoléon refuse de subir des contraintes internes ou des pressions extérieures entre lesquelles les compromis et les arbitrages sont d'autant plus difficiles que les centres décisionnels sont multiples. L'organisation mise en place ressemble donc à celle d'une entreprise traditionnelle de type patriarcale. Le chef décide de la stratégie et des tactiques qui en découlent, en répartissant les ressources rares comme l'argent et les postes de commandement. Il définit aussi la structure de l'organisation à mettre en place et élabore un système de contrôle avec un processus budgétaire et de gratifications. La base, composée de soldats et de fonctionnaires, voire de la société civile, doit exécuter les décisions venues d'en haut tandis que le *middle management*, composé d'officiers supérieurs et de hauts fonctionnaires, se contente d'en contrôler l'application. Le général Thiard, chambellan de l'Empereur, a nuancé cette vision : « On croit généralement que, dans les questions gouvernementales, et par conséquent les plus importantes à son sens, l'Empereur ne souffrait aucune remontrance, qu'il n'écoutait jamais les avis du Conseil d'État. C'est une grande injustice. Sans doute il se décidait parfois d'après sa propre volonté, mais souvent aussi il abandonnait quand il voyait que le moment n'était pas opportun. »

Le management de Napoléon ne laisse à ses collaborateurs qu'une faible marge de manœuvre dans la traduction et la mise en œuvre, à leur niveau, de la vision globale. L'empereur s'immisce dans toutes les matières qui peuvent intéresser son empire, mettant un point d'honneur à discuter de tout et à imposer ses décisions. Le 2 novembre 1804, il écrit par exemple à Talleyrand : *« Toute dépense d'argent ou gratification sera autorisée par une lettre ou par un "approuvé" en marge de vos rapports. Toute nomination à un emploi, toute destitution auront lieu par un décret ; toute pension de retraite sera accordée par un décret.* »

Animé d'un « insatiable besoin d'être le centre de tout », selon l'expression de Mollien, Napoléon considère parfois ses ministres comme de simples chefs de bureaux à qui il donne des ordres à exécuter dans les plus brefs délais. Le 6 juin 1806, il écrit ainsi à son ministre de l'Intérieur, Chaptal : *« L'éperon qui forme le port de Saint-Gilles, département de la Vendée, menace de s'écrouler ; ce qui fermerait l'entrée de ce petit port, qui nous est nécessaire dans ce moment pour nos communications avec l'île d'Yeu, où nous avons une garnison considérable. Il faudrait donc le faire réparer.* »

Napoléon ne croit pas non plus aux organigrammes en forme de pyramide, avec des responsabilités clairement établies à chaque niveau de la structure. Préférant une organisation en râteau avec lui au sommet, il a l'habitude de court-circuiter la hiérarchie en dialoguant directement avec les subordonnés de ses ministres. Alors que Chaptal est ministre de l'Intérieur, ses subordonnés Crétet aux Ponts et Chaussées, Portalis aux Cultes, Fourcroy à l'Instruction publique et Denon aux Musées et Beaux-Arts dépendent directement de Napoléon. Dans cet exemple, Chaptal accepte cet interventionnisme par admiration pour les facultés intellectuelles de Napoléon. Il raconte d'ailleurs comment l'Empereur lui a présenté un projet d'école militaire au sein du château de Fontainebleau : « Il me fit asseoir et me dicta pendant deux à trois heures un plan d'organisation en 517 articles. Je crois que rien de plus parfait n'est jamais sorti de la tête d'un homme. »

Considérant que l'unité de commandement repose sur la centralisation de l'information, Napoléon veut que tout remonte à lui et que tout émane de lui. Par exemple, il ordonne à Berthier en septembre 1805 : *« Envoyez-moi les lettres du maréchal Bernadotte. Ce sont choses que j'ai besoin de consulter deux fois par jour.* » Travailleur infatigable, Napoléon n'a pas peur d'être surchargé d'informations, même quand il ordonne en 1804 à son ministre des Finances : *« Je désire que vous m'envoyiez l'état des bâtiments suédois qui sont dans chaque port, et que vous m'en rendiez un compte particulier.* »

Napoléon a la chance de disposer d'une mémoire hors du commun (*« Une tête sans mémoire, c'est une place sans garnison. »*) En recevant un état de la défense des places fortes, il fait, par exemple, remarquer l'oubli de deux canons sur une chaussée en arrière de la ville belge d'Ostende. Ali se souvient quant à lui que « l'Empereur avait une imagination extraordinaire et une mémoire des plus heureuses. La mobilité de sa langue était, pour ainsi dire, insuffisante à rendre tout ce que lui fournissait sa pensée, et sa plume l'était encore plus. Il pouvait dicter plusieurs heures de suite sans désemparer. Sa mémoire lui fournissait tout à souhait. Il la comparait à un meuble composé d'un très grand nombre de tiroirs ; il tirait celui dont il avait besoin pour y prendre les matériaux propres à son sujet. Le classement de toutes choses se faisait comme de soi-même, et il ne lui restait plus que d'articuler les mots. Il disait souvent qu'il était capable de tuer six secrétaires. »

Napoléon va dicter plus de 40 000 lettres, ordres, décrets et autres bulletins durant ses années au pouvoir. Pour cela, il dispose d'un secrétaire particulier. Échaudé par la trop grande familiarité de son premier secrétaire, Bourrienne, un ami d'enfance qui en avait tiré parti pour s'enrichir, l'Empereur a cloisonné sa vie au point que la plupart des membres de la cour impériale ne rencontreront jamais ses autres secrétaires particuliers, Méneval puis le baron Fain. Durant leurs séances de travail, nul ne peut pénétrer dans le cabinet de travail.

Par son souci du détail, Napoléon s'oblige à lire une correspondance considérable. Dès qu'il a répondu à une lettre, il la laisse tomber par terre sur une pile qu'il appelle le *« répondu »*. Sur sa table s'entasse le *« courant »*, c'est-à-dire ce dont il va s'occuper dans le courant de la journée. Une troisième pile, le *« suspens »*, correspond aux affaires en attente. Napoléon lit ou se fait lire les papiers de ses ministres et porte en marge la réponse. Il prend connaissance des bulletins de police et des résumés de journaux étrangers. Il signe de sa main tous les brevets, décrets, correspondance, contrats, ordres, actes, ce qu'aucun souverain ne fait à l'époque. Par de tels actes comme par tant d'autres,

Napoléon est, selon Jacques Jourquin, le premier souverain manager de l'histoire[26].

« Je suis une bête d'habitude » confiera Napoléon à Las Cases. En effet, il a toujours exigé qu'où qu'il soit, son cabinet de travail fut organisé de la même façon, meubles et emplacements. Aux Tuileries, en campagne ou dans une maison de bord de route, sa résidence est aussitôt baptisée du nom de « palais impérial ».

Un de ses secrétaires, Fain, s'est étonné de sa capacité à dormir partout et de façon fractionnée : « Napoléon dormait quand il voulait et comme il voulait. Quelque besoin qu'il eût de sommeil, trois ou quatre heures pouvaient suffire. Je le voyais se relever sans aucun effort au premier réveil de la nuit, se mettre au travail ; ensuite se recoucher et se rendormir promptement. Habituellement il dormait à peu près sept heures sur vingt-quatre ; mais c'était toujours en plusieurs sommes, s'interrompant à volonté la nuit comme le jour. S'il était depuis trop longtemps en repos, il s'imposait quelque rude exercice ; si au contraire il se trouvait à bout d'une trop grande fatigue, il se condamnait à vingt-quatre heures d'un repos forcé. Il appelait cela rétablir l'équilibre. » Cette propension à dormir partout pose parfois problème, comme à Elchingen, en 1805, où il s'endort sur une chaise devant ses généraux debout. Cette somnolence surviendra de plus en plus souvent, au point que, pendant les Cents-Jours, il se fera livrer une « dormeuse », c'est-à-dire une voiture dans laquelle il a fait aménager un véritable lit sur lequel il sommeille tout habillé.

Emploi du temps d'un début de matinée ordinaire de Napoléon

Horaire	Emploi du temps de Napoléon
2 heures	Il se lève et approfondit, vêtu d'une simple robe de chambre, les détails des affaires qu'il n'a pu terminer la veille. Il va ensuite prendre un bain.
5 heures	Il se recouche.

7 heures	Il est définitivement debout. La journée commence par la signature des courriers concernant les décisions prises la veille. Il lit ensuite les dépêches reçues pendant la nuit, sa correspondance du matin et les journaux dont son journal de propagande, *Le Moniteur*. Il s'assoit enfin à son bureau pour s'attaquer aux affaires courantes.
9 heures	Le chambellan annonce l'arrivée d'un visiteur.

Pour rendre compte du surmenage de Napoléon Ier, la première compilation de sa correspondance, publiée sur ordre de son neveu, Napoléon III, représente un total de 18 700 pages. Selon Roederer, il aurait travaillé près de dix-huit heures par jour. *« Je me suis construit pour le travail. J'ai connu les limites de mes jambes, j'ai connu les limites de mes yeux, je n'ai point connu les limites de mon travail. »* Il y pense tout le temps : *« Je travaille toujours : en dînant, au théâtre, la nuit je me réveille pour travailler. La nuit dernière, je me suis levé à 2 heures ; je me suis mis dans une chaise longue, devant mon feu, pour examiner les états de la situation que m'avais remis hier soir le ministre de la Guerre ; j'y ai relevé 20 fautes dont j'ai envoyé ce matin les notes au ministre. »* Napoléon a d'ailleurs dévoilé l'un des secrets de sa vitalité : *« Le café fort me ressuscite. »*

Anticiper grâce au renseignement

Napoléon met en place un système de renseignement sophistiqué dans le but d'obtenir la confirmation ou l'élimination de certaines de ses hypothèses qu'il intègre dans son plan d'action. L'aptitude à envisager le futur, à planifier et à calculer les risques est, à ses yeux, indispensable. Il dispose, selon Metternich, d'une « sagacité extrême à apprécier les causes et à prévoir les conséquences. Il devinait ainsi plus qu'il ne savait et, tout en prêtant aux personnes et aux événements la couleur de son esprit, il les expliquait d'une manière ingénieuse. » Pour Napoléon, *« se faire battre est excusable, se faire surprendre est impardonnable »*, un chef comme lui doit en effet prévoir les résultats de ces actions à tout moment.

Pendant ses campagnes, Napoléon envoie des missions de reconnaissance pour éclaircir les points douteux. Celles-ci lui permettent ensuite de réduire l'incertitude ; son plan en est d'autant simplifié. Ces missions ont des buts multiples : évaluation numérique des forces ennemies, observation des mouvements de ces mêmes forces, description de la nature du terrain, identification des voies de communication, localisation des cours d'eau et des guets, estimation des ressources disponibles, position des villes et villages.

Les missions de reconnaissance servent aussi à semer le trouble au cœur même du territoire ennemi. Juste avant la bataille d'Iéna, le capitaine de Rosnyvinen reçoit l'ordre de partir en reconnaissance avec 50 hussards vers Leipzig, la ville la plus peuplée de Saxe, encore sous le contrôle de l'ennemi. Arrivant en pleine nuit devant la porte de la ville, Piré fait bâillonner des gardes épouvantés de voir les Français qu'ils pensaient encore très loin. Escorté de quatre hussards, Piré gagne alors au grand galop l'hôtel de ville. Face au bourgmestre affolé, il proclame : « Le grand-duc Murat est aux portes, il faut vous mettre au travail. Cent mille rations et fourrages pour cinquante mille chevaux sont nécessaires. » À 4 heures du matin, les hussards prennent brutalement congé en emportant 8 officiers et 60 soldats prisonniers ainsi que 80 chevaux. Ils laissent derrière eux une ville où règne la plus grande confusion !

Puisque *« la guerre est une affaire d'opinion, opinion sur l'ennemi, opinion sur ses soldats »*, les informations sur le moral des soldats ennemis et des populations envahies sont particulièrement utiles. Ainsi, après la victoire d'Ulm, les armées de Napoléon se dirigent vers Vienne, uniquement défendue par les troupes du général Koutousov. Les Autrichiens sont conscients qu'ils ne pourront pas empêcher les Français de prendre la capitale, mais les Français ne le savent pas encore. Bien renseigné, Murat annonce, le 7 novembre 1805, à Napoléon : « Sire, le domestique du comte de Giulay [un général autrichien], qui a été retenu ici, a raconté ce soir, en soupant avec les miens, et en buvant un peu largement, que l'empereur avait voulu quitter Vienne, mais que la garde bourgeoise de cette ville s'y était opposée et le retenait comme prisonnier dans son palais, afin de le forcer à faire la paix. Selon lui, la consternation est à son comble et la plupart des riches seigneurs se seraient éloignés de la capitale, si on ne les avait empêchés de partir. » Ces informations permettent alors à Murat d'entrer triomphalement dans Vienne.

En matière de renseignement, Napoléon est lucide : *« Les services que les habitants rendent à un général ennemi ne sont jamais par affection, ni même pour avoir de l'argent ; les plus réels qu'on obtient c'est pour avoir des sauvegardes et des protections, c'est pour conserver ses biens, ses jours, sa ville ».* L'Empereur donne parfois des directives précises à ceux qui sont en charge de mener des interrogatoires. Le 2 novembre 1806, il écrit à son gouverneur de Dresde : *« Les renseignements que vous me donnez d'un marchand de Mannheim ne sont pas assez clairs ; il fallait l'interroger en règle, savoir le jour où il est parti et avoir plus de détails [...]. »* Durant ses campagnes, il fait systématiquement précéder ses armées d'une multitude d'agents, chargés de l'informer sur les mouvements de l'adversaire, mais aussi sur *« des petits bruits de l'opinion et des détails des magasins des subsistances ».*

L'efficacité de ce système de renseignement dépend surtout de la qualité des agents utilisés. Le plus célèbre d'entre eux, Schulmeister, s'est illustré en poussant les Autrichiens à la faute, à Ulm. En effet, il a recommandé au général autrichien Mack de sortir de la citadelle d'Ulm en prétextant que Napoléon battait en retraite.

Malgré les services qu'ils rendent, Napoléon n'a guère d'estime pour ses espions. À Schlumeister qui souhaite obtenir la légion d'honneur, il rétorque : *« On récompense les espions avec de l'or, pas avec des médailles. »* Il se méfie tellement de ces hommes qu'il multiplie leur nombre afin de les faire contrôler les uns par les autres.

Quelques missions de renseignement utilisées par Napoléon

Technique	Acte de Napoléon	Avantage retiré par Napoléon
Interrogatoire de voyageurs ou de prisonniers	Au mois de juin 1796, Bonaparte fait interroger les voyageurs venant de Suisse.	Il pourra ainsi établir un tableau complet des forces autrichiennes qui tiennent Mantoue.
Saisie du courrier dans les bureaux de poste	La traduction et l'exploitation des lettres des agglomérations occupées sont systématiques.	Le 21 juin 1796, il apprend qu'un nouveau commandant en chef arrive avec des renforts.
Envoi d'espions	Bonaparte remercie Lallement, en poste à Venise en 1796, pour ses renseignements et lui adresse 6 000 livres pour ses espions.	L'espion Pico lui écrit en 1796 : « Je vous préviens que 10 000 Autrichiens, dont 4 000 de cavalerie, sont arrivés à Vicenza hier au soir, et qu'ils marchent vers Vérone ».

En matière de renseignement, l'Empereur s'appuie sur le Cabinet noir qui intercepte les courriers « sensibles », le Service de renseignement des relations extérieures, à la disposition de Talleyrand jusqu'en 1811, le Service de renseignement de la gendarmerie, géré par Fouché jusqu'à sa disgrâce, et le Service de renseignement militaire créé par Savary et employant Schlumeister. Notons également que Napoléon donne pour instruction à ses diplomates de noter tous les mouvements de troupes dont ils peuvent être témoins. Une fois reçues, ces informations sont classées par un bureau spécial du ministère de la Guerre.

Enfin, Napoléon utilise parfois des agents d'influence, telle Marthe Franceschini, alias Davia, agissant auprès du sultan marocain Sidi Mohamed Ben Abdallah. Cette jeune Corse, qui avait été enlevée puis élevée au rang de première épouse du souverain marocain, était adulée par son époux qui restera célèbre pour avoir reconstruit Marrakech.

Concevoir un business plan pragmatique

Pour mener à bien une guerre, Napoléon considère qu'un *« plan de campagne doit avoir prévu tout ce que l'ennemi peut faire, et contenir en lui-même les moyens de le déjouer »*. Il sait pourtant se montrer pragmatique et opportuniste : *« Il n'y a que deux espèces de plans de campagne, les bons et les mauvais ; les bons échouent presque toujours par des circonstances imprévues qui font souvent réussir les mauvais. »* Contraint de tâtonner dans ce que Clausewitz a appelé le « brouillard », c'est-à-dire les incertitudes de la guerre, l'Empereur est un stratège qui se méfie des plans d'action brillants mais rigides : *« Les lois claires en théorie sont souvent un chaos à l'application*[27]*. »* D'ailleurs, il se considère plus comme un tacticien que comme un stratège : *« Mes soldats font de la stratégie et moi de la tactique. »* En effet, comme il prend seul des milliers de décisions tactiques, les exécutants les trouvent parfois paradoxales car contraires à ce qu'ils ont compris de ses grands desseins stratégiques.

Pendant les séances de *brainstorming*, l'Empereur a l'habitude de dire : *« Maintenant, Messieurs, il n'y a plus de si, il n'y a que des donc. »* En matière militaire, son esprit pratique sait qu'un *« un bon croquis vaut mieux qu'un long discours »*. Il reste aussi persuadé que *« rien ne s'obtient que par calcul ; tout ce qui n'est pas profondément médité dans les détails ne produit aucun résultat. Il faut des idées simples et précises. »*

En bon mathématicien, Bonaparte pense que *« la force d'une armée, comme la quantité de mouvement en mécanique, s'évalue par la masse multipliée par la vitesse »* car il faut savoir passer très rapidement d'une dispersion prudente à une concentration décisive. Une bataille se présente à lui comme la maladie aux yeux du médecin : *« Celui qui ne voit pas d'un œil sec un champ de bataille fait tuer des hommes inutilement. »*

Si Napoléon doit une grande partie de ses victoires à sa rapidité d'organisation, c'est qu'il a *« le courage de l'improviste qui, en dépit des événements les plus soudains, laisse néanmoins la liberté d'esprit, de jugement et de décision »*. Il considère que *« les règlements sont faits pour les soldats et non pour les guerriers, la bataille se rit du code, elle exige un nouveau, innové pour elle, et qui disparaît dès qu'elle est terminée »*. S'il exige de ses administrateurs civils une grande servilité en leur refusant toute marge de manœuvre, il peut aussi reprocher à des militaires de manquer de tempérament ou d'initiative.

Avant de décider de l'allocation des ressources nécessaires à la réalisation d'un projet, Napoléon envisage l'échec, ses conséquences et les réactions adéquates. Cet exercice d'anticipation des différents scénarios est nécessaire pour évaluer les compétences nécessaires pour mener à bien une mission. En juin 1806, alors qu'il envisage d'envahir la Sicile, Napoléon écrit à son frère Joseph, roi de Naples : *« Je pense qu'il est convenable que l'expédition soit organisée de manière que vous ne deviez pas passer avec elle ; qu'elle se fasse tout d'un coup par le débarquement de l'avant-garde, et que les 5 ou 6 000 hommes qui doivent renforcer ou alimenter cette avant-garde soient prêts à passer après. Vous n'êtes militaire que comme doit l'être un roi. Si vous vous chargez des détails de l'expédition, vous vous exposez à des choses très désagréables, et sans raison. Si la Sicile était moins loin, et que je me trouvasse avec l'avant-garde, je passerais avec elle ; mais mon expérience de la guerre ferait qu'avec ces 9 000 hommes je pourrais battre 30 000 Anglais. Si donc je courais des risques, ils seraient compensés par des avantages réels, et ces avantages donneraient tant de chances qu'il n'y aurait presque aucun danger à courir. Supposons que Masséna ou Reynier passe avec les 9 000 hommes : s'ils réussissent, bien ; s'ils ne réussissent pas, ce n'est qu'un échec médiocre. Passez-y, vous, cela ne donnera aucune chance pour réussir, peut-être cela en diminuerait-il ; et, venant à ne pas réussir, ce serait un échec très considé-*

rable... » En bon chef d'État, Napoléon ne pense pas uniquement aux conséquences militaires d'un possible échec, mais aussi et surtout à ses répercussions politiques.

Napoléon ne gagne pas ses batailles grâce à un avantage numérique, technique ou technologique significatif, mais par son talent d'anticipation et d'organisation. Pour un mathématicien comme lui, une bataille se gagne essentiellement grâce au *« calcul des masses sur des points donnés »*, car il s'agit de *« savoir s'étendre et se concentrer à propos »*. Il confirme que *« ce qui m'a fait gagner tant de batailles, c'est que, la veille de la bataille, je faisais converger toutes mes forces sur le point que je voulais forcer »*. Avant même l'engagement de la bataille, sa capacité à concevoir une manœuvre, à planifier l'emploi de ses forces et à anticiper les réactions de l'ennemi sont essentielles. C'est ainsi que le général Bonaparte n'assiste même pas à la bataille de Montenotte, la première victoire de sa première campagne d'Italie, car il estime y avoir créé localement un rapport de forces favorable de trois contre un. En effet, le 9 avril 1796, Napoléon opère en fonction de l'objectif qu'il s'était fixé : *« Se placer en position centrale, battre l'ennemi en détail. »* Pour ce faire, Bonaparte, qui a toujours visé Montenotte, a laissé croire à l'ennemi qu'il visait Gênes. Trois jours plus tard, le centre de l'armée ennemie attaque à Montenotte pour couper l'armée française en tombant sur son flanc gauche, sans se douter que Masséna est derrière lui. Les Autrichiens sont anéantis et leurs alliés piémontais perdent le quart de leur armée. La route d'Arcole est maintenant ouverte.

Lors des batailles rangées, la stratégie de Napoléon repose sur des principes simples : après avoir attiré l'ennemi, par une manœuvre feinte, sur un terrain choisi, il s'agit de rompre la ligne adverse à un endroit précis puis isoler et fragmenter les divers groupes ennemis. La poursuite parachève la victoire. Sa tactique consiste à utiliser l'artillerie, concentrée en fortes unités, pour préparer l'action de l'infanterie sur les points faibles de l'adversaire. Ensuite, des tirailleurs en ordre dispersé harcèlent l'adversaire rangé en ligne. L'infanterie attaque alors en balayant l'ennemi. Quant à la cavalerie, elle est utilisée pour rompre les lignes adverses, les tronçonner puis poursuivre les fuyards.

Schématiquement, on peut regrouper les manœuvres de Napoléon en deux types : la manœuvre sur les arrières et la manœuvre en position centrale. La campagne d'Autriche de 1805 présente l'originalité d'offrir les deux modèles : Ulm pour la manœuvre sur les arrières et Austerlitz pour celle en position centrale. Dans son *Précis de l'art de la guerre* publié en 1838, le général Jomini, un des fondateurs avec Clausewitz de la stratégie militaire moderne, explique que « Ulm et Iéna furent des batailles gagnées stratégiquement, avant même d'être livrées, et la tactique n'y eut que peu de part ». Suivant le précepte de Napoléon selon lequel il ne faut pas *« attaquer de front les positions que l'on peut obtenir en les tournant »*, Ulm est l'archétype de la bataille gagnée « sans qu'il n'y eut de bataille ». Le mouvement des six corps d'armée français, étalés sur un front de 160 kilomètres, a été réalisé de façon magistrale. Le 27 septembre 1805, Napoléon écrit au maréchal Bernadotte : *« Si j'ai le bonheur que l'armée autrichienne s'endorme trois ou quatre jours sur l'Iller et dans la Forêt Noire, je l'aurai tournée, et j'espère qu'il ne s'en échappera que des débris. Avant le 12 octobre, l'Autriche sera déchue. »* Il ne se trompe que de quelques jours puisque le général Mack, réfugié dans la forteresse d'Ulm, capitule le 19 octobre.

Pour Clausewitz, Napoléon applique presque toujours la même méthode pour remporter une bataille : « Débuter par des coups décisifs et se servir des avantages ainsi obtenus pour frapper de nouveaux coups, jouer toujours son gain sur la seule carte jusqu'à ce que la banque sautât, là était toute la méthode. » Chez l'Empereur, la conception de la guerre relève donc plus du poker que des échecs où il est d'ailleurs un piètre joueur. Quand Napoléon était encore lieutenant, il jouait souvent aux échecs, mais perdait vite patience. Écoutons Bourrienne : « Il jouait aux échecs, mais très rarement, et cela parce qu'il n'était que de troisième force et qu'il n'aimait point à être battu à ce jeu qui passe on ne sait trop pourquoi pour une prétendue imitation du grand jeu de la guerre. [...] Il aimait bien jouer avec moi parce que, bien qu'un peu plus fort que lui, je n'étais pas assez fort pour le gagner toujours. Dès qu'une partie était à lui, il cessait le jeu pour rester sur ses lauriers. » Napoléon a même déclaré à propos de ce jeu : *« C'est trop difficile que pour être un jeu, et pas assez sérieux que pour être une science ou un art. »*

On trouve dans l'expédition d'Égypte une exception à la tactique napoléonienne. La bataille des Pyramides est en effet différente des manœuvres reposant sur la mobilité, qu'elles soient du type d'Ulm ou d'Austerlitz. Ayant étudié le terrain et la façon de combattre les cavaliers mamelouks, Bonaparte a estimé que la seule solution pour les vaincre était de placer ses soldats en carrés, selon la fameuse méthode des légions de César. La charge des mamelouks s'est alors heurtée à un mur infranchissable. Leur chef, Mourad Bey, ordonna une seconde attaque sans apercevoir le général Desaix au sud de ses positions. Les mamelouks furent alors divisés puis écrasés séparément. La victoire fut complète avec, côté français, seulement 340 soldats morts, blessés ou prisonniers contre 21 000 mamelouks.

Agir au bon moment et rapidement

Si Napoléon est considéré comme un maître dans l'art de la guerre, c'est en grande partie à cause de sa maîtrise du temps : *« Le temps est le grand art de l'homme. »* Selon lui, *« la stratégie est la science de l'emploi du temps et de l'espace. Je suis, pour mon compte, moins avare de l'espace que du temps. Pour l'espace, nous pouvons toujours le regagner. Le temps perdu, jamais. »* Il avoue d'ailleurs que, s'il a si souvent gagné, c'est que *« les Allemands et les Autrichiens ne connaissent pas le prix du temps »*.

La première exigence liée au temps est la compréhension du timing qui convient à chaque décision. S'il n'y a *« rien de plus difficile que de se décider »*, Bonaparte précise dès 1796 qu'il *« n'y a qu'un moment favorable ; le grand talent est de bien le saisir »*. À Austerlitz, par exemple, s'il avait attaqué six heures plus tôt, l'Empereur aurait sans doute perdu.

La deuxième contrainte du facteur temps relève moins de la pertinence d'une décision que de la célérité de son exécution. Parce qu'il sait qu'*« on m'accusera de témérité, non pas de lenteur »*, Napoléon exige de ses officiers qu'ils agissent avec vivacité. Le 15 novembre 1805, alors qu'il vient de faire une entrée triomphale dans Vienne, Napoléon écrit à son frère Joseph : *« Je manœuvre aujourd'hui contre l'armée russe, et, dans cette circonstance, j'ai été peu content de Bernadotte. [...] Il m'a fait perdre un jour, et d'un jour dépend le destin du monde ; pas un homme ne m'aurait échappé. »* Par cette critique, Napoléon met en pratique sa maxime selon laquelle *« un général en chef ne doit jamais laisser reposer ni les vainqueurs ni les vaincus »*. Signalons cette mention figurant au bas d'une lettre adressée à des généraux qui s'attardent devant Ratisbonne en 1809 : *« Activité, activité, vitesse. »*

Si la postérité a surtout retenu de Napoléon ses batailles rangées, sa *« grande tactique »* a joué un rôle non négligeable. Ce type de manœuvre consiste à battre, refouler, disperser puis réduire à néant l'ennemi en enchaînant uniquement des petits et moyens combats. La marche sur Vienne de 1805 en est un bon exemple. Napoléon et ses généraux y ont agi très vite pour éviter le regroupement des forces coalisées. Murat, à la tête de l'avant-garde, est même allé tellement vite que l'Empereur l'a invité à ne pas confondre vitesse et précipitation : *« Mon Cousin, je n'applaudis pas à votre façon d'avancer. Vous allez comme un étourdi. »*

À peine entré dans la capitale autrichienne, Murat et Lannes se dirigent vers les ponts de Tabor. De leur propre initiative et avec une audace inouïe, les deux maréchaux vont tenter un extraordinaire coup de poker : « Les Autrichiens avaient tout préparé pour en défendre le passage et pour détruire le pont sur pilotis existant et servant à la communication de la capitale avec la Moravie et la Bohême. [...] Les Allemands sont, de leur nature, économes ; et un pont comme celui-là est d'un grand prix. Murat et Lannes, tous deux Gascons, imaginèrent de profiter de cette disposition des esprits et d'en abuser. Ils mirent en mouvement leurs troupes, sans paraître hésiter. On leur cria de s'arrêter ; elles le firent mais elles répondirent qu'il y avait un armistice, et que cet armistice nous donnait le passage du fleuve. Les deux maréchaux, se détachant des troupes, vinrent seuls sur la rive gauche pour parler au prince Auersperg, qui y commandait, en donnant l'ordre à la colonne d'avancer insensiblement. La conversation s'entama et, pendant ce temps, les troupes gagnaient du terrain et jetaient sans affectation dans le Danube la poudre et les matières combustibles dont le pont était couvert. Les plus minces officiers, les derniers soldats autrichiens jugeaient l'événement ; ils voyaient la fraude et le mensonge, et les esprits commençaient à s'échauffer. Un vieux sergent d'artillerie s'approche brusquement du prince et lui dit avec impatience et colère : – Mon général, on se moque de vous, on vous trompe, et je vais mettre le feu aux pièces. Le moment était critique ; tout allait être perdu, lorsque Lannes, avec cette présence d'esprit qui ne l'abandonnait jamais, et cette finesse, cet instinct du cœur humain, apanage particulier des Méridionaux, appelle à son secours la pédanterie autrichienne, et s'écrie : – Comment, général, vous vous laissez traiter ainsi ! Qu'est donc devenue la discipline autrichienne, si vantée en Europe ? L'argument produisit son effet. L'imbécile prince, piqué d'honneur, se fâcha contre le sergent, le fit arrêter. Les troupes, arrivant, prirent canons, généraux, soldats, et le Danube fut passé. » Cet événement montre à quel point Napoléon sait, dans certaines circonstances, laisser libre champs aux initiatives de ses officiers. D'ailleurs, sans ce stratagème, l'Empereur n'aurait jamais pu contempler le « soleil d'Austerlitz ».

Maître du passage sur le Danube, Napoléon veut poursuivre le général Koutousov, qui essaye de faire jonction avec l'armée russe de Pologne. Toujours de sa propre initiative, Murat va signer une suspension des hostilités, à la grande colère de Napoléon : « *Il m'est impossible de trouver les termes pour vous exprimer mon mécontentement. Vous ne commandez que mon avant-garde et vous n'avez pas le droit de faire armistice sans mon ordre ; vous me faites perdre le fruit d'une campagne. Rompez l'armistice sur le champ et marchez à l'ennemi. [...] Les Autrichiens se sont laissés joués pour le passage du pont de Vienne, vous vous laissez jouer par un aide de camp du Tsar, je ne conçois pas comment vous avez pu vous laisser jouer à ce point.* » Malheureusement, il est trop tard : les armées ennemies ont déjà fait leur jonction.

Bien que disposant de moyens inférieurs, Napoléon cherche le contact car il a désespérément besoin de gagner une bataille décisive pour ne pas passer l'hiver en Autriche. Le 21 novembre 1805, au nord-ouest de Vienne, en Moravie, il décide de stopper sa progression pour tendre un piège. Il commence par adresser plusieurs demandes d'armistice au tsar pour le convaincre qu'il ne songe qu'à la retraite. Il enjoint par ailleurs aux corps de Davout et de Lannes de rester à distance. Les empereurs Alexandre Ier et François II se laissent finalement duper et décident, contre l'avis de leurs généraux, de livrer bataille pour couper Napoléon de ses bases arrières.

Le 27 novembre, l'armée austro-russe passe à l'offensive. Pour inciter l'ennemi à s'installer sur le plateau de Pratzen, Napoléon abandonne cette position confortable. Pendant ce temps, une partie du corps d'armée de Davout, la division Friant, couvre secrètement 65 kilomètres en deux jours pour occuper le flanc droit de Napoléon. Au début de la bataille d'Austerlitz, Napoléon laisse délibérément l'ennemi attaquer son flanc droit. Les 4 000 fantassins de la division Friant, épuisés avant même de se battre et dissimulés dans la brume matinale qui recouvre le champ de bataille, subissent le choc principal, c'est-à-dire l'assaut de 30 000 Russes. Les défenseurs se battent héroïquement, mais faiblissent sous le nombre. Davout fait alors charger sa cavalerie. Elle parvient à faire reculer puis à stabiliser les assaillants russes. À 8 heures du matin, alors que la visibilité s'améliore, Napoléon se réjouit de découvrir que la majorité des régiments russes s'engage, comme prévu, sur son flanc droit. C'est ce moment qu'il juge opportun pour occuper la position centrale, c'est-à-dire le plateau de Pratzen. Un peu avant 9 heures, les soldats de Soult traversent, sous le feu de l'ennemi, les deux kilomètres qui les séparent du plateau. Pour l'état-major austro-russe, l'apparition soudaine des Français à la perpendiculaire de ses colonnes en marche est une surprise catastrophique. Une heure plus tard, alors que plusieurs positions stratégiques sont tombées aux mains des Français, les régiments russes sont contraints de changer de direction. Les troupes de Davout, qui résistaient jusqu'alors désespérément, passent à l'offensive. Les Français sont désormais maîtres du plateau. Le reste de la bataille n'est plus qu'une poursuite de fuyards déboussolés. Plusieurs bataillons russes s'engagent sur les étangs gelés qui sont crevés par des boulets français. À 16 heures, Napoléon ordonne l'arrêt des poursuites et donc la fin de « la bataille des trois empereurs ».

Les Austro-Russes dénombrent 12 000 morts ou blessés et 30 000 prisonniers, y compris 32 généraux. Les Français ne comptent « que » 6 800 blessés ou tués. Grâce à son sang-froid, sa perspicacité et son efficace gestion du temps, Napoléon vient de remporter sa plus célèbre victoire.

Se défendre en contre-attaquant

Qu'il soit en position de force ou de faiblesse, Napoléon donne, en toute circonstance, la priorité à l'offensive : *« On doit toujours être le premier à attaquer. »* Il alloue toujours des moyens supplémentaires aux forces qui progressent alors qu'il les refuse à celles qui reculent.

S'il ne prend pas des risques inconsidérés, l'Empereur est toutefois d'accord avec le maréchal Davout qui déclare : « Aux grands maux, les grands remèdes. » À chaque offensive, Napoléon joue donc le sort de la France et le sien dans la bataille : *« Quand vous avez décidé de livrer la bataille, utilisez toutes vos forces. Ne vous réservez rien. Un seul régiment peut décider du sort de la bataille. »* En partant vers l'Italie au printemps 1800, épuisé et amaigri par des jours et des nuits de travail, Bonaparte déclare : *« Il faut jouer le tout pour le tout. »* Il est d'autant plus persuadé que

« tous les événements ne tiennent qu'à un cheveu » qu'à Marengo, l'arrivée de Desaix et la charge de Kellermann ont métamorphosé une défaite probable en triomphe. Cette bataille, qui apportera sa conclusion à la deuxième campagne d'Italie, oppose 22 000 Français à 30 000 Autrichiens, le 14 juin 1800. À 7 heures du matin, le général autrichien Mélas prend l'initiative de l'attaque. Bonaparte envoie aussitôt des aides de camp prévenir le général Desaix, arrivé quelques jours plus tôt d'Égypte. Alors que la bataille fait rage pendant toute la matinée, les Autrichiens prennent l'avantage. Bonaparte, au centre de l'action, galope dans les rangs et organise une retraite sans panique. À 14 heures, la situation est critique. À court de munitions, le général Victor abandonne son artillerie. À 17 heures, la ligne française a reculé de 6 kilomètres et Mélas, persuadé qu'il a déjà gagné, quitte le champ de bataille pour expédier des courriers annonçant sa victoire. Sachant que *« le plus grand péril se trouve au moment de la victoire »*, Napoléon va profiter de l'excès de confiance de son adversaire pour relancer la bataille. Une charge de cavalerie menée par le général Kellermann, fils du vainqueur de Valmy, permet alors de gagner du temps avant l'arrivée de Desaix et de ses renforts. Ceux-ci mettent les Autrichiens en débandade, vérifiant la maxime de Clausewitz selon laquelle « la victoire appartient à celui qui tient le dernier quart d'heure ». À 22 heures, les Autrichiens sont défaits. Malheureusement, Desaix est mort au combat. Bonaparte écrira peu après à Joséphine : *« Les nouvelles de l'armée sont très bonnes. Je serai bientôt à Paris. Je suis dans la plus profonde douleur de la mort de l'homme que j'aimais et que j'estimais le plus. »* Grâce à cette victoire, il reconquiert l'Italie et affermit sa position de Premier consul.

Même dans les situations les plus dramatiques, Napoléon garde son sang-froid car *« le premier principe du général en chef est de cacher ce qu'il fait, de voir s'il a des moyens de surmonter les obstacles, et de tout faire pour les surmonter quand il est résolu »*. Il lui faut alors *« suivre la fortune dans ses caprices, et la corriger quand on peut »* car *« cha-*

que difficulté porte en elle le germe d'un avantage équivalent ou supérieur ». C'est grâce à cet état d'esprit qu'il parviendra à faire de la campagne de France de 1814 son plus beau chef-d'œuvre militaire, même si elle débouchera sur son abdication. Cette détermination sans faille a forcé l'admiration de ses adversaires, dont Metternich, qui affirme que cette campagne est « sans contredit celle dans laquelle, avec des moyens fort réduits, Napoléon déploya le plus de talents militaires ». Au début, la situation est pourtant catastrophique. En effet, après la défaite de Leipzig en 1813, Napoléon se replie sur le seul territoire français. Le moral de ses troupes est au plus bas ; 700 000 coalisés s'apprêtent à envahir la France. Se persuadant qu'il peut encore l'emporter, l'Empereur déclare qu'il *« n'y a pas que le général Bonaparte qui puisse sauver Napoléon »*.

Alors qu'il parvient encore à lever 60 000 hommes, on estime qu'environ 1 appelé sur 10 a refusé son incorporation, pourcentage faible, mais néanmoins suffisant pour affaiblir une armée déjà aux prises avec des désertions massives et le typhus. Les nouvelles recrues, surnommées les « Marie-Louise » en raison de leur jeune âge, vont se battre avec bravoure, mais elles n'ont pas la pugnacité des « vieilles moustaches ». Conscient de ces handicaps, l'Empereur trompe alors l'ennemi sur le nombre de ses soldats en les disposant en cordon tout le long de la frontière. Impressionnés, les Alliés divisent leurs forces en deux : le prince autrichien Schwarzenberg marche sur Paris par la vallée de la Seine, tandis que les troupes prussiennes de Blücher avancent en suivant la Marne.

Napoléon va alors passer à l'offensive car *« tout l'art de la guerre consiste dans une défensive bien raisonnée, extrêmement circonspecte et dans une offensive audacieuse et rapide »*. Le 27 janvier 1814, il commence par battre Blücher à Saint-Dizier ; il est vaincu à son tour à La Rothière, à côté de Brienne, le 1er février. Comme Blücher laisse ses forces s'étirer pour avancer plus rapidement, l'Empereur va battre séparément ses quatre corps d'armée en six jours. Le 10 février, il commence par écraser les Russes d'Olsouviev à Champaubert. La nuit même de cette victoire, Napoléon part pour Montmirail, où il va défaire Sacken. Dans cette bataille où 15 000 Français affrontent 30 000 Russes et Prussiens, l'Empereur commence par séparer les troupes de Sacken et de York. Vers 8 heures, les Français prennent position et tiennent tête aux assauts répétés des troupes de Sacken, qui ne se doute pas qu'il combat Napoléon en personne. À 15 h 30, l'infanterie de la Garde part à l'assaut de la ferme des Grenaux et l'emporte à la baïonnette. La supériorité numérique de l'ennemi reste écrasante, mais Napoléon garde confiance. Il lance alors dans la bataille l'ensemble de sa Vieille Garde, soit quatre bataillons, qui repoussent les charges de la cavalerie ennemie. Finalement, c'est la cavalerie française qui finit par mettre en déroute le corps d'armée de Sacken, tandis que la Garde, qui a placé les canons pris à l'ennemi en haut des tours du château de Montmirail, bombarde les fuyards.

Selon le général Griois, « on se battit jusqu'à la nuit. [...] L'Empereur ayant fait établir un feu de bivouac sur la route, s'y arrêta pour recevoir les rapports, donner ses ordres, expédier ses courriers. [...] Il faisait interroger en sa présence quelques uns des nombreux prisonniers. [...] Il distribuait des récompenses aux militaires qui lui présentaient des drapeaux ou des canons enlevés à l'ennemi. Il parlait avec gaieté, abandon, à tout ce qui l'entourait et le contentement qui brillait sur son visage s'était communiqué à chacun de nous. » Le 12 février 1812, c'est au tour du général York d'être battu à Château-Thierry. Le 14, à Vauchamps, l'Empereur défait à nouveau Blücher qui bat en retraite.

Bilan de la contre-attaque de Napoléon contre l'armée de Blücher

	Bilan des pertes à Montmirail	**Bilan total des pertes sur les 6 jours**
Armée de Blücher	2 800 hommes et 13 canons	16 000 hommes et 47 canons
Armée de Napoléon	2 000 hommes	4 000 hommes

Après cette impressionnante série de victoires, l'Empereur se porte contre la seconde armée d'invasion, qui longe la Seine. Il remporte quelques jours plus tard la victoire de Montereau, ce qui force Schwarzenberg à se retirer jusqu'à Troyes. Lors de cette bataille, l'Empereur a pointé lui-même des pièces d'artillerie, s'exposant aux coups de l'ennemi et disant aux soldats incrédules qui voulaient l'éloigner : *« Laissez-moi faire, mes amis, le boulet qui doit me tuer n'est pas encore fondu*[28]. » Au général Pajol, qui a eu une large part dans cette victoire, Napoléon déclarera en l'embrassant : *« Si tous les généraux m'avaient servi comme vous, l'ennemi ne serait pas en France. »*

Par ses quatorze victoires remportées sur un ennemi pourtant six fois supérieur en nombre sur l'ensemble de cette campagne, Napoléon a donné raison à sa théorie selon laquelle *« le danger donne de l'esprit aux Français »*. Si le danger leur a donné de l'esprit, c'est l'Empereur qui leur a donné le courage de ne pas désespérer.

Pourtant, les troupes françaises finissent par plier sous le nombre et Paris tombe le 31 mars. Malgré toutes ces victoires, la campagne de France aboutit au vote de la déchéance de Napoléon et de sa famille, le 2 avril, puis à la signature de l'abdication de l'Empereur à Fontainebleau, le 6 avril 1814.

PILOTER LE CHANGEMENT

Piloter le changement, c'est conduire son organisation dans une dynamique de résolution de problèmes et d'apprentissage en continu. Pour Napoléon, piloter, c'est moins « réfléchir, puis agir » qu'agir et réfléchir simultanément, en ajustant régulièrement les trajectoires. La *« haute politique n'étant que le bon sens appliqué aux grandes choses »*, il refuse que ses décisions soient conditionnées par des préjugés idéologiques. Il préfère poser les problèmes en termes pratiques : *« Suivre un cours différent aujourd'hui serait philosopher, pour ne pas régner. »* Persuadé qu'il *« faut déployer plus de caractère en administration qu'à la guerre »*, Napoléon garde des repères solides, fiables et durables : *« Dans tous les actes publics, il faut de la force, de la suite et de l'unité. »* Alors que sa gestion a été bousculée quasi quotidiennement pendant ses quinze ans au pouvoir, il déclarera : *« Ce n'est point à un incident de gouverner la politique, mais bien à la politique de gouverner les incidents. »* Remarquons toutefois qu'il ne tentera pas de démontrer la cohérence de ses actions avant son exil à Sainte-Hélène.

Après son coup d'État du 18 Brumaire, Napoléon s'est tout de suite attelé à la mise en œuvre de son programme de réformes. Persuadé que la seule marge de manœuvre d'un responsable politique est sa rapidité d'exécution, il installe, dès le 26 décembre 1799, le Conseil d'État puis, le lendemain, le Sénat et enfin, la semaine d'après, le Tribunat et le Corps législatif. Bonaparte a réalisé en quelques semaines ce qu'un autre dirigeant aurait fait en plusieurs années. Il sera aussi à l'origine du Code civil (1804).

Après six mois au pouvoir, Bonaparte doit pourtant se résoudre à troquer ses habits de chef de l'État pour son uniforme de général en chef : il lui faut repartir en Italie pour y vaincre les Autrichiens. Bien que satisfait par son travail institutionnel, il laisse encore derrière lui toute une série de projets inachevés tels que l'université napoléonienne, la Bourse, la Cour des comptes et les grands travaux (routes, canaux, ports).

En matière de travaux publics, Napoléon a un principe de base : *« Il vaut mieux entrer tous les 10 ans en possession d'un canal de 10 lieues que d'avoir un siècle à attendre pour qu'un canal de 100 lieues soit terminé. »* Il apporte une grande attention aux réunions de travail destinées à contrôler le bon déroulement des projets. Au sein du conseil d'administration des Ponts et Chaussées, Napoléon passe en revue plusieurs fois par an tous les travaux de construction de routes dont le coût total a été évalué, entre 1804 et 1813, à 277 millions de francs. À titre de comparaison, la Louisiane a été vendue aux États-Unis, en 1803, pour 80 millions de francs. Ce programme d'investissement en infrastructures comprend, entre autres, une route reliant Lyon à Turin et à Gênes, une autre reliant Genève à Milan, celle de Paris à Madrid par Bayonne et celle de Paris à Amsterdam. Ce n'est pas sans appréhension que Montalivet, le directeur général des Ponts et Chaussées, assiste aux conseils d'administration que Napoléon préside car celui-ci « exige des faits, des chiffres, et non des phrases ». Ainsi, le 9 mars 1809, il l'interroge successivement sur « la canalisation des eaux de l'Ourcq dans Paris, [...], d'un pont sur le Pô, [...] de la route de Paris à Mayence[29]. » Exigeant une réponse immédiate et précise, l'Empereur passe, sans ordre préétabli, d'un projet à un autre, en discutant les devis et en essayant de mettre Montalivet en contradiction avec lui-même ou avec ses instructions passées.

Même s'il a réussi, avec des moyens et des délais limités, à mener à bien un nombre considérable de projets d'urbanisme, Napoléon a parfois échoué. Le 6 février 1805, deux mois après son sacre, il écrit ainsi à Fouché : *« Les travaux du Louvre donnent lieu à une question qu'il faut décider. Les architectes voudraient adopter un seul ordre d'architec-*

ture et, dit-on, tout changer. L'économie, le bon sens et le bon goût sont d'un avis très différent. » En fait, les travaux du Louvre ne seront même pas terminés avant Waterloo, plus de dix ans après cette note.

Conscient, comme tout manager, que la changement fait naître des obstacles, Napoléon préconise une logique d'action sans tabous : « *Les règlements sont faits pour les médiocres et les indécis ; rien de grand ne se fait sans l'imagination.* » En imposant un régime autoritaire, il s'est aussi donné les coudées franches : « *Il faut qu'une constitution soit courte et obscure. Elle doit être faite de manière à ne pas gêner l'action du gouvernement.* » Il a également épuré les chambres parlementaires. Et lorsque le Conseil d'État s'est montré réticent sur la proclamation de l'Empire, Napoléon est passé outre.

Incarner la dynamique réformatrice

N'ayant d'autre raison d'être que de réformer pour faire avancer les choses, Napoléon est un chef d'État qui ose déclarer : « *Je ne voudrais pas être à la place de Dieu, c'est un cul de sac.* » Son nihilisme actif vise à tout mettre en œuvre pour favoriser le changement, même s'il faut dominer, contraindre, piller et reconstruire sans jamais s'arrêter. Cette tâche surhumaine, voire inhumaine, à laquelle il s'est attelé, n'est pas seulement une question d'administration, mais aussi une vocation : « *La France était mécontente, j'étais sa ressource ; les maux et le remède furent en harmonie : voilà la clef de ce mouvement électrique sans exemple dans l'histoire*[30]. »

Dans une formule admirée par Nietzsche, Napoléon a affirmé : « *J'ai refermé le gouffre, débrouillé le chaos ; j'ai ennobli les peuples.* » C'est un fait qu'après le coup d'État du 18 brumaire, une page de l'histoire de France est tournée avec la déclaration du 15 décembre 1799 : « *Citoyens, la Révolution est fixée aux principes qui l'ont commencée. Elle est finie.* » La France des notables retrouve enfin une certaine stabilité au prix d'un régime militaire. Pourtant, le 18 Brumaire avait initialement été conçu par Sieyès comme un coup d'État civil où « la confiance vient d'en bas et le pouvoir d'en haut », mais ce dernier s'est fait prendre de vitesse par un complice qu'il voyait en simple auxiliaire. De cette rivalité, Napoléon a gardé un profond mépris pour les avocats, qui symbolisent le régime corrompu du Directoire : *« L'habitude des faits plus violents use moins le cœur que les abstractions : les militaires valent mieux que les avocats. »* Déjà, lors de sa première campagne d'Italie en 1797, alors que Bonaparte n'était qu'un général ambitieux, Barras, membre du Directoire, se demandait qui sauverait le pays de ce « sauveur » ? Au même moment, Napoléon, conscient que la conquête de l'Italie lui avait permis de gagner en « épaisseur », mais aussi en « surface », déclarait à l'ambassadeur de France en Toscane : *« Croyez-vous que ce soit pour faire la grandeur des avocats du Directoire, des Carnot, des Barras, que je triomphe en Italie ? [...] Voyez l'armée : les succès que nous venons de remporter, nos triomphes, ont déjà rendu le soldat français à son véritable caractère. Je suis tout pour lui. Que le Directoire s'avise de vouloir me retirer le commandement et il verra s'il est le maître. Il faut un chef à la nation, un chef illustre par la gloire et non par des théories de gouvernement, des phrases, des discours d'idéologues auxquels les Français n'entendent rien. [...] Je ne voudrais quitter l'Italie que pour aller jouer en France un rôle à peu près semblable à celui que je joue ici, et le moment n'est pas encore venu ; la poire n'est pas encore mûre. [...] Je veux bien un jour affaiblir le parti républicain, mais je veux que ce soit à mon profit, et non pas à celui de l'ancienne dynastie[31]. »*

En créant une monarchie républicaine, Napoléon a réussi là où les Bourbons ont échoué, au point que Goethe le décrira comme la « Révolution couronnée ». Pour Chateaubriand, il « a assis le peuple, là, près de lui. Roi prolétaire, il a humilié des rois et des nobles dans son antichambre. Il a nivelé les rangs, non par l'abaissement mais en les élevant. Il a assuré la tolérance religieuse. Il a consolidé et a préservé les gains de la Révolution. » En effet, dès le 18 Brumaire, Bonaparte cherche à d'obtenir la réconciliation nationale en se plaçant au-dessus de la mêlée : *« Un souverain qui s'attache à une faction fait pencher la barque et hâte le naufrage. »* Il n'hésite pas à se montrer pragmatique et opportuniste en oscillant entre République et Ancien Régime : *« De Clovis jusqu'au comité de salut public, je me sens solidaire de tout. »* Même le prince de Condé, parent du duc d'Enghien, le définit comme étant « un tiers philosophe, un tiers Jacobin et un tiers aristocrate ». Devenu la personnification des objectifs révolutionnaires de la bourgeoisie, Napoléon ne cherche *« rien moins qu'une révolution sociale »*. Indifférent aux exaltations idéologiques, il s'est défini une ligne de conduite pendant le Directoire : *« Ni talon rouge* [aristocrate], *ni bonnet rouge* [sans-culotte], *je suis national. »*

Si le *« meilleur moyen de tenir sa parole est de ne jamais la donner »*, Napoléon s'est efforcé, tout au long de son règne, de respecter le principal engagement pris le jour de son sacre : défendre les intérêts des détenteurs de « biens nationaux ». Comme *« dans les révolutions, il y a deux sortes de gens : ceux qui la font et ceux qui en profitent »*, il s'est mis au service des « profiteurs » pour mettre fin à la Révolution. S'il se présente comme le rempart de la classe moyenne, composée de bourgeois et de nombreux paysans qui possèdent des terrains saisis à l'Église et à la noblesse, c'est qu'il sait que l'on *« se bat plus pour ses intérêts que pour ses droits »*. Conscient que *« l'argent est plus fort que le despotisme »*, il prend soin de ne pas s'aliéner l'un des ses principaux appuis dans la société française : *« Les gouvernements ne tiennent parole que quand ils y sont forcés, ou que cela leur est avantageux. »* Persuadé que *« tout gouvernement ne doit voir les hommes qu'en masses »*, il évite d'être l'otage des corporatismes qui se nourrissent de la faiblesse des dirigeants et de la paralysie de l'État. Il fait d'ailleurs confiance à son habilité pour les museler : *« Entendre les intérêts de tous est d'un gouvernement ordinaire ; les prévoir est d'un grand gouvernement. »* C'est à cause de cette capacité d'anticipation que Napoléon a pour règle de ne *« jamais promettre que ce qu'il veut tenir »*. Car s'il se refuse les fausses promesses, Bonaparte est un expert en matière de manipulation. Il a ainsi réussi à persuader les libéraux qu'il était un nouveau Washington, alors qu'il rejetait l'idée de démocratie parlementaire : *« Gouverner par un parti, c'est se mettre tôt ou tard dans sa dépendance ; on ne m'y prendra pas ! »*

Conservateur en France, Napoléon exporte vers les autres pays européens les principes issus de la Révolution. À son frère Jérôme, qu'il a nommé roi de Westphalie, il donne pour consigne : *« Que les individus qui ne sont point nobles et qui ont des talents aient un égal droit à votre considération et aux emplois ; que toute espèce de servage et de liens intermédiaires entre le souverain et la dernière classe du peuple soit entièrement abolie. Les bienfaits du Code Napoléon, la publicité des procédures, l'établissement des jurys seront autant de caractères distinctifs de votre monarchie. »* En Allemagne, l'Empereur abolit la féodalité par le décret du 23 janvier 1808 et impose l'égalité entre catholiques et protestants.

Ce n'est qu'à Sainte-Hélène que Napoléon exposera les plans qu'il prétend avoir conçus pour une Europe unifiée. Dans son *Mémorial*, Las Cases note le 24 août 1816 : « Napoléon passait en revue ce qu'il eût proposé pour la postérité, les intérêts, la jouissance et le bien-être de l'association européenne. Il eut voulu les mêmes principes, le même système partout ; un code européen, une cour de cassation européenne, redressant, pour tous, les erreurs, comme la nôtre redresse chez nous celles de nos tribunaux. Une même monnaie sous des coins différents. » Le 11 novembre 1816, Napoléon ajoute qu'il aurait voulu réaliser l'unité des Allemands, celle des Italiens et, ensuite, unifier la grande famille européenne pour réaliser les États-Unis d'Europe : *« C'est dans cet état de choses qu'on eût trouvé plus de chance d'amener partout l'unité des codes, celle des principes, des opinions, des sentiments, des vues et des intérêts. Alors peut-être à la faveur des lumières universellement répandues, devenait-il permis de rêver, pour la grande famille européenne, l'application du congrès américain, ou celle des Amphictyons de la Grèce ; et quelle perspective alors de force, de grandeur, de jouissance, de prospérité ! Quel grand et magnifique spectacle ! »*

Napoléon est surtout célèbre pour son utilisation du *hard power* (la contrainte par la force). Pourtant, il s'est aussi beaucoup servi de son *soft power* (le pouvoir de persuasion) pour mettre en œuvre des réformes réputées impossibles. Aux yeux des libéraux européens, Bonaparte a même longtemps été perçu comme le général porteur des idéaux des Lumières et de la Révolution. Il s'est d'ailleurs présenté comme *« l'arche de l'ancienne et de la nouvelle alliance, le médiateur naturel entre l'ancien et le nouvel ordre de choses »*.

Napoléon a ainsi joué un rôle important dans les affaires suisses par son Acte de médiation de 1803. Consterné de voir que, depuis la proclamation de la République helvétique en 1799, la Suisse vit en état d'anarchie et de guerre civile, Napoléon charge le colonel Rapp, en septembre 1802, d'aller y proposer son arbitrage. Le Premier consul pose alors comme condition de dissoudre les autorités existantes et d'envoyer à Paris des délégués de tous bords. Arrivés dans la capitale, les 60 délégués participent à des débats, longs et animés, durant lesquels Napoléon prend la parole : *« Il ne faut pas ambitionner l'éclat ; il vous coûterait trop cher, et ne vous servirait à rien. Il faut que le peuple paye peu d'impôts : c'est à cela qu'il reconnaîtra que vous avez travaillé pour lui, et c'est ce qui l'affectionnera à votre ouvrage. Si vous vouliez absolument de la grandeur, vous n'auriez qu'un moyen d'en acquérir : ce serait de vous réunir à la France, d'y former deux grands départements, et de participer à ses destinées. Mais la nature ne vous a point faits pour cela. Elle vous a séparés des autres peuples par des montagnes ; vous avez vos lois, vos mœurs, vos langues, votre industrie, votre gloire qui vous sont propres. Votre neutralité est plus assurée que jamais. »* Paradoxalement, Napoléon s'illustre aussi en s'opposant vivement aux délégués prônant une république centralisée, alors qu'il impose justement cette centralisation à la France.

Comme la conférence ne débouche sur aucun résultat, le Premier consul change de stratégie et organise une réunion plus restreinte entre ceux qui veulent un gouvernement unique et ceux qui sont partisans d'une fédération. Napoléon parvient finalement à les mettre d'accord sur l'avènement d'un fédéralisme moderne. L'Acte de médiation est signé le 19 février 1803. Cet acte est en fait une constitution qui reconnaît l'égalité entre les citoyens ainsi que l'autonomie des 19 cantons. À l'initiative du Premier consul, la Suisse y prend, pour la première fois, le nom de Confédération helvétique. Comme rétribution pour ses efforts de conciliation, Napoléon, qui a démontré ici sa capacité à se servir de son *soft power*, obtient la fourniture d'un contingent de 16 000 mercenaires. Il n'aura pas en s'en plaindre puisqu'il déclarera : *« Les meilleurs soldats, ceux en qui vous pouvez avoir le plus confiance, ce sont les Suisses. Ils sont braves et fidèles ! »*

Mettre en place des outils de gestion

Le Consulat puis l'Empire cherchent à substituer à l'anarchie des époques précédentes des principes d'ordre et de clarté. Ce souci de réorganisation et de rationalisation de l'entreprise France s'exprime par la création d'institutions structurantes, tant dans les domaines politiques qu'économiques et financiers.

Soucieux d'être bien informé, Napoléon crée des systèmes de gestion et d'information performants par le biais de tableaux de bord efficaces. Il indique, par exemple, à Eugène de Beauharnais : *« pour mon armée française, le ministre me remet deux fois par mois plus de 18 volumes [...] qui me présentent l'état de mon armée sous tous les points de vue »*. Quotidiennement, il prend connaissance des cours de la rente (indicateur important pour la bourgeoisie) et du prix du blé (véritable *« thermomètre de sûreté »* concernant les classes populaires[32]).

Au-delà de l'information, une bonne gestion dépend de l'allocation des ressources disponibles, notamment au niveau des ressources humaines. Pour s'entourer des meilleures compétences, à même de gérer le changement nécessaire, Napoléon va instituer les préfets. Ces représentants uniques, choisis par lui seul, sont chargés d'administrer les départements. Il les surnomme même ses *« empereurs à petits pieds »*. Pour les sélectionner, il a un principe : *« J'aime les honnêtes gens de toutes les couleurs.* » Comme ordre de mission, il leur adresse cette circulaire : *« Cette place vous impose des devoirs étendus, mais elle vous offre dans l'avenir une grande récompense ; vous êtes appelé à seconder le gouvernement dans le noble dessein de restituer à la France son antique splendeur, d'y ranimer ce qu'elle a produit de grand et de généreux, et d'asseoir enfin ce magnifique édifice sur les bases inébranlables de la liberté et de l'égalité.* »

Pour mettre en place cette nouvelle culture d'administration publique, Napoléon s'appuie également sur les réseaux d'influence de la franc-maçonnerie. Il faut dire que son grand-père, son père, ses frères, ses plus proches collaborateurs, tels Cambacérès, ses maréchaux et même sa femme Joséphine sont membres de loges. Si l'appartenance de Napoléon à la franc-maçonnerie est discutée, on peut considérer qu'il a moins été influencé par la franc-maçonnerie que le contraire. La franc-maçonnerie, qui était au départ une société initiatique, devient, sous son influence, une société domestiquée au service de son pouvoir. Les membres des quelques loges d'opposition, espionnés par Fouché, sont d'ailleurs arrêtés au premier discours anti-napoléonien. Il faut toutefois reconnaître que l'influence maçonnique n'est pas un phénomène spécifiquement français. Son influence est réelle dans la plupart des États européens, amis comme ennemis.

Pour administrer ses nouvelles institutions, Napoléon forme une nouvelle génération d'administrateurs européens, mobiles et éduqués. Il s'agit de jeunes hommes issus d'un milieu de notables et formés dans les lycées, l'université impériale et les nouvelles grandes écoles comme Polytechnique. Ces jeunes professionnels partagent sa vision d'un État autoritaire mais éclairé. Ils sont les bénéficiaires de la politique de ressources humaines de l'Empire qui recherche une forte spécialisation : « *Les anciens accumulaient les professions et nous les séparons.* » Parmi les systèmes d'intégration interne, Napoléon met en place des formations individuelles ou collectives, y compris des mécanismes de coordination transversale. Il rallie ainsi de nombreux jeunes Européens à sa cause, dont Cesare Balbo qui affirmera que ce système est la seule façon d'administrer un État. Balbo sera d'ailleurs le mentor du comte

Cavour qui deviendra le promoteur de l'unification italienne. Stendhal est le meilleur porte-parole de cette génération de jeunes professionnels. Nommé sous-lieutenant au 6e régiment de dragons, en mai 1800, il fait la campagne de 1809 comme élève commissaire des guerres, puis se distingue pendant la campagne de Russie. Malgré les désastres militaires, il saluera en Napoléon « le plus grand homme qui est paru dans le monde depuis Jules César ».

Dès son arrivée au pouvoir, la question financière est au centre des préoccupations de Napoléon. N'ayant aucune compétence en la matière, il s'entoure immédiatement de grands professionnels. Parmi ceux-ci, son ministre des Finances Gaudin, sur lequel il ne tarira pas d'éloges : *« Tout ce qu'il est possible de faire en peu de jours pour détruire les abus d'un régime vicieux et remettre en place les principes de crédit et de la modération, Gaudin le fit. C'était un administrateur de probité et d'ordre, qui savait se rendre agréable à ses subordonnés, marchant doucement mais sûrement. Tout ce qu'il fit et proposa dans ces premiers moments, il l'a maintenu et perfectionné pendant quinze ans d'une sage administration »*. À Sainte-Hélène, Napoléon le dépeindra comme un modèle pour tous les hauts fonctionnaires : *« C'est un homme tout d'une pièce, et c'est une forteresse inattaquable pour la corruption. »*

Pendant ses premières années au pouvoir, selon Chaptal, le Premier consul ne cherche pas à masquer son ignorance en matière de gestion des Finances publiques. Pour y pallier, il questionne ses collaborateurs en faisant preuve d'une « curiosité insatiable », selon l'expression de Mollien, son ministre du Trésor public. Ancien fonctionnaire de la royauté, Mollien est, selon Napoléon, *« un des meilleurs financiers d'Europe »* car il *« avait ramené le Trésor public à une simple maison de banque : si bien que, dans un seul petit cahier, j'avais constamment sous les yeux l'état complet de mes affaires : ma recette, ma dépense, mes arriérés, mes ressources »*. Napoléon lui demande même de lui envoyer régulièrement une note sur des questions macro-économiques telles que les différentes circonstances du change. Dans ses

Souvenirs, Mollien raconte ses cours de comptabilité publique : « Napoléon créait à chaque instant des combinaisons nouvelles de chiffres qu'il prenait pour des créations de ressources. [...] Ses erreurs provenaient surtout de doubles emplois, dont il ne se refusait pas le secours, et qu'il était assez difficile de rechercher et de démontrer à l'instant même dans des comptes de plusieurs millions. Il croyait pouvoir faire manœuvrer les chiffres comme ses bataillons et, comme souvent il avait fait prendre au même corps plusieurs positions dans la même bataille, il faisait revivre trois ou quatre fois la même somme, en lui assignant divers emplois. [...] Il fallait quelque patience pour le désenchanter d'illusions sans cesse renaissantes, dans lesquelles il se complaisait. »

Conscient que l'argent est le nerf de la guerre, Napoléon s'efforce de faire respecter une discipline budgétaire : *« Le budget est ma loi ; il faut s'y conformer, parce que les finances, dans toutes les branches de l'administration, sont la première de mes affaires. »* Dès 1804, il incite son ministre Fouché à la rigueur : *« Il faut arranger vos bureaux pour qu'ils ne coûtent pas plus qu'ils ne sont portés au budget. En général, vos bureaux sont susceptibles de réformes, soit pour la quantité des appointements, soit pour le nombre des individus. »* En matière de comptabilité publique, il se montre inflexible sur le fait qu'il doit viser toutes les dépenses. Il ordonne ainsi à Fouché : *« Je vois dans les comptes plusieurs dépenses qui sont irrégulières, telles qu'une somme de 5 400 francs pour une indemnité à des petits théâtres et 296 francs pour gratifications à un auteur. Ce n'est pas que ces dépenses ne puissent être nécessaires, mais le premier principe de l'administration est que toutes les dépenses doivent être faites par mon ordre. »*

Napoléon impose aussi un contrôle rigoureux à ses propres affaires. Selon Chaptal, la Maison impériale est « un modèle d'ordre et d'économie. L'Empereur tenait des conseils avec tous les chefs ordonnateurs une fois par semaine. Là, il arrêtait ses comptes, ouvrait des crédits, se faisait présenter des états exacts, et par pièces, de toutes les dépenses, des ventes et des achats, et il ne se consommait pas un article, ni dans ses cuisines, ni dans ses appartements, ni dans ses écuries, dont il ne connût le prix… » Une année, alors qu'on lui présente un budget de 48 millions de francs pour sa Maison, Napoléon parvient à économiser 7 millions. Plus tard, lorsque son valet de chambre Marchand lui propose d'embaucher quelqu'un avec un salaire de 3 000 francs, l'Empereur s'exclame : *« 3 000 francs ! mais savez-vous bien que c'est le revenu d'une de mes communes ? Quand j'étais sous-lieutenant, je ne dépensais pas cela*[33]. »

Durant son règne, Napoléon a tenté en permanence d'améliorer le système financier pour le rendre plus efficace. Sa plus grande réussite en la matière est sans doute le franc germinal. Il faut dire que Napoléon, traumatisé par les déboires de l'assignat, tient en horreur « la peste du papier-monnaie », selon l'expression de Mollien. En fait, le franc est une vieille unité monétaire qui a ressurgi à la faveur de la Révolution par la loi du 7 avril 1795. Le franc est alors divisé en 10 décimes, et le décime en 10 centimes. Mais la véritable réforme est mise en place par le Premier consul en 1803. Désormais, la valeur d'une pièce d'un franc est définie par un poids fixe de métal (or et argent). L'Empereur imposera ce système monétaire aux pays conquis comme le montre cette lettre de 1807 à son frère Louis, roi de Hollande : *« Il est nécessaire que vous adoptiez le système monétaire français ; ce que fait l'Espagne, l'Allemagne, toute l'Italie, pourquoi ne le feriez-vous pas ? Cela resserre les liens des nations d'avoir les mêmes lois civiles et les mêmes monnaies. Quand je dis les mêmes monnaies, j'entends bien que vos monnaies porteront les armes de Hollande et l'effigie du roi, mais le type, l'organisation doivent être les mêmes. »* Après la chute de l'Empire, ce système continuera à fonctionner en Italie, en Suisse et en Belgique. En France, le franc, baptisé « germinal » (en souvenir de la loi du 7 germinal an XI) restera stable jusqu'à la Première Guerre mondiale.

Créer des institutions durables

Convaincu qu'aucune *« institution humaine ne dure, si elle n'est pas basée sur un sentiment »,* Napoléon a créé ou réorganisé des institutions aussi diverses que le lycée, la Comédie-Française, la Banque de France ou l'École militaire de Saint-Cyr. En cherchant à concilier, avec plus ou moins de bonheur, son idéalisme avec son réalisme, il a réussi à *« jeter sur le sol de France quelques masses de granit »*. Cette œuvre politique considérable est d'autant plus impressionnante que son règne a été troublé par des guerres incessantes.

Parce qu'il croit que *« les hommes ne sont vraiment grands que par ce qu'ils laissent d'institutions derrière eux »*, il avoue à Sainte-Hélène qu'il est moins fier de toutes ses victoires militaires que du Code civil : « *Mon seul code par sa simplicité a fait plus de bien en France que toutes les lois qui m'ont précédé.* » C'est parce qu'il est conscient qu'il *« y a tant de lois qu'il n'y a personne exempt d'être pendu »* que le Premier consul a imposé l'achèvement du travail de codification commencé par Cambacérès pendant la Révolution. Pour y parvenir, Napoléon a voulu des lois claires, uniformes et universelles qui respectent le principe selon lequel *« toute bonne loi doit être courte »*. Conscient qu'il *« est plus facile de faire des lois que de les exécuter »*, Napoléon a cherché à éviter l'écueil de la loi de circonstance qui *« est un acte d'accusation contre le pouvoir »*. Il a ainsi permis au Code civil de rester presque inchangé jusqu'à la seconde moitié du XXe siècle.

Pour mener à bien la réalisation du Code civil, Napoléon a confié la préparation de l'avant-projet à d'éminents juristes – Cambacérès, Tronchet et Portalis. En quatre mois, il est achevé en respectant les « droits sacrés de la propriété, de l'égalité et de la liberté ». Présidant cinquante-sept des cent neuf séances de la commission du Conseil d'État chargée d'examiner le futur Code, Napoléon a encouragé les rédacteurs à se concentrer sur les aspects pratiques : *« Nous avons fini le roman de la Révolution ; il faut commencer l'histoire, et voir ce qu'il y a de réel et de possible dans l'application des principes. »* Napoléon a surpris les brillants orateurs du Conseil d'État par ses remarques de bon sens : « *Le citoyen Tronchet, en s'opposant à Portalis, a cité l'usage chez les Romains en matière d'adoption. La cérémonie de l'adoption se déroulait au Comitium en présence du peuple. L'objection fondée sur notre Constitution n'est pas valable ; ce qui n'est pas formellement interdit est tacitement permis. L'adoption n'est pas un contrat ; on ne signe pas un contrat avec un enfant.* » La précision et la justesse de ses arguments lui ont même permis de proposer aux juristes des solutions nettes, des formules percutantes, notamment au sujet du mariage des sourds-muets. Sa principale contribution reste d'avoir imposé l'unification de toutes les coutumes régionales. Pour parvenir à ce résultat, le Premier consul a dû recadrer les débats qui parfois s'éternisent : « *Tronchet, j'admire votre intelligence et la force de votre mémoire. Chez un homme de votre âge, cela est exceptionnel et mérite d'être souligné. Roederer, aujourd'hui, je vous trouve un peu faible. Portalis, vous seriez le plus grand des orateurs, si vous saviez seulement quand vous arrêter. Thibaudeau, vous devriez être plus intime dans nos discussions. Vous donnez l'impression d'être à une tribune en train de haranguer une foule. Cambacérès, je vous soupçonne d'avoir parfois le comportement d'un avocat de talent qui défend une cause ou repousse une idée sans que cela ait quelque chose à voir avec vos sentiments personnels. Merci Lebrun, vous êtes le meilleur des rédacteurs et, grâce à vous, nos débats seront un monument pour la postérité.* »

Après quatre années de travail, le Code civil (devenu code Napoléon en 1807), est promulgué le 21 mars 1804. Il offre un cadre juridique à cette nouvelle France issue de la Révolution, où dominent les principes d'égalité et de propriété. Cet instrument permet d'exaucer le vœu du Premier consul de « *consacrer les conquêtes de la Révolution, d'opérer une transaction entre le droit romain et les coutumes, et de lier par une transition sans secousses le présent au passé.* » Le Code civil prévoit, entre autres, le divorce par consentement mutuel, l'abaissement de l'âge de la majorité à 21 ans et l'abandon du droit d'aînesse.

Le Code civil, avec les principes nouveaux qu'il renferme, a été l'arme la plus efficace de Napoléon pour façonner l'Europe. En 1807, il déclarait à son frère Jérôme en train de se faire couronner roi de Westphalie : « *Je compte plus sur les effets du Code Napoléon pour l'extension et l'affranchissement de votre monarchie que sur le résultat des plus grandes victoires.* » De son côté, le royaume d'Italie a pleinement appliqué le Code civil à l'exception du divorce. Depuis, le Code civil a été copié dans des pays du monde entier. Sous l'Empire, il a été complété par les Codes de procédure civile (1806), du commerce (1807), d'instruction criminelle (1808) et par le Code pénal (1810).

Se montrer fort mais diplomate

Napoléon fait confiance à son intuition pour évaluer les rapports de force : « *Je sais quand il faut quitter la peau du lion pour prendre celle du renard.* » Il considère que le rapport de force diplomatique se décide plus sur les champs de bataille que dans les ambassades : « *La diplomatie est la police en grand costume.* » Le 9 juin 1803, quelques jours après la reprise de la guerre avec l'Angleterre, il félicite ainsi le général Mortier : « *La promptitude de votre marche vous a occasionné des embarras, mais elle a épargné du sang et beaucoup de tracasseries diplomatiques.* » De même, au lendemain d'Austerlitz, il écrit à Talleyrand : « *Je ne puis vous écrire que deux mots : une armée de 100 000 hommes, commandée par les deux empereurs, est entièrement détruite. Tout protocole devient inutile. Les négociations deviennent nulles, puisqu'il est évident qu'elles étaient une ruse de guerre pour m'endormir.* » Conscient que « *les traités s'exécutent tant que les intérêts vont de concert* », il se méfie des manœuvres diplomatiques trop sophistiquées.

Avant toute négociation, Napoléon se renseigne sur ses interlocuteurs, puis multiplie les contacts pour les séduire. Il s'emploie ensuite à valoriser ceux avec lesquels il est possible d'avancer. Lors d'un entretien avec Metternich, il déclare : « *Ne soyons ni Empereur français, ni ambassadeur d'Autriche, je vous parlerai comme à un homme que j'estime, et ne faisons pas de phrases.* » Il sait aussi charmer l'assistance, qu'elle soit composée de grognards ou d'intellectuels. Chateaubriand a, par exemple, décrit sa première rencontre avec Bonaparte : « J'étais dans la galerie lorsque

Napoléon entra ; il me frappa agréablement. Son sourire était caressant et beau, il n'avait aucune charlatanerie dans le regard, rien de théâtral et d'affecté [...] Bonaparte m'aborda avec simplicité sans me faire des compliments, il me parla comme si j'eusse été de son intimité et comme s'il n'eût fait que continuer une conversation déjà commencée entre nous. » Sa capacité à passer rapidement de la gaieté à la colère lui est également utile au cours de négociations.

Dès la première campagne d'Italie, Bonaparte a démontré l'efficacité de son étonnante combinaison de fermeté et de finesse. Devant les négociateurs piémontais qui hésitent à accepter ses conditions d'armistice, Bonaparte tire sa montre et déclare : *« Messieurs, il faut signer. L'attaque est prévue à 2 heures. Il m'arrivera de perdre des batailles, mais jamais de perdre une heure par confiance ou par paresse. »* Il obtient ainsi un tribut qui lui permet de rembourser à ses soldats des mois de solde impayée. Devant les injonctions du Directoire d'envahir l'Autriche pour y imposer une république, le général temporise et menace même de démissionner. Il écrit le 25 septembre 1797 : *« Je vous prie, Citoyens Directeurs, de me remplacer et de m'accorder ma démission. Aucune puissance sur la terre ne sera capable de me faire servir après cette marque horrible de l'ingratitude du gouvernement, à laquelle j'étais bien loin de m'attendre. »* Soucieux de ne pas *« imposer des conditions trop dures car c'est dispenser de les accomplir »*, Bonaparte cherche une compensation pour les Autrichiens traumatisés par la perte d'une grande partie de l'Italie du Nord. Il leur propose d'annexer la République de Venise, ce qui lui permet de se venger des Vénitiens qui se sont montrés sournois à son égard. Outre la paix avec l'Autriche, le général Bonaparte obtient alors la création d'une République Cisalpine, de même que la signature par le royaume de Sardaigne, Gênes, Naples et les États pontificaux de conventions de paix. Le plus bel hommage à ses talents de négociateur vient sans doute de Talleyrand, le ministre des Affaires étrangères du Directoire, qui s'exclame : « Quel homme que notre Bonaparte ! Il n'a pas 28 ans et il a sur la tête toutes les gloires, celle de la guerre, celle de la paix, celle de la modération, celle de la générosité. »

Dans ses manœuvres diplomatiques, Napoléon a souvent donné un rôle prépondérant à Talleyrand. Il faut dire que ce ministre des Affaires étrangères l'impressionne par son calme imperturbable : *« Quand cet homme vous parle, si son derrière recevait un coup de pied, sa figure ne vous en dirait rien. »* De même, le comte de Schlaberndorff remarque en 1804 qu'il « faut être profond physionomiste pour deviner sous cette enveloppe répulsive et morne, sous ces allures languissantes, dans ces yeux bleus presque morts où ne brille qu'une étincelle de vie, en un mot, à travers tous les caractères du type blond affadé, l'habile et rusé prélat diplomate qui dupe la France et l'Europe ».

En diplomatie comme dans les autres domaines, Napoléon veut se réserver le dernier mot. Il écrit ainsi à Talleyrand le 6 octobre 1801 : *« Je vous envoie, Citoyen Ministre, les ratifications des articles préliminaires signés à Londres le 9 vendémiaire, et de l'article secret. J'ai l'honneur de vous prévenir qu'un changement a été fait dans la traduction de l'article 2. Cet article, dans la pièce originale, est conçu en ces termes : Sa Majesté Britannique restituera à la République française et à ses alliés, savoir, à Sa Majesté Catholique et à la République batave, toutes les possessions et colonies occupées ou conquises, etc. D'après cette rédaction, le mot savoir s'appliquait aux restitutions, tandis qu'il devait s'appliquer aux alliés, et il semblait qu'il n'était pas statué sur les restitutions à faire à la France. Le Premier Consul a pensé qu'on éviterait toute possibilité d'équivoque en traduisant le mot* namely, *non par celui savoir, mais par celui nommément, et en changeant la ponctuation de l'article. »* Le Premier consul donne là une leçon de français à son ministre « boiteux », pourtant célèbre pour la clarté et la précision de son expression.

Parmi les entreprises diplomatiques menées par Napoléon, le Concordat, qui réorganise le catholicisme de France, sera « *une des choses les plus difficiles* » qu'il réalisera. Cette œuvre *« était nécessaire à la religion, à la République, au gouvernement. Les temples étaient fermés, les prêtres étaient persécutés ; ils étaient divisés en trois sectes : les constitutionnels, les vicaires apostoliques et les évêques émigrés à la solde de l'Angleterre. Le Concordat mit fin à ces divisions et fit sortir de ses ruines l'Église catholique. »*

Dès son arrivé au pouvoir, Napoléon commence les négociations en vue d'un concordat : *« La religion, ce n'est pas pour moi le mystère de l'Incarnation ; c'est le mystère de l'ordre social. »* Il va mener à bien ces tractations, contre l'avis de la majorité de son entourage, dont le général Moreau, Fouché, Talleyrand, Bernadotte, Brune ou Oudinot.

Chronologie de la préparation des négociations du Concordat

Date	Préparation des négociations du Concordat
29 novembre 1799	Napoléon signe un décret qui met fin à la déportation des prêtres.
28 décembre 1799	Un autre décret autorise l'ouverture des églises le dimanche.
30 décembre 1799	Les honneurs funèbres sont rendus dans toutes les cathédrales et églises au pape Pie VI qui vient de mourir à Valence (Drôme), où il avait été assigné à résidence par Bonaparte.
25 juin 1800	Au retour de sa victoire de Marengo, Bonaparte assiste à un *Te Deum* à la cathédrale de Milan, puis il rencontre le cardinal Martiana. Le cardinal fait un compte rendu au nouveau pape Pie VII : « Bonaparte me communiqua son ardent désir d'arranger les choses ecclésiastiques de la France, en même temps que de procurer à son pays la paix au dehors. Il me pria instamment de me charger de la négociation entre Votre Sainteté et lui-même. Ses vœux m'ont paru véritablement sincères, d'après les dispositions et les exigences très mesurées qu'il a daigné me manifester, et l'assurance qu'il m'a donnée d'employer en cas de succès, tout son pouvoir pour que Votre Sainteté recouvre tous ses États* »
Début juillet 1800	Pie VII fait savoir à Martiana que la proposition l'intéresse et que les négociations peuvent commencer.

*. Consalvi (Erculo), *Mémoires du cardinal Consalvi, secrétaire d'État du pape Pie VII,* introduction et notes de J. Crétineau-Joly, Paris, 1864-1866, t. I, p. 293.

Avant l'arrivée à Paris, le 5 novembre 1800, de Monseigneur Spina, l'envoyé du pape, Bonaparte met en place son équipe de négociateurs. On y trouve, entre autres, l'abbé Bernier, ancien le chef de la révolte des catholiques vendéens contre le Directoire, car il apporte sa caution de prêtre extrémiste.

Les négociations débutent. De nombreux projets d'accord vont être rédigés. Le premier, accepté par Bonaparte, est refusé par Talleyrand qui le trouve trop favorable à Rome. Un second, présenté par Talleyrand, est rejeté par Spina. C'est Bernier qui présente une troisième mouture. Mais Fouché, opposé à un accord avec Rome, le fait échouer. Après un autre échec, Bonaparte rédige lui-même le cinquième texte, qui est amené à Rome par le diplomate français Cacault. Comme l'affaire traîne en longueur en raison des atermoiements des conseillers du Pape, Napoléon adresse un ultimatum au Vatican. Aussitôt, le secrétaire d'État du pape, le cardinal Consalvi, se présente à Paris en ayant reçu le pouvoir de décision. Rencontrant Bonaparte, il est stupéfait de l'entendre s'exprimer « avec une véhémence et une abondance considérables pendant plus d'une demi-heure, mais sans colère ni dureté de langage ». Pour le cardinal, « Napoléon était l'homme de la spontanéité réfléchie mais parfois aussi irréfléchie quand la parole échappant à son contrôle créait soudain une situation embarrassante ». Finalement, le treizième texte est signé par les deux parties le 15 juillet 1801. Consalvi a obtenu un *win-win deal*, dont il rend compte au pape : « [...] nous avons obtenu des concessions inférieures sans doute à nos désirs, mais certainement supérieures à nos espérances. » Quelques jours plus tard, le pape publie une bulle intitulée *Ecclesia Dei*. Le 8 septembre 1801, c'est au tour du corps législatif de ratifier le Concordat. Atterré de voir le pape reconnaître la République française, le comte d'Artois, le futur Charles X, qualifiera Pie VII de pape criminel.

Le compromis final du Concordat

Problème initial	Solution choisie
La division du clergé	Politique de la table rase. Il sera facile au gouvernement d'obtenir la démission des évêques constitutionnels. Pour les réfractaires, le pape s'en chargera.
Le statut du catholicisme	Rome souhaite que le catholicisme soit la religion d'État, mais Bonaparte doit compter avec une opinion publique qui ne peut l'accepter. Un compromis est trouvé : le catholicisme est proclamé religion « de la majorité des Français ».
Les biens nationaux	Les biens de l'Église ont été vendus comme biens nationaux. Le pape s'engage à ne pas réclamer leur restitution. Plutôt que de verser une indemnisation globale, Bonaparte choisit d'assurer la subsistance du clergé sous la forme d'un traitement. Les évêques et les curés sont fonctionnarisés.

Espérant une renégociation des articles organiques du Concordat, Pie VII accepte de venir à Paris pour le sacre du 2 décembre 1804. Finalement, le pape n'obtiendra pas grand-chose du nouvel empereur pour qui *« l'Église doit être dans l'État et non l'État dans l'Église »*. Napoléon, selon sa confidente Madame de Rémusat, « se servait du clergé mais il n'aimait pas les prêtres. Il avait contre eux des préventions philosophiques et un peu révolutionnaires[34] ». En 1808, l'Empereur envahit même les États pontificaux et Rome puis, l'année suivante, les annexe à son Empire ; il fait alors enlever le pape et le maintiendra en détention à Savone puis à Fontainebleau jusqu'en 1814. Notons qu'en janvier 1813, Napoléon a néanmoins essayé de régler pacifiquement la question de l'institution canonique des évêques. Alors que, conformément à ses habitudes, il se montrait devant le pape tour à tour charmeur, menaçant et bluffeur, Pie VII s'exclama : « Comediante ! Tragediante ! »

ASSEOIR SA LÉGITIMITÉ

Persuadé que *« le plus grand orateur du monde est le succès »*, Napoléon a d'abord bâti sa légitimité sur sa réussite personnelle, qu'il a su habilement travestir en triomphe collectif. Cette réussite, Napoléon la doit tout d'abord à lui-même. Lorsqu'il est nommé général en chef de l'armée d'Italie, en remplacement de Schérer démissionnaire, Napoléon découvre une troupe démotivée. Il n'est alors qu'un jeune général auquel on confie un commandement lointain et secondaire. Bonaparte est déjà un des plus grands stratèges de tous les temps mais, en ce début d'année 1796, lui seul le sait. Dans moins d'un an, ses victoires italiennes auront fait de lui le général le plus célèbre d'Europe.

S'il ne croit pas à la démocratie, au sens parlementaire du terme, Napoléon recherche avec obstination le soutien populaire : *« Ma politique est de gouverner les hommes comme le grand nombre veut l'être. C'est là, je crois, la manière de reconnaître la souveraineté populaire. »* Sa légitimité, il va également la construire en recherchant la cohésion nationale. Pourquoi Napoléon recherche la concorde ? Parce qu'il est fondamentalement un homme d'ordre, qu'il s'agisse d'ordre public, d'ordre moral ou d'ordre social. Par tempérament, par expérience et par calcul, il déteste l'idée de guerre civile. Avant même de penser que sa personne pouvait transcender les clivages au sein de son peuple, il a osé s'exclamer en pleine période révolutionnaire : *« Jamais mon épée contre le peuple. »* Il refuse ainsi, en 1795, le commandement de l'armée de l'Ouest, chargée de réprimer la rébellion de la Vendée. Le général de 25 ans monte alors à Paris pour plaider sa cause et reste inébranlable face à la menace de la guillotine brandie par le Comité de salut public. Désavoué, condamné à la misère, il fait contre mauvaise fortune bon cœur en se forgeant, par des lectures et des rencontres, une connaissance des affaires politiques qui lui sera précieuse dans les années à venir.

Par rapport à la légitimité historique de l'Ancien Régime, Napoléon a créé le consensus autour de son nom au sein d'une société traumatisée par la guerre civile : *« Je ne tiens pas la couronne de mes pères mais de la volonté de la nation qui me l'a donnée. »* Dès le coup d'État du 18 brumaire, Bonaparte est soutenu par un assemblage hétéroclite de partisans de « l'ordre », patiemment mis en place par ses frères Lucien et Joseph, où les militaires sont paradoxalement peu nombreux. À Sainte-Hélène, il se souviendra même qu'à la fin du Directoire, *« le sentiment de l'injustice, de la fausseté, de l'immoralité de ce système porta au plus haut degré l'exaspération et le dégoût de tous les esprits. Les partis s'accrurent et s'aigrirent chaque jour davantage, il s'opéra même entre eux une sorte de rapprochement. »* Voilà pourquoi une grande partie de l'aristocratie, les « monarchistes sans roi », accepte rapidement de collaborer avec Bonaparte. Le vicomte de Ségur a expliqué les arrière-pensées de ce ralliement : « Personne ne l'aime, tout le monde le préfère. »

Les trois stades de développement de l'idéologie napoléonienne
(inspiré de Henry Mintzberg)

Stade de développement	**Définition**	**Exemples caractéristiques**
Le sens d'une mission	L'équipe partage les valeurs et les ambitions du leader	L'héroïsme du pont d'Arcole
Le développement de l'idéologie	L'élaboration de mythes fondateurs	L'anniversaire du sacre de l'Empereur à Austerlitz
Les processus de l'identification	Loyauté désintéressée ou calculée	L'admiration des soldats pour le « petit caporal »

Imposer le respect

« Un prince dont ont dit : c'est un bon homme, est un prince perdu. » Napoléon est donc persuadé que sans un système répressif efficace, un régime politique est à la merci de toutes les oppositions et trahisons.

Pour l'Empereur, faire respecter son autorité commence d'abord par exiger de la force publique une conduite exemplaire, preuve en est cet arrêté de 1801 : *« L'escorte de toute diligence qui serait forcée sera arrêtée et traduite devant une commission militaire, qui jugera si elle a fait son devoir. Quel que soit le nombre des brigands, elle ne devra se rendre qu'après avoir tiré ses 20 cartouches et déployé le courage ordinaire aux soldats français. »* De même, dans ses notes internes, il donne non seulement l'énoncé d'un problème et son mode de résolution, mais aussi le type de sanction en cas d'échec. Le 21 août 1809, il écrit ainsi au préfet du Var : *« J'apprends que divers incendies ont éclaté dans les forêts du département dont je vous ai confié l'administration. Je vous ordonne de faire fusiller sur le lieu de leur forfait les individus convaincus de les avoir allumés. Au surplus, s'ils se renouvelaient, je veillerai à vous trouver un remplaçant. »* Cinquante mots lui ont suffi pour régler un problème donné. Si les sanctions – envers les pyromanes ou les préfets – peuvent sembler expéditives, sa méthode simple et efficace de gestion des problèmes a pour objectif d'imposer le respect de l'autorité.

On ne saurait nier les dérives autoritaires du régime napoléonien, même s'il faut en relativiser l'ampleur. Bien que Napoléon ait fait détenir en prison et sans jugement environ 2 500 personnes, ce chiffre est modeste à côté des centaines de milliers d'arrestations de la Terreur. L'Empereur est d'ailleurs persuadé que *« l'art de la police, afin de ne pas punir souvent, est de punir sévèrement »*. Ainsi, le 22 décembre 1804, il écrit à Fouché : *« Faites-moi un rapport détaillé sur la prise de Guillemot* [brigand chouan]. *Écrivez au général commandant la division qu'il soit formé une commission militaire à Vannes, et qu'il subisse de suite sa sentence. Ce chouan ne dira rien, et avec du temps, il ne peut gagner que des chances de fuite. Plus tôt le Morbihan sera défait de ce scélérat et mieux cela vaudra.* » Convaincu que toute indulgence pour les coupables peut être perçue comme une marque de faiblesse ou de connivence, il sait se montrer expéditif envers les diplomates coupables d'espionnage. Il écrit ainsi à Fouché, en 1807 : *« Donnez ordre que le sieur Kuhn, consul d'Amérique à Gênes, soit mis en état d'arrestation comme porteur d'une croix de Malte donnée par les Anglais, et comme agent des Anglais. Ses papiers seront saisis ; le dépouillement en sera fait, et il sera maintenu au secret jusqu'à ce que vous m'en ayez rendu compte. Ma police ne connaît pas d'ambassadeur. Je suis le maître chez moi. Quand un homme m'est suspect, je le fais arrêter. Je ferais même arrêter l'ambassadeur d'Autriche, s'il tramait quelque chose contre l'État. »*

Réaliste en matière de répression, Napoléon pense qu'on *« ne doit ni contraindre ni poursuivre les travers qui ne sont pas nuisibles »* car on *« déjoue beaucoup de choses en feignant de ne pas les voir »*. Par le biais de Fouché, il met en place un système efficace d'informateurs sur les crimes, délits et autres complots. Si les relations avec son ministre de la Police sont souvent difficiles, l'Empereur sait pourtant que cet homme est essentiel. Le bulletin quotidien de Fouché lui permet, par exemple, d'être informé de tous les crimes ou accidents faisant l'actualité de son Empire. Jamais rassasié, Napoléon met en place sa propre *« petite police »*, qui lui coûte 500 francs par mois pris sur sa cassette personnelle, et qui lui rapporte les ragots et autres rumeurs colportés dans les rues de la capitale. Quand il se trouve au palais des Tuileries, Napoléon ne dédaigne pas de faire lui-même des sorties anonymes et nocturnes dans Paris. Accompagné du seul général Duroc, il cherche alors à s'imprégner de l'état de l'opinion publique.

Puisqu'il est nécessaire de *« gouverner avec la tête, jamais avec le cœur »*, Napoléon sait qu'il *« y a des crises où le bien du peuple exige la condamnation d'un innocent »*. C'est notamment le cas lors de l'exécution du duc d'Enghien, prince de la famille des Bourbons. Début janvier 1804, Napoléon apprend en effet que le conspirateur royaliste George Cadoudal attend à Paris le moment opportun pour l'enlever ou l'assassiner. Il le fait aussitôt arrêter, ainsi que deux généraux compromis, Moreau et Pichegru. Lors de son interrogatoire, Cadoudal avoue qu'il devait tuer le Premier consul dès qu'un prince serait à Paris . S'exclamant alors *« le sang veut du sang »*, Bonaparte fait enlever le duc d'Enghien, près de la frontière française, dans la nuit du 15 au 16 mars 1804. Après un simulacre de procès, celui-ci est condamné à mort. Au ministre régicide Fouché, venu le tempérer, Bonaparte répond : *« Qu'est-il besoin de preuves ? N'est-ce pas un Bourbon, et de tous, le plus dangereux ? [...] Quelle plus forte garantie puis-je donner à la Révolution que vous avez cimentée du sang des rois ? Il faut d'ailleurs en finir. Je suis environné de complots. Il faut imprimer la terreur ou périr. »* Quelques semaines avant son sacre, Napoléon démontre, avec cette exécution, que si la Révolution est finie, il la veut irréversible. Bien des années plus tard, le 26 avril 1821, dix jours avant sa mort, il apprendra dans des journaux anglais que l'on accuse Caulaincourt et Savary d'avoir fomenté l'assassinat du duc d'Enghien. Il ajoutera aussitôt ces lignes dans son testament : *« J'ai fait arrêter et juger le duc d'Enghien parce que c'était nécessaire à la sûreté, à l'intérêt et à l'honneur du peuple français, lorsque le comte d'Artois entretenait, de son aveu, 60 assassins dans Paris. Dans une semblable circonstance, j'agirais encore de même. »* Il assume donc, de sa propre main, un acte qui, pour Talleyrand, fut « une faute politique » qui traumatisa nombre de souverains européens.

Pour Metternich, Napoléon avait deux faces : « Comme homme privé, il était facile et traitable, sans être ni bon ni méchant. En qualité d'homme d'État, il n'admettait aucun sentiment, il ne se décidait ni par affection ni par haine. Il écrasait ou écartait ses ennemis, sans consulter autre chose que la nécessité ou l'intérêt de s'en défaire. Ce but atteint, il les oubliait et ne les persécutait pas. » Pour Molé, ministre de la Justice, Napoléon « ne vivait que pour ses desseins. Il faisait avec la même indifférence le bien toutes les fois qu'il le croyait utile, le mal lorsqu'il le jugeait nécessaire. Son esprit le portait même plutôt vers le bien parce qu'il savait qu'à chances égales c'est une route plus sûre que le mal vers le succès. » Ainsi, deux ans après avoir fait exécuter le duc d'Enghien, Napoléon va accorder sa clémence à un Allemand, le prince de Hatzfeld, condamné à mort pour espionnage. Sa curieuse volte-face a été décrite par le général Rapp : « Napoléon demanda ses chevaux pour aller faire visite au prince et à la princesse Ferdinand [de Prusse]. Comme je sortais pour donner ses ordres, on m'annonça que la princesse de Hatzfeld était tombée évanouie dans l'antichambre, qu'elle désirait me parler. J'allai à elle, et ne lui dissimulai pas la colère de Napoléon. Je lui dis que nous allions monter à cheval, et lui conseillai de nous devancer chez le prince Ferdinand, pour l'intéresser au sort de son mari. J'ignore si elle eut recours à lui ; mais elle se trouva dans un des corridors de son palais, et se jeta tout éplorée aux pieds de l'Empereur, à qui je déclinai son nom. Elle était enceinte : Napoléon parut touché de sa situation, et lui dit de se rendre au château ; en même temps il me chargea d'écrire à Davout de suspendre le jugement ; il croyait M. de Hatzfeld parti. Napoléon rentra au palais, où madame de Hatzfeld l'attendait ; il la fit entrer dans le salon, où je restai. – *Votre mari,* lui dit Napoléon avec bonté, *s'est mis dans un cas fâcheux ; d'après nos lois il a mérité la mort. Général Rapp, donnez-moi sa lettre. Voyez, lisez, madame.* Elle était toute tremblante. Napoléon reprend aussitôt la lettre compromettante et la jette au feu : *Je n'ai plus de preuve, madame ; votre mari a sa grâce*[35]. » Napoléon met ici en pratique un principe qu'il a décrit à son frère Louis : *« La bonté d'un roi doit toujours être majestueuse et ne doit pas être celle d'un moine. »*

Organiser un espace multiculturel

Convaincu que *« les conquérants habiles ne se sont jamais brouillés avec les prêtres »*, Napoléon a toujours été préoccupé par l'intégration culturelle des peuples qu'il a conquis. Un an après son retour d'Égypte, le Premier consul proclame ainsi, avec une certaine fierté, son pragmatisme viscéral au sujet de la question identitaire : *« C'est en me faisant catholique que j'ai gagné la guerre en Vendée, en me faisant musulman que je me suis établi en Égypte, en me faisant ultramontain que j'ai gagné les esprits en Italie. Si je gouvernais un peuple juif, je rétablirais le Temple de Salomon. »*

Dans sa compréhension des autres cultures, Napoléon a l'avantage de n'être qu'un Français de circonstance qui a même pensé soutenir la cause corse avant de s'identifier complètement à sa nouvelle patrie. Cette origine « étrangère » lui a même été utile : *« Elle m'a fait regarder comme un patriote par les Italiens ; elle a grandement facilité mes succès en Italie. »* S'il réussira exceptionnellement bien avec les Italiens et relativement bien avec les Égyptiens ou les Allemands, Napoléon échouera complètement dans sa « conquête des cœurs » espagnols et russes.

L'Empereur est un pragmatique. S'il a interdit l'hymne révolutionnaire *La Marseillaise* sous l'Empire, il va revenir de l'île d'Elbe avec la cocarde tricolore pour partir se battre en 1815. Et lorsqu'il s'identifie à la France, celle-ci a un contour flou et à géométrie variable : *« La France, c'est le français quand il est bien écrit. »* Dans le même temps, il ne s'inquiète pas lorsqu'on lui apprend que ses officiers alsaciens ne parlent pas le français : *« Qu'importe s'ils parlent l'allemand, pourvu qu'ils sabrent à la française. »* On peut d'ailleurs remarquer que s'il utilise la langue française avec beaucoup d'éloquence, il fait autant de fautes d'orthographe que ses contemporains, exception faite de Metternich.

Napoléon ne s'est pas non plus beaucoup préoccupé de la promotion d'un autre aspect de la culture française, celui de son « art de vivre ». Le jugeant sans doute peu viril, ce mode de vie épicurien doit lui paraître décadent. Peu porté sur les mets fins, il apprécie cependant le vin français, et notamment le Gevrey Chambertin. À Sainte-Hélène, il se contentera pour sa consommation d'un vin sud-africain de la province du Cap, le fameux « vin de Constance ».

Dans ses conquêtes, et notamment en Égypte, Napoléon a su improviser une stratégie d'adaptation du modèle occidental révolutionnaire à des sociétés culturellement très différentes. Arrivé en Égypte, le jeune général est sincèrement convaincu que cette civilisation qui a connu deux âges d'or (sous les pharaons et au début de l'islam), va connaître une Renaissance grâce aux Lumières. Pour y parvenir, Napoléon proclame au large d'Alexandrie, le 22 juin 1798 : *« Soldats ! Vous allez entreprendre une conquête dont les effets sur la civilisation et le commerce du monde sont incalculables. Vous porterez à l'Angleterre le coup le plus sûr et le plus sensible, en attendant que vous puissiez lui donner le coup de mort. Les beys mameluks, qui favorisent exclusivement le commerce anglais, qui ont couvert d'avanies nos négociants et tyrannisent les malheureux habitants du Nil, quelques jours après notre arrivée n'existeront plus. Les peuples avec lesquels nous allons vivre sont mahométans ; leur premier article de foi est celui-ci : Il n'y a pas d'autre Dieu que Dieu et Mahomet est son prophète. Ne les contredisez pas ; agissez avec eux comme nous avons agi avec les Juifs, avec les Italiens ; ayez des égards pour leurs muftis et leurs imâms, comme vous en avez eu pour les rabbins et les évêques. Les légions romaines protégeaient toutes les religions. Vous trouverez ici des usages différents de ceux de l'Europe : il faut vous y habituer. »*

Le 2 juillet suivant, Bonaparte annonce aux Égyptiens : *« Peuples d'Égypte ! On vous dira que je viens détruire votre religion ; ne le croyez pas ; répondez que je viens vous restituer vos droits, punir les usurpateurs, et que je respecte, plus que les Mameluks, Dieu, son prophète et l'Alcoran. [...] Les cheiks, les cadis et les imams conserveront les fonctions de leurs places ; chaque habitant restera chez lui et les prières continueront à l'ordinaire. Chacun remerciera Dieu de la destruction des Mameluks et criera : Gloire au Sultan, gloire à l'armée française, son amie[36] ! »*

Vis-à-vis des populations occupées, Napoléon applique un principe : *« Celui qui gouverne doit avoir de l'énergie sans fanatisme, des principes sans démagogie et de la sévé-*

rité sans cruauté. » Pour y parvenir, son idée est simple : *« Il faut prendre le ton qui convient pour que les peuples obéissent, et obéir, en général, c'est craindre. »* Dans sa proclamation du 2 juillet, il propose la carotte ou le bâton : *« Peuples de l'Égypte ! Trois fois heureux ceux qui seront avec nous ! Ils prospéreront dans leur fortune et leur rang. Heureux ceux qui seront neutres ! Ils auront le temps d'apprendre à nous connaître, et ils se rangeront avec nous. Mais malheur ! Trois fois malheur à ceux qui s'armeront pour les mameluks, et combattront contre nous. Il n'y aura pas d'espérance pour eux ; ils périront. »* Il remarque d'ailleurs qu'on *« me croit sévère et même dur. Tant mieux, cela me dispense de l'être. »* Quoi qu'il en soit, il ne s'agit pas uniquement de se faire craindre, mais d'obtenir la soumission et le respect sans acculer au désespoir et à la vengeance. Pour ce faire, il cherche à surmonter son image de « colonisateur » pour apparaître, aux yeux des Égyptiens, comme un chef juste et respectueux des croyances et des coutumes locales : *« Tous ceux que je gouverne sont mes enfants. »*

Obsédé par son image, Napoléon n'en reste pas moins confiant sur sa capacité à se faire accepter des musulmans égyptiens : *« Le peuple est le même partout. Quand on dore ses fers, il ne hait pas la servitude. »* Faisant appel à des savants pour s'instruire sur les rites arabo-musulmans, il souhaite que chaque décision politique, chaque détail administratif, donne l'impression que l'armée française respecte l'islam. Cherchant par tous les moyens à gagner l'estime du petit peuple égyptien, qu'il oppose aux *« occupants mamelouks »*, il fait traduire en arabe chacune de ses décisions et déclarations. Montalivet a rapporté comment Napoléon, « avec du temps, de la patience et de l'à-propos », a réussi à faire accepter aux Égyptiens le fait que son armée consomme du vin, interdit en terre d'islam : *« J'étais au milieu des Musulmans, mon armée avait besoin des habitants ; j'ai fait assembler les cheiks, je leur ai dit : "Mon armée et moi, nous voulons nous faire musulmans, mais nous ne voulons pas que l'on nous coupe de rien* [problème de la circoncision], *et nous voulons boire du vin ; cela se peut-il ?" Ils ont répondu qu'il fallait des conférences sur cette importante question ; je les ai autorisés à se réunir dans la grande mosquée, les docteurs ont été en grand nombre, la discussion la plus vive s'est élevée, on a cassé les bancs et on se les a jetés à la tête ; enfin on s'est calmé, et des députés sont venus me répondre qu'ils avaient reconnu que n'avoir rien de coupé était une grande imperfection, mais n'empêchait pas d'être musulman et boire, mais que l'on était damné ; je leur ai représenté que ce dernier point ne saurait me convenir ; je leur ai annoncé que je partais pour une expédition, que je serais de retour que dans 15 jours ; je leur ai recommandé de s'assembler de nouveau et de revoir le chapitre du vin ; nouvelles discussions, nouveaux orages, enfin on se calme, j'arrive, on me répond qu'après un examen plus approfondi, on a reconnu qu'il peut être permis de boire du vin, pourvu qu'à chaque bouteille on expie le péché par une bonne action.* » Cette décision concernant le vin est importante puisqu'elle a permis, selon Napoléon, de rallier les chefs égyptiens à son armée d'occupation : *« Nous voilà d'accord, et je promets que nous nous ferons tous musulmans, mais j'ajoute que pour fêter un tel événement, il faut un monument, et qu'une superbe mosquée va être bâtie ; en effet, j'adopte un plan, les fondations sont tracées, 60 000 francs sont dépensés, les chefs me prêtent serment de fidélité, les peuples me sont dévoués et ma mosquée, dont j'ai fait la toile de Pénélope, m'aurait donné le temps de faire un établissement désormais indestructible*[37]. » Sur une éventuelle conversion à l'islam, Napoléon précisera à Sainte-Hélène : *« J'ai simplement dit que nous étions les amis des musulmans et que je respecte Mahomet leur prophète. Ce qui est vrai, je le respecte encore*[38]. » C'est en partie grâce à ce respect de la culture musulmane que la France recevra en 1836, du sultan Mehemet Ali, en remerciement des services rendus par le général Bonaparte au peuple égyptien, l'obélisque de Louxor qui se dresse au centre de la place de la Concorde à Paris. La ville de Paris se montrera d'ailleurs assez ingrate envers Napoléon Ier, qui a presque autant contribué à son renouveau que son neveu, Napoléon III. S'il a fait percer la majestueuse rue de Rivoli, la seule rue portant son nom (rue Bonaparte) ne correspond pas vraiment à son rêve de grandeur pour sa *« capitale du monde »*. En revanche, presque tous ses maréchaux ont eu droit à des boulevards.

Conscient que *« les conquérants doivent être tolérants et protéger toutes les religions »*, Napoléon innove en reconnaissant aux Juifs le droit de pratiquer leur religion et en leur donnant des structures centralisées. Ainsi, quelques jours avant l'ouverture de l'Assemblée des Juifs de 1806, il promulgue ses conseils aux commissaires du gouvernement : *« N'allez pas me montrer comme le roi soliveau ; faites-moi sévère, redoutable même, afin de leur imposer ; je saurai ensuite modifier cette idée qu'ils auront prise de moi ; peignez-moi en Jupiter tonnant. Au sujet des réponses aux questions présentées aux Juifs, ne souffrez pas que l'on fasse des réponses ambiguës, dites que j'exige des choses claires, précises, et je tirerai ensuite parti des conséquences de chacune de leurs réponses que je rapprocherai. Ne croyais pas qu'il y ait des règles tellement irréfragables qu'on ne puisse les modifier. J'ai déjà fait un Concordat ; j'en ferai un autre ; il est avec le Ciel des accommodements, cela est vrai partout, et j'en ai fait des plus difficiles*[39]. » Deux ans plus tard, Napoléon parviendra à mettre en place un consistoire en charge de l'administration du culte israélite, sous la direction d'un président laïc et d'un grand rabbin. Par le biais de cette politique volontariste d'intégration, la France a émancipé sa population juive bien avant l'Angleterre (1866) ou la Russie (1917). Quand les Français entrent à Berlin en 1806, Napoléon demande même où sont les Juifs pour les sortir de leur ghetto.

Gérer sa communication

Persuadé qu'*« un souverain doit toujours confisquer la publicité à son profit »*, Napoléon a également compris que *« c'est en flattant les peuples qu'on les avilit »*. S'il entreprend une manipulation des esprits, c'est parce qu'il connaît le rôle déterminant de l'opinion publique dans la pérennité de son pouvoir : *« Un gouvernement nouveau a besoin d'éblouir et d'étonner ; dès qu'il ne jette plus d'éclats, il tombe. »* Fier de ses talents de communicateur, Napoléon a déclaré à propos des Bourbons : *« Ces gens-là ne savent pas parler à l'imagination des peuples. »* Et l'imagination du peuple français, c'est la grandeur de la nation. Si le siècle de Louis XIV fut aussi un âge d'or pour la France, le roi Soleil, contrairement à Napoléon, n'a jamais songé à partager sa gloire avec ses sujets : « L'État, c'est moi. »

Napoléon flatte les fidèles, séduit les hésitants et impressionne les sceptiques et les adversaires : *« Il faut des fêtes bruyantes aux populations ; les sots aiment le bruit, et la multitude, c'est les sots. »* Démagogue hors pair, il cherche d'abord à être aimé de ses soldats et du peuple : *« Ce qui m'importe, c'est l'opinion du gros paysan. »* Pour cela, il réitère sans cesse ses messages : *« La répétition est la meilleure formule de rhétorique. »* Introduisant la propagande au cœur de la vie quotidienne de ses sujets, il essaye toutefois d'éviter la surexposition : *« Faites peu de proclamations et évitez de faire mettre dans les journaux ceux de vos actes qui sont de pure administration. »*

L'Empereur utilise parfois des stratagèmes peu glorieux. Il écrit ainsi à Berthier, en rentrant triomphalement dans Vienne en 1805 : *« Donnez l'ordre que tous les blessés graves russes soient évacués vers Vienne. Mon intention est de montrer à cette grande ville, que les Russes ont subis des pertes importantes. Avertissez immédiatement les autorités sanitaires. Aucun Français ou Autrichien ne doit être hébergé dans les hôpitaux. »*

Pour étonner l'Europe et éblouir le monde, Napoléon a mis en place une communication visuelle efficace. Il s'est d'abord composé, dès le Consulat, une silhouette originale avec un petit chapeau et une redingote grise. Cette tenue simple et sobre a l'avantage d'être immédiatement reconnaissable au milieu de ses officiers aux tenues élaborées (avec galons et plumets). Comme la plupart de ses officiers supérieurs portent des bicornes emplumés « en colonne », soit perpendiculairement aux épaules, Napoléon décide de porter le sien « en bataille », c'est-à-dire les cornes parallèles aux épaules.

Même s'il déclare lors de son sacre qu'il ne succède pas *« à Louis XVI mais à Charlemagne »*, Napoléon choisit le titre d'empereur, moins par référence à l'expansion territoriale de Rome ou de Charlemagne que par désir de créer une dynastie héréditaire tout en évitant le tire de roi : *« Je ne veux naître de personne. »* Il ne se contente pas de définir son titre, il travaille aussi à l'élaboration du logo de son empire, élément fondamental d'une bonne communication. Sur ce sujet, ses conseillers ont eu des avis divergents : Cambacérès a proposé les abeilles, symbole de l'activité laborieuse, tandis que Duroc a préféré le chêne pacifique et Lebrun la fleur de lys. Crétet, quant à lui, a proposé successivement l'aigle, le lion et l'éléphant. Alors que le Conseil d'État a adopté le coq, Napoléon lui préfère le lion. Le 10 juillet 1804, il revient sur sa décision et impose l'aigle car il fait référence à l'aigle de l'empire carolingien. Conseillé par Denon, le premier directeur du Louvre, l'Empereur choisit des armes *« d'azur à l'aigle à l'antique d'or, empiétant un foudre »*, bien distincte des aigles des empereurs d'Autriche et de Russie, du roi de Prusse, et même des États-Unis. Il fait immédiatement placer une aigle impériale au sommet de la hampe de tous les drapeaux de ses régiments.

En matière de communication politique, Napoléon a un principe de base qu'il annonce en 1804 au Conseil d'État : *« Nous sommes faits pour diriger l'opinion publique et non pour la discuter. »* Dès sa première campagne d'Italie, Bonaparte a en effet compris l'importance de la presse. En juillet 1797, il a fondé deux journaux baptisés *Courrier de l'armée d'Italie* et *La France vue d'Italie*. Cette propagande, financée par son butin de guerre, a été largement diffusée en France pour exalter les exploits d'un général jusqu'alors inconnu. Bonaparte s'y décrivait lui-même : *« Il vole comme l'éclair et frappe comme la foudre. Il est partout et voit tout. »* Manager soucieux de sa propre image, il a même fait modifier trois fois les comptes-rendus officiels de la bataille de Marengo afin que sa défaite initiale prenne des allures de retraite préméditée.

Après l'Italie, Bonaparte transforme son expédition d'Égypte en une vaste opération de marketing politique destinée à entretenir son image, en attendant le moment propice pour prendre le pouvoir. Il choisit ainsi des noms arbitraires pour ses batailles (Pyramides, Nazareth ou Mont-Thabor) et fait corriger et enjoliver la plupart de ses proclamations par des phrases telles que : *« Du haut de ces pyramides, quarante siècles vous contemplent. »*

En Égypte, Napoléon découvre aussi la contre-propagande anglaise, qui multiplie les accusations contre le « crocodile » corse. Il y est décrit comme un chef sanguinaire et infidèle à sa parole. Ces pamphlets mettent, par exemple, en cause l'armée française qui, lors de la prise de Jaffa en mars 1799, aurait massacré plus de 2 500 prisonniers. Pour la « perfide Albion », tous les coups sont permis, même les plus étranges. Ainsi, lorsque Bonaparte renvoie en France le mari de sa maîtresse Pauline Fourès, il a la surprise de le voir revenir. Les Anglais, qui l'ont capturé, se sont empressés de le renvoyer en Égypte !

Selon le ministre Chaptal, « Napoléon se servait lui-même des journaux pour faire la guerre à ses ennemis, surtout aux Anglais. Il rédigeait personnellement toutes les notes qu'on insérait dans *Le Moniteur* en réponse aux diatribes et aux assertions qu'on publiait dans les gazettes anglaises. » Quand, en avril 1801, l'assassinat du tsar francophile Paul Ier est annoncé, Bonaparte écrit dans *Le Moniteur* : *« Paul Ier est mort dans la nuit du 24 au 25 mars. L'escadre anglaise a passé le Sound le 31. L'Histoire nous apprendra les rapports qui peuvent exister entre ces deux événements. »*

À propos des manipulations de l'information, Metternich rapporte une intéressante conversation avec l'Empereur : « Lui ayant reproché un jour les faussetés palpables dont fourmillaient la plupart de ses bulletins, il me dit en riant : *Ce n'est pas pour vous que je les écris ; les Parisiens croient tout, et je pourrais leur conter de bien autres choses encore, qu'ils ne se refuseraient pas à admettre.* » Certains bulletins, tirés à 35 000 exemplaires, sont lus jusque dans les théâtres et les églises. Anticipant la mondialisation de l'information, Napoléon écrit même à Cambacérès, le 11 décembre 1806 : *« Faites traduire tous les bulletins de la Grande Armée pendant cette campagne et la campagne dernière en turc et en arabe, et envoyez-les à profusion à Constantinople*[40]. » La concurrence avec l'Angleterre sur le terrain de la propagande est telle qu'à *L'Ambigu*, le journal satirique publié à Londres par Peltier (auteur de l'anagramme Buonaparte = Nabot a peur), Napoléon réplique par *L'Argus*, rédigé en anglais par de soi-disant républicains anglais réfugiés en France.

Si Napoléon a affirmé que *« la bonne politique est de faire croire aux peuples qu'ils sont libres »*, Talleyrand ne l'a pas contredit, remarquant que « ce qui est cru est plus important que ce qui est vrai », et lorsque Chateaubriand écrivait : « ces bulletins ont l'éloquence de la victoire », les grognards, plus lucides, disaient d'un camarade fanfaron qu'il est « menteur comme un bulletin »…

C'est à cette époque qu'apparaît le terme de « canard » pour désigner des nouvelles exagérées car il désigne de manière impertinente l'aigle, symbole impérial figurant sur les Bulletins de la Grande Armée.

« Le canon a tué la féodalité ; l'encre tuera la société moderne », aussi Napoléon redoute *« 3 journaux plus que 100 000 baïonnettes »*. Il en conclut que *« les journaux devraient être réduits aux petites affiches »*. Pour mieux contrôler l'information, Napoléon interdit les journaux politiques qui lui sont défavorables et crée des organes de presse destinés à répandre une information officielle. Les imprimeurs, dont le nombre est réduit, doivent prêter serment de ne rien imprimer de contraire à l'intérêt de l'État. Entre 1789 et 1799, 1 400 journaux sont apparus en France. Peu après le 18 Brumaire, il ne reste que 13 titres et, en 1811, on ne compte plus que 4 journaux parisiens complètement dévoués à la propagande impériale. Cette même année, Napoléon apostrophe son ministre de la Police, Savary, qui a fait publier un article dans le *Journal de l'Empire* (anciennement le *Journal des Débats*) se moquant des Russes : *« Voudriez-vous me*

faire faire la guerre ? Mais vous savez que je ne le veux pas, que je n'ai rien de prêt pour la faire[41]. » L'année suivante, il changera d'avis et envahira la Russie…

Construire une image de marque

Napoléon est la personnalité non religieuse la plus représentée en peinture, en sculpture, en littérature et même au cinéma. Qu'ils le louent ou le caricaturent, de nombreux génies de la littérature tels que Stendhal, Lord Byron, Victor Hugo ou Tolstoï, ont été inspiré par Napoléon. Pourtant, le vainqueur d'Austerlitz a sans doute été le meilleur conteur de sa propre épopée. Pour le critique littéraire Sainte-Beuve : « Napoléon, quand il écrit, est la simplicité même. C'est un plaisir de voir celui qui a été le sujet de tant de phrases en faire si peu. »

Parce que « *l'ambition de dominer les esprits est la plus forte de toutes les passions* », Bonaparte est non seulement le principal acteur, mais aussi le brillant auteur de la mise en scène de cette tragédie. Chateaubriand s'en exaspéra : « Vivant, il a manqué le monde, mort, il le possède. Il appartient si fort à la domination absolue qu'après avoir subi le despotisme de sa personne, il nous faut subir le despotisme de sa mémoire. » L'Empereur déchu va démontrer que le principe selon lequel « ce sont les vainqueurs qui écrivent l'Histoire » connaît des exceptions. La première biographie sur lui en chinois est ainsi publiée dès 1837, soit seize ans seulement après sa mort. Il a par ailleurs été publié dans le monde plus de livres et d'articles concernant l'épopée napoléonienne que de jours écoulés depuis sa mort.

Pour sa politique culturelle, Napoléon s'est moins préoccupé de ses goûts personnels que de l'impact des artistes sur l'opinion publique. Le 10 septembre 1800, le Premier consul écrit à son ministre de l'Intérieur : *« Je vous prie, Citoyen Ministre, de me remettre la liste de 10 meilleurs peintres, de nos 10 meilleurs sculpteurs, de nos meilleurs compositeurs de musique, de nos 10 meilleurs artistes musiciens, autres que ceux qui jouent sur nos théâtres, de nos meilleurs architectes, ainsi que les noms des artistes dans d'autres genres dont les talents méritent de fixer l'attention publique.* » Par l'intermédiaire de son directeur général des musées, Dominique Vivant Denon, Napoléon va suivre de près le travail de ces artistes.

Le représentant le plus prestigieux de sa peinture officielle est David. On lui doit notamment *Bonaparte franchissant le Grand Saint-Bernard* et *Le Sacre de Napoléon Ier*. À la Restauration, ces peintures officielles et tant d'autres seront reléguées dans les réserves du Louvre. Louis-Philippe les en sortira afin de se concilier les bonapartistes en commémorant l'épopée napoléonienne comme un épisode glorieux de l'histoire de la France. *Le Sacre* est actuellement la toile du Louvre la plus regardée après *La Joconde* de Léonard de Vinci.

Dans le domaine architectural, Napoléon a aussi eu de grandes ambitions. Dès le début de son règne, l'Empereur souhaite un monument à la gloire des armées françaises ; il ordonne alors la construction de l'Arc de triomphe, qui débute en 1806. Lors du mariage avec Marie-Louise en 1810, comme les travaux avancent lentement, on dresse une maquette grandeur nature de l'arc faite de bois et de toile. À la chute de l'Empire, trois à quatre mètres de construction seulement dépassent du sol. Achevé en 1836, l'Arc pourra néanmoins entrer dans l'histoire lors du retour des cendres de l'Empereur.

Ironisant sur le fait qu'un « *bon philosophe est un mauvais citoyen* », Napoléon est persuadé qu'« *on ne peut rien faire d'un philosophe* ». Pourtant, les intellectuels n'ont pas toujours perçu Napoléon comme un tyran. Alors qu'il n'était encore que jeune général, Bonaparte a été vécu par les libéraux européens comme l'homme qui ferait triompher la Liberté après les déboires de la Révolution. Avant de devenir l'une de ses plus farouches adversaires, Germaine de Staël a même écrit : « Lorsque le général Bonaparte se fit connaître par les campagnes d'Italie, j'éprouvai pour lui l'enthousiasme le plus vif. » Cette première impression se confirma après avoir fait sa connaissance : « Chaque fois que je l'entendais parler, j'étais frappée par sa supériorité. » Elle fut tellement éprise qu'elle lui proposera même de lui faire un enfant. Elle reviendra de ses illusions après le 18 Brumaire. Dès lors, son salon deviendra un des centres d'opposition à celui qu'elle appellera désormais le « Robespierre à cheval ». Son dépit amoureux se retrouvera alors étroitement imbriqué avec ses critiques politiques : « Il ne hait pas plus qu'il n'aime, car il n'y a que lui pour lui [...] Sa force consiste dans un imperturbable égoïsme que ni la pitié, ni l'attrait, ni la religion, ni la morale ne peuvent détourner un instant de sa direction. C'est de lui qu'on peut dire qu'il est le grand célibataire du monde[42]. » Il faut dire que Napoléon l'humiliera plusieurs fois, notamment par cette pique cruelle : *« Ce n'est pas votre faute si vous êtes laide, mais c'est votre faute si vous êtes intrigante. »* En 1803, il la fait exiler en Suisse où elle forme le « groupe de Coppet » avec Benjamin Constant, Chateaubriand et Lord Byron. À l'ambassadeur Metternich qui sollicite son retour à Paris, l'Empereur répond : *« Si Madame de Staël voulait ou savait être royaliste ou républicaine, je n'aurais rien contre elle ; mais c'est une machine à mouvement qui remue les salons. Ce n'est qu'en France qu'une pareille femme est à craindre, et je n'en veux pas. »* Alors que Madame de Staël regagne Paris sous la Restauration, Napoléon, exilé à Sainte-Hélène, déclare à son sujet : *« Nous nous faisions la petite guerre et voilà tout. »*

Napoléon a subi les critiques des intellectuels, cette *« Angleterre intérieure »*, avec une relative sérénité : *« Quand on veut se mêler de gouverner, il faut savoir payer de sa personne, au besoin savoir se laisser assassiner. »* S'il trouve que *« les grands écrivains sont des radoteurs estimés »*, c'est sans doute pour la relation d'amour-haine qu'il entretient avec Chateaubriand. Pourtant, ce dernier doit son entrée en poli-tique à Bonaparte. Le *Génie du christianisme*, paru en 1802, attire en effet l'attention du Premier consul qui le nomme chargé d'affaires au Vatican. Il démissionnera le soir même de l'exécution du duc d'Enghien. En 1811, alors qu'il est élu à l'Académie française, Chateaubriand se verra refuser par Napoléon de lire son discours. Menacé de se faire emprisonner au château de

Vincennes, l'écrivain préfèrera l'exil à l'auto-censure. Après Waterloo, il deviendra ministre d'État de Louis XVIII.

Confronté à l'opposition politique des plus grands écrivains francophones de l'époque, l'Empereur s'est exclamé avec dépit : *« J'ai pour moi la petite littérature et contre moi la grande. »* Pour éviter les créations subversives, Napoléon préfère en effet les œuvres de style néoclassique, sans originalité, telles que celles interprétées par le célèbre acteur François Joseph Talma. La tragédie est d'ailleurs le genre littéraire le plus prisé par l'Empereur car il correspond à sa recherche éperdue de gloire : *« La tragédie échauffe l'âme, elle élève le cœur, elle peut, elle doit créer des héros ! »* On raconte même qu'un jour Talma a appris à Napoléon à marcher comme un empereur romain !

Son admiration pour les grands artistes rend parfois Napoléon indulgent pour ceux qui préfèrent ses adversaires. En entrant dans Vienne en 1805, il ordonne ainsi de faire protéger le domicile du compositeur Joseph Haydn, qui avait écrit une messe à la gloire de l'amiral Nelson après sa victoire sur la flotte française à Aboukir. Pourtant, Napoléon préfère de loin la musique militaire : *« Le tambour imite le bruit du canon ; c'est le meilleur de tous les instruments ; il ne détonne jamais. »* Cela n'empêche pas Beethoven de dédier originellement sa *Troisième Symphonie* à ce « héros de la liberté ». Lorsqu'il apprend que Napoléon s'est fait couronné en 1804, Beethoven arrache la page de couverture de cette symphonie en s'écriant : « N'est-il donc, lui aussi, rien de plus qu'un homme ordinaire ? Maintenant, il va, lui aussi, fouler aux pieds tous les droits de l'homme pour n'obéir qu'à ses ambitions. Il s'élèvera au-dessus de tous les autres et deviendra un tyran. » Une fois calmé, Beethoven rebaptise son œuvre « Symphonie héroïque, composée pour célébrer le souvenir d'un grand homme ». En 1821, lorsque Napoléon décède à Sainte-Hélène, Beethoven soupire : « Il y a dix-sept ans que j'ai écrit la musique qui convient à ce triste événement. »

Le plus bel hommage à l'utilisation des beaux-arts par Napoléon comme vecteur de son image vient sans doute de l'un de ses pires ennemis, le général Wellington. En effet, ce dernier rassembla dans sa résidence londonienne, Apsley

House, une collection exceptionnelle d'œuvres d'art relatives à Napoléon, et notamment la statue monumentale de Canova le représentant en Mars pacificateur. Si le général Bonaparte avait placé Canova sous la protection de son armée d'Italie dès 1797, ce n'est qu'en 1806 que ce célèbre sculpteur acheva cette commande datant de 1801. Arrivée à Paris en 1811, cette statue de Napoléon, inspirée des nus héroïques de l'Antiquité, provoqua l'embarras de l'Empereur vieillissant qui ne pouvait pas se reconnaître dans cet athlète de marbre. Après Waterloo, la statue fut reléguée dans les réserves du Louvre avant d'être vendue au gouvernement britannique pour 60 000 francs ; celui-ci l'offrit alors au vainqueur de Waterloo.

L'ÉCLATEMENT DE LA BULLE

À son apogée, l'empire napoléonien ressemble à une bulle spéculative reposant sur le postulat selon lequel l'empilement des structures ne peut que se solidifier en grossissant. Or, les acquisitions territoriales de Napoléon ne génèrent que peu de synergies et compliquent la gestion de l'ensemble de l'Empire. Lui-même est conscient que le gonflement artificiel risque d'exploser lors d'un retournement brutal : *« Du triomphe à la chute, il n'y a qu'un pas. »* Après 1811, le déclin va être rapide avec l'éveil des nations occupées, les défaites militaires et l'abandon du régime par les bourgeoisies. En fin de compte, le système a d'abord commencé par trébucher en Espagne pour s'effondrer ensuite à cause de l'hiver russe.

Après avoir écrasé les Autrichiens à Austerlitz en 1805, les Prussiens à Iéna en 1806 et les Russes à Friedland en 1807, Napoléon a conclu, à Tilsit, avec la Russie, un traité de paix dont un des principaux articles concerne la création du royaume de Westphalie au profit de son frère Jérôme. Entre l'hiver 1807 et l'été 1812 (invasion de la Russie), il va chercher à étendre son hégémonie sur l'Europe pour réussir le blocus continental de l'Angleterre. Sa plus grave erreur restera néanmoins l'invasion de l'Espagne, en 1808.

S'il saura, dans un premier temps, redresser la barre en écrasant les Autrichiens à Wagram, après que ceux-ci aient essayé de tirer parti de ses déboires espagnols, il verra la situation lui échapper complètement par la suite. En 1809 pourtant, il paraît avoir atteint ses objectifs : implanter en Europe les idées de 1789 mais aussi des structures politiques fondées sur des liens de vassalité. À son apogée, l'Empire comprend la France, la Belgique, la Hollande, une partie de l'Allemagne et de l'Italie. Le système napoléonien se met en place avec le Code civil comme fondement et la départementalisation comme modèle.

Napoléon est superstitieux : *« une puissance supérieure me pousse à un but que j'ignore ; tant qu'il ne sera pas atteint je serai invulnérable, inébranlable ; dès que je ne lui serai plus nécessaire, une mouche suffira pour me renverser. »* Le 12 octobre 1809, lors d'une parade militaire au château autrichien de Schönbrunn, il manque d'être assassiné par un jeune étudiant du nom de Frédéric Staps. Cette tentative isolée le trouble fortement. Il prend brusquement conscience non seulement de la fragilité de son système, mais aussi de la force de l'éveil national. Il est particulièrement gêné par le fait que Staps refuse sa grâce en ne montrant aucun regret. Pour éviter de donner une trop grande publicité à ce fait divers, l'Empereur ordonne qu'il soit fusillé pour acte d'espionnage et non pour tentative d'assassinat.

De retour à Paris, Napoléon est obsédé par l'idée que, faute d'héritier direct, son empire s'effondrera à sa mort. Ayant acquis la certitude, depuis la naissance d'un fils illégitime, d'être fertile, à la différence de sa femme Joséphine, il se décide à *« épouser un ventre »*. Pour sceller l'apaisement des relations avec les Autrichiens, il épouse donc, en 1810, Marie-Louise, l'aînée des enfants de l'empereur François. Après avoir été « César à 22 ans et Cromwell à 30 », il va alors devenir, selon Balzac, « un bon père et bon époux[43] ». Au début 1811, Napoléon ne travaille « plus que » douze heures par jour pour consacrer du temps à sa nouvelle épouse, sur le point d'accoucher de son premier fils légitime, le roi de Rome. À Sainte-Hélène, évoquant cette année 1811 où, pour la première fois depuis son arrivée au pouvoir, la France se retrouve en paix, Napoléon a déclaré : *« Ne m'était-il donc pas permis, à moi aussi, de me livrer à quelques instants de bonheur ? »*

Devenu *« trop gros »*, Napoléon reconnaît la diminution de ses forces : *« Au lieu d'un verre de limonade, c'est maintenant un verre de café dont je sens le besoin*[44]*. »* Ses facultés physiques, mais aussi intellectuelles, ne sont plus celles du général d'Italie, du Premier consul ou du jeune empereur, alors même qu'il a désormais l'arrogance d'un homme à qui tout a réussi depuis plus d'une décennie. La complexité et le nombre des dossiers à traiter, l'Empereur va devoir accepter de se reposer sur des hommes de confiance, en leur indiquant fermement le cap. En vieillissant, il va de moins en moins tolérer les réticences et les résistances, voire même la simple mise en doute de ses choix.

De moins en moins rusé et de plus en plus usé, Napoléon le Grand va dorénavant se laisser dominer par ses obsessions, comme celle de vaincre, coûte que coûte, l'Angleterre. Il reconnaîtra ce travers : *« Quand j'avais pris un préjugé, il me demeurait. C'était le malheur de ma place et de mes circonstances. J'étais bien sûr que je pouvais me tromper souvent, mais comment faire ? En est-il beaucoup qui aient fait mieux que moi ? »* Ces « idées dominantes », selon l'expression de Talleyrand, lui feront perdre beaucoup d'énergie à spéculer sur des prévisions aléatoires au lieu de se restreindre à évaluer la meilleure adéquation entre ses forces et faiblesses internes et les menaces et opportunités externes.

L'empereur des Français va progressivement oublier sa mission initiale, celle d'assurer une gestion de l'Empire qui permette à ses sujets et subordonnés d'y trouver leur compte. Il a dorénavant du mal à s'abstraire du quotidien pour se concentrer sur ce qu'il devrait faire de façon prioritaire : choisir les dirigeants et dessiner le périmètre de son empire. Or, c'est parce que ses équipes se sont usées et qu'il s'est révélé incapable d'établir un périmètre stable à son empire qu'il n'a pu pérenniser son œuvre.

LES ERREURS IRRÉPARABLES

Napoléon a souvent laissé penser qu'il contrôlait son avenir grâce à sa perspicacité : *« Mon grand talent, ce qui me distingue le plus, c'est de voir clair en tout ; c'est même mon genre d'éloquence que de voir sous toutes ses faces le fond de la question. »* Quelle que soit l'étendue de ses compétences personnelles, il a pourtant dû composer, négocier, ruser, parfois même modifier ses positions, en fonction *« de l'opinion et des circonstances »*. Pourtant, l'Empereur a commis plusieurs erreurs d'appréciation dans sa gestion des relations avec ses partenaires « de circonstance » et ses adversaires.

Les 5 forces concurrentes au système napoléonien
(inspiré de Michael Porter)

	Objectifs	**Exemples pour Napoléon**
Les « concurrents traditionnels »	Accroître ou maintenir leur position	La puissance territoriale de l'Autriche
Les « offreurs de produits de substitution »	Déstabiliser la puissance dominante	La flotte et la diplomatie britannique
Le « pouvoir de négociation des clients »	S'imposer dans les conflits d'intérêts	Non-respect des traités par le tsar Alexandre

Le « pouvoir de négociation des fournisseurs »	Tirer un profit maximal de sa valeur ajoutée	Les trahisons de ministres et de maréchaux
Les « nouveaux entrants »	Prendre position	Expansionnisme des États-Unis

Conscient qu'en *« politique, il y a des situations dont on ne peut sortir que par la faute »*, Napoléon va être victime de l'illusion du contrôle de son destin. Confronté à la conjonction des oppositions politico-militaires (montée des nationalismes et de la méfiance des bourgeoisies) et des contraintes économico-militaires (difficultés logistiques et problèmes de financement des dépenses militaires), il va commettre quatre erreurs qui vont entraîner sa chute.

Les 4 erreurs « irréparables » de Napoléon

Mauvaise estimation	**Erreurs de Napoléon**
Concurrence	Ne pas avoir compris que le blocus continental puis la guerre d'Espagne allaient renforcer la position de l'Angleterre au lieu de l'affaiblir.
Résistance	Avoir pensé que « l'affaire espagnole » était un problème militaire et non un problème politique et financier lié à une guerre d'occupation.
Alliance	Avoir cru pouvoir faire confiance au tsar la suite de Tilsitt et à l'empereur d'Autriche à cause du mariage avec sa fille.
Logistique	Ne pas avoir anticipé la lenteur de la progression de la chaîne logistique en Russie puis des difficultés liées à l'hiver russe.

L'hubris

S'étant couronné lui-même à 35 ans, Napoléon a reconnu trop tard le risque posé par le dévoiement d'un pouvoir exercé trop longtemps : *« À la longue, trop de pouvoir finit par dépraver le plus honnête homme. »* Dès 1810, Metternich préfère, lui, expliquer son sens de la démesure par la nature même de sa personnalité : « L'aspiration à la domination universelle est dans sa nature même ; elle peut être modifiée, contenue ; mais on ne parviendra jamais à l'étouffer. » Pour Hippolyte Taine, « aussi avide que jalouse, son ambition, qui s'indigne à la seule idée d'un rival, se sent gênée à la seule idée d'une limite ; si énorme que soit le pouvoir acquis, elle en voudrait une plus vaste ; au sortir du plus copieux festin, elle demeure inassouvie.[45] »

Lorsqu'à Sainte-Hélène Las Cases évoque les critiques de ceux qui l'accusent d'avoir « tout rattaché à sa personne », Napoléon répond : *« Le vulgaire n'a pas manqué d'accuser mon ambition de toutes ces guerres. Mais étaient-elles donc de mon choix ? N'étaient-elles pas toujours dans la force des choses, toujours dans cette lutte du passé et de l'avenir, dans cette coalition permanente de nos ennemis, qui nous plaçaient dans l'obligation d'abattre sous peine d'être abattus[46] ! »*

L'excès de pouvoir et le vertige du triomphe ont induit chez lui la tentation de la démesure, que Platon a expliquée par le biais d'un mythe. Le philosophe grec estime que l'âme de l'homme ressemble à un attelage tiré par un cheval blanc qui la dirige vers la mesure et la vérité, mais est tiraillé par un cheval noir aux yeux gris symbolisant les passions humaines, sources de démesure (*hubris*) et de vanité. L'absence de modération peut alors être l'expression d'une faiblesse de caractère. Son ego excessif a ainsi poussé l'Empereur au cynisme vis-à-vis de ses subordonnés. Selon Metternich, Napoléon « n'avait aucune considération pour les hommes que celle que peut avoir un chef d'atelier pour ses ouvriers. L'un de ceux auxquels il paraissait le plus attaché était Duroc. "Il m'aime comme un chien aime son maître". C'est la phrase dont il se servit en me parlant de lui. » Il se montre plus méprisant encore à l'égard des peuples : *« Mes peuples d'Italie me connaissent assez pour ne devoir point oublier que j'en sais plus dans mon petit doigt qu'ils n'en savent dans toutes leurs têtes réunies*[47]. »

Alors que l'Empereur considère que *« les hommes ne sont ni généralement bons, ni généralement mauvais, mais ils possèdent et exercent tout ce qu'il y a de bon et mauvais ici-bas »*, Metternich ne le contredit pas : « On a souvent agité la question si Napoléon était foncièrement bon ou méchant. Il m'a toujours paru que ces épithètes, telles qu'on les entend ordinairement, ne sont point applicables à un caractère comme le sien. Constamment occupé d'un seul objet, livré jour ou nuit au soin de tenir le gouvernail d'un empire qui, dans ses accroissements progressifs, a fini par embrasser les intérêts d'une grande partie de l'Europe, il ne reculait jamais devant la crainte des froissements qu'il pouvait causer, ni devant la somme immense de souffrances individuelles, inséparables de l'exécution de ses projets. Tel un char lancé écrase ce qu'il rencontre sur sa route, Napoléon ne songeait qu'à avancer. Il ne tenait aucun compte de ceux qui n'avaient pas su se mettre en garde ; il était tenté parfois de les accuser de stupidité. Impassible pour tout ce qui se trouvait hors de la direction de sa route, il ne s'en occupait ni en bien ni en mal. Il a pu compatir aux malheurs bourgeois ; il était indifférent aux malheurs politiques[48]. »

Persuadé qu'avec *« un allié sincère, la France serait maître du monde »*, il sous-évalue enfin la force de ses adversaires : *« Si jamais une armée entre en Angleterre, Londres ne peut pas résister une heure. »* Son obsession de la performance explique pourquoi ces prédictions ne sont plus des diagnostics réfléchis, mais des phénomènes d'autosuggestion qui lui permettent de prendre ses délires intellectuels pour des outils opérationnels. Plus angoissé par la médiocrité de l'inaction que par le risque d'échec, l'Empereur s'est efforcé de faire converger son ambition personnelle et les intérêts de la collectivité nationale : *« Il faut être plus grand, malgré nous. »* Cette volonté de puissance se caractérise d'abord par une certaine arrogance : *« La modestie est la vertu des faibles. »* Voire une véritable inconscience : *« L'impossible est le refuge des poltrons. »* Napoléon l'assume sans complexe en se moquant de ses détracteurs : *« Notre ridicule défaut national est de n'avoir de plus grand ennemi de nos succès et de notre gloire que nous-mêmes. »* Jamais rassasié, toujours à l'affût, il devient suffisant et imbu de lui-même au point de vouloir assumer le sort de l'humanité : *« Il faut sauver les peuples malgré eux. »* Tout au long de son règne, Napoléon a confirmé dans ses actes une déclaration qu'il a faite l'année de son sacre : *« L'ambition est la plus forte des passions. »* Le caricaturiste Henry Monnier ira même jusqu'à affirmer que « ce qui a perdu Napoléon, c'est l'ambition. S'il eût resté lieutenant d'artillerie, il serait encore sur le trône. »

Alors qu'il est conscient que *« la guerre est une loterie à laquelle les nations ne doivent risquer que de petites mises »*, Napoléon va passer outre ces conseils de prudence car *« ne pas oser, c'est ne rien faire qui vaille »*. Il n'a donc pas su écouter les nombreuses recommandations de prudence de ses conseillers. Alors qu'il se trouve en résidence surveillée dans son château de Ferrières, l'ancien ministre Fouché lui écrit, en janvier 1812, soit quelques mois avant l'invasion de la Russie, cette lettre prémonitoire : « Sire, vous êtes en possession de la plus belle monarchie de la terre ; voudrez-vous sans cesse en étendre les limites pour laisser à un bras moins fort que le vôtre un héritage de guerre interminable ? Les leçons de l'Histoire rejettent la pensée d'une monarchie universelle. Prenez garde que trop de confiance dans votre génie militaire ne vous fasse franchir les bornes de la nature et heurter tous les préceptes de la sagesse. Il est temps de vous arrêter. Vous avez atteint, Sire, ce point de votre carrière où tout ce que vous avez acquis devient plus désirable que tout ce que de nouveaux efforts pourraient vous faire acquérir encore. Toute nouvelle extension de votre domination, qui déjà passe toute mesure, est liée à un danger évident, non seulement pour la France, déjà peut-être accablée sous le poids de vos conquêtes, mais encore pour l'intérêt bien entendu de votre gloire et de votre sûreté. Tout ce que votre domination pourrait gagner en étendue elle le perdrait en solidité. Arrêtez-vous, il en est temps ; jouissez enfin d'une destinée qui est sans doute la plus brillante de toutes celles que, dans nos temps modernes, l'ordre de la civilisation ait permis à une imagination hardie de désirer et de posséder. »

Persuadé que l'on *« désire la paix comme si la paix voulait dire quelque chose ; ce sont les conditions qui font tout »*, l'Empereur décide, alors que la guerre d'Espagne est loin d'être achevée, d'envahir la Russie qui se refuse à honorer sa promesse d'appliquer le blocus. Il va, à nouveau, tout remettre en jeu en étant persuadé qu'il va encore réussir tout simplement parce qu'il n'a jamais échoué. Outre le fait que le tsar a dénoncé le blocus continental, Napoléon s'est d'ailleurs trouvé une autre raison d'agir : le péril russe. En 1812, il se considère désormais comme le défenseur de l'Europe civilisée : *« Grattez le Russe et vous trouverez le Tartare. »* Piégé par sa propre rhétorique, qui est le fruit d'un mélange de dédain et de messianisme, il se met aussi à rêver qu'une fois Moscou prise, il pourra lancer une expédition en Inde, à la source même de la richesse anglaise. Malgré les avertissements de ses conseillers, Napoléon n'envisage qu'une brève campagne, pensant que le tsar capitulera rapidement devant l'immensité des forces adverses et la menace d'un soulèvement des serfs : *« Les peuples barbares sont superstitieux et ont des idées simples. Un coup terrible porté au cœur de l'empire, sur Moscou la Grande, Moscou la Sainte, me livre en un moment cette masse aveugle et sans ressort. »* Il n'en sera rien.

Comme l'illustre le tableau ci-contre, si Napoléon a atteint, sans conteste, le niveau 4 des managers, il a manqué d'humilité pour atteindre l'ultime stade.

Hiérarchie à 5 niveaux des managers
(inspiré de Jim Collins)

	Type de manager	**Définition**
Niveau 1	Individu utile	Forte productivité grâce à ses talents et compétences
Niveau 2	Membre méritant d'une équipe	Contribution à la réalisation des objectifs de l'équipe
Niveau 3	Manager compétent	Gestion optimale des ressources humaines et économiques
Niveau 4	Leader efficace	Elaboration d'une vision réaliste et ambitieuse pour le groupe
Niveau 5	Executive	Combinaison paradoxale de l'humilité personnelle et de la volonté professionnelle

Pour échapper à cet excès dont beaucoup d'autres dirigeants ont été victimes, il aurait fallu que Napoléon s'astreigne à un *self-control* que son tempérament et sa destinée empêchaient. Si ce sens de la maîtrise de soi est rare, le général russe Koutousov l'a pourtant illustré dans une lettre écrite à sa femme, en apprenant la décision de Napoléon de quitter Moscou pour commencer sa retraite : « Je pourrais être rempli d'orgueil, car je suis le premier devant lequel Napoléon s'est enfui, mais Dieu punit les présomptueux. » Pour Napoléon, *« ce qui caractérise la démence, c'est la disproportion entre les vues et les moyens »*, et il semble bien en avoir été victime lors de son trajet de retour à Paris après la Bérézina, en 1812. Malgré la destruction de la Grande Armée, l'Empereur explique à son confident, Caulaincourt, que non seulement il va rétablir la situation mais aussi qu'il va achever la réorganisation du continent européen dont il fera un vaste empire confédéré et prospère car gouverné par la Raison et donc par lui. Il oublie que si cette ambition est respectable, elle n'est plus d'actualité ni pour ses subordonnés ni pour ses adversaires. En effet, si le dominant est maître de l'instant, c'est la masse des dominés qui a la maîtrise du temps car il joue pour elle. L'Empereur le sait sans doute mais il ne peut le reconnaître.

La solitude et le stress amènent souvent les entrepreneurs à développer certains comportements psychopathologiques de nature à mettre en péril leur avenir. À force de manipuler et de feindre, Napoléon a été victime de l'alexithymie, un trouble psychiatrique qui se traduit par l'incapacité d'évaluer et de verbaliser ses émotions. Les individus qui en sont atteints finissent par avoir une fausse image d'eux-mêmes, en l'occurrence, pour Napoléon, celle d'un demi-dieu invincible et insensible. Facteur aggravant, il a souffert d'épilepsie, tout comme Jules César et Alexandre le Grand. Or, l'épilepsie épisodique expliquerait certaines défaillances de jugement où l'instinct de survie semble disparaître malgré une intelligence supérieure.

Typologie des angoisses subies par Napoléon

Type d'angoisse	Caractéristiques	Exemples
Par l'enjeu	Face à un défi personnel important, une décision lourde	Exécution du duc d'Enghien.
Par la crise	Face aux guerres, aux terrorismes	La Bérézina, la campagne de France
Par des pressions	Face au surmenage, aux trahisons	Trahisons de Bernadotte et de Murat en 1813-1814

Chez Napoléon, ces crises ne sont que passagères, mais elles sont révélatrices de sa fragilité physique et psychologique par rapport au stress qu'il subit quotidiennement dans la gestion de son Empire. Les angoisses de l'Empereur sont d'autant plus graves qu'elles sont de sources diverses. Il sait, par exemple, que ses décisions engagent l'avenir de son entreprise et de ses collaborateurs. Il a aussi une conscience aiguë de ce que, sollicité à tous les niveaux, il n'a pas le temps de prendre le recul indispensable pour réfléchir et peser les différents aspects des problèmes qui lui sont soumis.

La fuite en avant

Tout au long de son règne, Napoléon a été victime d'un profond désarroi qu'il n'avouera qu'à Sainte-Hélène : *« Je n'étais point maître de mes actes parce que je n'avais pas la folie de vouloir tordre les événements à mon système, mais au contraire je pliais mon système sur la contexture imprévue des événements, ce qui m'a donné souvent des apparences de mobilité et d'inconséquence. »*

Si la France est en guerre quasi sans interruption depuis 1789, c'est rarement de son propre fait puisqu'elle a affronté plusieurs coalitions européennes depuis le déclenchement de la Révolution. À Joséphine qui l'interpelle : « Tu ne cesseras donc pas de faire la guerre », Napoléon répond : *« Est-ce que tu crois que cela m'amuse ? Va, je sais faire autre chose que la guerre, mais je me dois à la nécessité et ce n'est pas moi qui dispose des événements : j'y obéis. »* Jusqu'à l'invasion de l'Espagne en 1808, il est vrai que Napoléon restera en situation de légitime défense, à l'exception de son expédition en Égypte. Considéré comme un avatar de la Révolution, Napoléon a de bonnes raisons de se méfier des intentions des monarchies : *« L'Europe n'a jamais cessé de combattre la France à cause de ses principes. »* Il attaque donc les princes européens pour se défendre ou pour prévenir un risque d'invasion : *« Ils se sont tous donné rendez-vous sur ma tombe. »* Persuadé d'être la victime plus que le bourreau, Napoléon s'exaspère quand on lui fait remarquer la relative quiétude de la république mise en place par George Washington : *« L'exemple des États-Unis est absurde ; si les États-Unis étaient au centre de l'Europe, ils ne résisteraient pas deux ans à la pression des monarchies*[49]*. »*

Napoléon est en fait pris dans un engrenage où il va s'efforcer de conserver des conquêtes faites au hasard des expéditions : *« Je n'ai jamais fait de conquêtes qu'en me défendant. »* Persuadé que *« la guerre est un état naturel »* parce que l'on *« n'a rien fondé que par le sabre »*, il croit que *« la conquête m'a fait ce que je suis, la conquête seule peut me maintenir »*. En fait, plus que de la volonté d'un homme, son *« système continental »* de domination est le fruit des circonstances. Ce n'est pas lui, par exemple, qui a annexé la Belgique et satellisé la Hollande, mais la Convention, en 1795. Or, une partie des guerres napoléoniennes est la conséquence directe de son refus catégorique de revenir sur certains « acquis ». En mars 1803, soit deux mois avant la rupture de la paix d'Amiens, le Premier consul déclare ainsi à l'ambassadeur anglais : *« La France ne peut reculer là-dessus sans reculer sur tout le reste. Ce serait contraire à l'honneur. Si l'on cédait sur ce point, ils demanderaient Dunkerque. »* Cette position est irréconciliable avec celle du Premier ministre anglais William Pitt qui, dès le 29 décembre 1796, a annoncé au Parlement : « Jamais l'Angleterre ne consentira à la réunion de la Belgique à la France. Nous ferons la guerre tant que la France ne sera pas rentrée dans ses limites de 1789. » Pitt a tenu parole et ses successeurs après lui.

Dans ses conquêtes, Napoléon s'est souvent montré magnanime, par inclination autant que par tactique. Il a ainsi épargné plusieurs fois l'empereur d'Autriche, *« ce squelette de François II »*, après ses victoires de Rivoli, de Marengo, d'Austerlitz et de Wagram, en lui proposant la paix après chaque bataille décisive. Dès sa première campagne d'Italie, Bonaparte a écrit, immédiatement après l'avoir battu, à l'archiduc Charles d'Autriche : *« Avons-nous tué assez de monde et commis assez de maux à la triste humanité ? Quant à moi, si l'ouverture que j'ai l'honneur de vous faire peut sauver la vie d'un seul homme, je m'estimerai plus fier que de la triste gloire qui peut revenir des succès militaires. »*

Conscient que la *« guerre est un jeu sérieux dans lequel on peut compromettre sa réputation et son pays »*, Napoléon a fait de nombreuses propositions de paix qui ont été refusées par les monarchies européennes ; celles-ci n'ont jamais accepté la stabilisation de son régime, issu de la Révolution française. Ainsi, le 25 décembre 1799, le jour même de son entrée en fonction comme Premier consul, il écrit au roi d'Angleterre et à l'empereur d'Autriche en les priant de *« ne pas se refuser le bonheur de donner la paix au monde »*. Alors que l'Angleterre montre un silence méprisant, l'armée autrichienne réagit en franchissant la frontière française. Sa victoire à Marengo permet à Napoléon d'exiger de l'Autriche la paix de Lunéville et de négocier celle d'Amiens, après le renversement du Premier ministre anglais Pitt.

La paix d'Amiens sera brisée en mai 1803 par la Russie et la Grande-Bretagne, prenant prétexte d'une mauvaise exécution d'un accord sur l'île de Malte. Persuadé que *« l'Angleterre veut la guerre, mais si les Anglais sont les premiers à tirer l'épée, je serai le dernier à la remettre dans le fourreau »*, Napoléon se voit donc contraint de reprendre l'offensive. Après sa triomphale campagne d'Autriche, qui s'achève à Austerlitz, il propose sans succès la paix au tsar, dont il vient d'écraser l'armée : *« Mon cœur saigne ! Puisse tant de sang versé, puissent tant de malheurs retomber enfin sur les perfides Anglais qui en sont la cause. »*

De même, c'est la Prusse qui déclenche la guerre de 1806 en mettant en place une quatrième coalition. Le 12 septembre, Napoléon écrit au roi de Prusse : *« Cette guerre serait une guerre sacrilège. »* Et l'armée française anéantit l'armée prussienne lors des victoires simultanées d'Iéna et d'Auerstaedt : *« Les guerres inévitables sont toujours justes. »*

Persuadé comme Clausewitz que « la guerre n'est que la continuation de la politique par d'autres moyens », Napoléon va, à partir de la signature en 1806 du décret de Berlin imposant le blocus continental, se jeter dans une fuite en avant incontrôlée. En effet, pour que son blocus soit efficace, il lui faut contrôler tous les rivages par où les marchandises britanniques peuvent débarquer. Cet élément explique ses interventions en Italie, en Baltique et en Espagne.

En 1808, il va abandonner la notion de légitime défense pour se lancer dans une guerre préventive, ou plutôt unilatérale, en Espagne : *« Personne n'a vu dans ma guerre d'Espagne la possession de la Méditerranée.»* Désireux de s'engager dans un processus à haut risque d'administration coloniale, Napoléon a d'ailleurs commencé par briser l'unité de son propre camp en démontrant la vanité de ses ambitions et la cruauté de ses répressions sanglantes. Non seulement *« cette malheureuse guerre d'Espagne »* va mettre à mal le dogme de l'invincibilité de sa Grande Armée, mais elle a aussi *« ouvert une école aux soldats anglais »* qui ont appris à combattre avec succès les Français. Malgré le fait que ce revers affaiblit et décrédibilise sa machine de guerre, l'Empereur en conclut qu'il faut persévérer dans son bellicisme à outrance. À ses yeux, le mode de fonctionnement de son Empire exige le mouvement permanent. Il va donc continuer à élargir les limites et le bien-fondé de la guerre préventive, en s'arrogeant le droit d'intervenir partout.

Persuadé qu'il *« faut être ferme, avoir le cœur ferme, sinon il ne faut pas se mêler ni de guerre ni de gouvernement »*, Napoléon reconnaît qu'aux *« yeux des fondateurs d'empire, les hommes ne sont pas des hommes, mais des instruments »* car *« l'autorité ne voit point les personnes ; il ne voit que les choses, leur poids et leur conséquence ».* Nietzsche considère que Napoléon, comme tous les grands artistes politiques, a été « prodigue », voire « dangereux », car il a agi « quel que soit le coût humain[50] », admettant néanmoins qu'il ne l'a pas fait par cruauté mais par nécessité. L'Empereur a d'ailleurs déclaré, la veille d'Austerlitz : *« Voilà la plus belle soirée de ma vie, mais je regrette de penser que je perdrai demain bon nombre de ces braves gens. Je sens, au mal que cela me fait, qu'ils sont véritablement mes enfants ; et, en vérité, je me reproche quelques fois ce sentiment car je crains qu'il ne finisse par me rendre inhabile à faire la guerre. »*

Si ce sont les révolutionnaires, et non Napoléon, qui ont ordonné les premières levées en masse pour sauver « la Patrie en danger », l'Empereur les a portées à une nouvelle dimension en créant sa « Grande Armée de vingt nations ». Les guerres de l'Empire auraient engendré entre 1 et 2,5 millions de morts en dix ans. À titre de comparaison, la guerre de Trente ans (1618-1648) avait provoqué près de 10 millions de morts. De plus, la France de Napoléon Ier n'a mobilisé, entre 1800 et 1814, que 7 % de la population adulte masculine contre 20 % pendant la Première Guerre mondiale. Cela explique en partie pourquoi la France de 1815 a une population supérieure à celle de 1789.

Bilan approximatif des soldats français morts au combat

Bataille	**Date**	**Soldats français tués**
Rivoli	1797	1 100
Austerlitz	1805	1 300
Eylau	1807	moins de 3 000
Essling et Wagram	1809	10 000
Moskowa	1812	10 000
Leipzig	1813	20 000
Waterloo	1815	6 500

Attention à ces chiffres. Le nombre relativement faible de soldats français morts sur les champs de bataille (2 % de tués à Austerlitz) est a compléter par le terrible taux de mortalité dans les hôpitaux ou tout simplement lors des déplacements des troupes. À ce titre, la campagne de Pologne de l'hiver 1806 préfigure, au niveau logistique, la désastreuse retraite de Russie. Le capitaine Pion des Loches raconte le désarroi des grognards : « Malgré nos guides, le corps d'armée fut bientôt dispersé et égaré ; nous étions dans la boue jusqu'aux oreilles ; plusieurs soldats y périrent, d'autres qui ne pouvaient en sortir se brûlèrent la cervelle. L'artillerie s'embourba tout à fait ; les soldats du train passèrent la nuit sur des chevaux enfoncés jusqu'au ventre, les canonniers sur les voitures. Le temps était obscur, on ne savait pas où on était, on entendait de toutes parts que cris et gémissements, quelle nuit affreuse ! »

Bilan approximatif des soldats morts, blessés ou prisonniers

	Date	Camp français	Camp allié
Siège de Toulon	1793	2 000	4 000
Rivoli	1797	2 200	12 000
Pyramides	1798	340	21 000
Marengo	1800	6 600	9 400
Austerlitz	1805	7 500	35 000
Iéna	1806	5 700	35 000
Eylau	1807	14 000	23 000
Wagram	1809	30 000	41 700
La Moskowa	1812	27 600	44 000
Leipzig	1813	30 000	51 000
Waterloo	1815	35 000	29 000

C'est parce qu'il est conscient qu'il *« n'y a plus d'ennemis après la victoire, mais seulement des hommes »*, que Napoléon écrit à Joséphine, à trois heures du matin, sur le champ de bataille d'Eylau, en 1807 : *« Mon amie, il y a eu hier une grande bataille ; la victoire m'est restée, mais j'ai perdu bien du monde ; la perte de l'ennemi qui est plus considérable encore, ne me console pas. »* Soucieux que cette *« boucherie d'Eylau »* ne décourage pas les Français, il ordonne d'imprimer à Berlin et à Paris une *Relation de la bataille d'Eylau par un témoin oculaire, traduite de l'allemand* qu'il va dicter au général Bertrand en concluant par ce commentaire : *« C'est de cette manière que parlera l'Histoire*[51]. *»*

À partir de 1809, les batailles deviennent plus meurtrières car Napoléon utilise davantage l'artillerie concentrée dans de grandes batteries. Près de 100 000 boulets sont ainsi tirés à Wagram. Par ailleurs, les Français commencent à négliger la préparation de l'attaque par les tirailleurs, alors même que leurs adversaires s'initient aux pratiques nouvelles, augmentant la puissance de feu de leurs formations. Napoléon sait qu'il *« y a des cas où dépenser des hommes est une économie de sang »*, mais il est furieux quand une exécution maladroite de ses ordres est la cause de combats inutiles. Ainsi, le général de Marbot écrit en mai 1809 : « Masséna attaqua pour passer une rivière déjà passée ; il réussit, mais il eut plus de 1 000 soldats tués et 2 000 blessés ! L'Empereur blâma ce déplorable abus du sang des hommes. » Quelques jours après cette mésaventure, le maréchal Lannes va mourir à 40 ans des suites d'une blessure reçue lors de la bataille d'Essling. L'Empereur écrit peu après à Joséphine : *« La perte du duc de Montebello, qui est mort ce matin, m'a fort affligé. Ainsi tout finit ! »* Pourtant, Lannes, revenu dégoûté de la guerre d'Espagne, ne souhaitait plus participer aux guerres de Napoléon. C'est sur l'insistance de l'Empereur que le « Roland de l'armée », blessé sept fois, avait accepté de diriger un corps d'armée pendant la campagne de 1809. Usé, mais lucide, il s'exclama à la veille de sa blessure mortelle : « Je crains la guerre, le premier bruit de guerre me fait frissonner [...] On étourdit les hommes pour mieux les mener à la mort ». Napoléon fera célébrer des funérailles nationales auxquelles assisteront 100 000 personnes.

Une croissance mal maîtrisée

Si l'art d'entreprendre réside dans la capacité à identifier et à tirer profit d'opportunités avec des moyens limités, Napoléon a alors été un grand entrepreneur. Il sait qu'avec *« de l'audace, on peut tout entreprendre, on ne peut pas tout faire »*. Pour que les mécanismes qui mènent de la parole du chef à l'action fonctionnent, il faut en effet non seulement une vision, mais surtout des ressources humaines et financières.

Napoléon a expliqué ses déboires par le fait que *« la faute est dans les moyens bien plus que dans les principes »*. S'il est vrai que ses erreurs de planification des ressources nécessaires ont souvent été lourdes de conséquences, elles ne se sont pas toutes révélées catastrophiques. Toutes ses campagnes, même les plus triomphales, ont souffert de l'absence de financement préalable. Le manque d'argent l'a souvent contraint à retarder le paiement des soldes, à négliger l'habillement, les vivres et les moyens de transport. Bien que l'Empereur ait déclaré en 1811 que *« le négociant ne doit pas gagner la fortune comme on gagne une bataille ; il doit gagner peu et constamment »*, il n'a jamais pu se passer des fournisseurs, qui, tel le financier Ouvrard, ont fait des profits considérables.

En règle générale, sous l'Empire, rien n'est prêt à l'arrière pour une campagne de longue durée. Aussi Napoléon se doit d'imposer une victoire fulgurante et immédiate. Par exemple, en 1805, après la rupture de la paix d'Amiens et à la veille de la constitution d'une quatrième coalition européenne, Napoléon choisit de passer à l'offensive pour conjurer l'inéluctable, malgré des moyens financiers restreints. Alors qu'il entraîne depuis plusieurs mois sa Grande Armée à Boulogne dans le but d'envahir l'Angleterre, il écrit à son ministre du Trésor public : *« Mais ce qui m'importe beaucoup, c'est que ces 4 millions, pour les capotes, remontes, charrois, pour les attelages, soient payés le 20 de ce mois, car le moindre retard contrarierait toutes les opérations. Il faut se procurer 7 ou 8 millions à la trésorerie pour des dépenses urgentes. Je ne veux point me mettre en campagne sans avoir les moyens de maintenir la discipline, et je ne le peux, si le soldat n'est pas payé. »* Pendant ce temps, à Paris, la panique, face au risque de banqueroute de l'État est à son comble au point que la police doit intervenir devant les guichets de la Banque de France. On colporte même le bruit selon lequel l'Empereur a emporté à Boulogne ce qui reste de l'encaisse de la banque dont l'un des régents vient de faire faillite. Comme *« à la guerre, c'est des souliers qu'on manque toujours* », Napoléon va réussir à faire acheminer sur le front plus de 300 000 paires de chaussures. Heureusement, les victoires d'Ulm puis d'Austerlitz dissiperont ces inquiétudes logistico-financères.

Pour combler les difficultés de financement de ses expéditions, Napoléon impose aux vaincus des indemnités de guerre, des impôts, voire des pillages. Berthier écrit ainsi sous la dictée de Napoléon : « *Dans la guerre d'invasion que fait l'Empereur, il n'y a pas de magasins. C'est aux généraux à se pourvoir des moyens de subsistance dans les pays qu'ils parcourent.* » Si un passage de l'armée française est souvent vécu comme une calamité par les populations locales, Napoléon est conscient que le « *pillage anéantit tout, même l'armée qui l'exerce* ». Il ordonne donc à ses officiers d'« *épargner le pays* » car c'est en le ruinant qu'« *on se prive de ressources* ». En 1800, Bonaparte exige néanmoins de lourds tributs au Piémont, aux États romains et à Parme. Dès 1802, il décide par ailleurs de taxer les boissons, les tabacs, les produits coloniaux et même les cartes à jouer. En 1805, c'est l'Autriche qui est imposée pour 75 millions puis, en 1809, pour 64 millions. Pour punir la Prusse et ses alliés, l'Empereur les contraint à verser, en 1807, entre 400 et 500 millions de francs. Ces montants sont considérables, mais restent inférieurs à l'indemnité de guerre de 700 millions de francs que les Alliés imposeront à la France après Waterloo.

On estime à environ 2 millions le nombre de soldats que l'administration napoléonienne a dû équiper, nourrir et récompenser. Si entre 1800 et 1805, Napoléon a réussi à équilibrer le budget du pays en maintenant les dépenses aux alentours de 700 millions de francs, la campagne de 1805 marque une rupture dans l'histoire des finances napoléoniennes. Pour le seul exercice 1805-1806, le budget de l'armée de terre s'élève à 390 millions de francs, tandis que celui de la marine se situe autour de 100 millions. Au total, les dépenses militaires représentent cette année-là près de 55 % des dépenses de l'Empire. Prenant acte de la modification profonde des données de son problème financier, Napoléon va instituer, dans son exposé de la situation de l'Empire du 5 mars 1806, que les dépenses en temps de guerre tourneront désormais autour de 800 millions. Ce montant sera maintenu tant bien que mal jusqu'en 1810. Les guerres en Espagne puis en Russie provoqueront ensuite une inflation des dépenses.

Historique des dépenses du gouvernement français
(en millions de francs courants)

Années	Dépenses totales
an XIII (1804-1805)	684
an XIV (1805-1806)	899
1811	1000
1813	1150

Lors de la campagne de 1807, l'Empereur rencontre de graves problèmes de financement car sa Grande Armée est surdéployée. Il écrit de Varsovie à son ministre de la Guerre : *« J'attends votre rapport sur la situation de mes finances. J'espère que vous prendrez tous les moyens pour me faire arriver ici de l'argent le plus rapidement possible. J'ai besoin tout de suite d'au moins une douzaine de millions. Mon armée, dans ses quartiers d'hiver, a besoin de se refaire. Pour cela, il faut de l'argent. J'ai besoin aussi que les souliers et les capotes qui se trouvent dans les différents magasins de votre gouvernement soient expédiés sur Varsovie. Ne laissez venir à l'armée aucun homme à cheval et à pied qu'il ne soit bien équipé. »* Trois mois plus tard, Napoléon écrit au général Dejean : *« Une bataille comme celle d'Austerlitz* [deux ans auparavant] *coûte au moins 12 000 fusils ; de grandes marches en coûtent aussi. Jugez combien, depuis 2 ans, on en a perdu. Ce n'est pas exagérer que d'en porter le nombre à 60 000. Sans ceux de Vienne et les fusils saxons, la France aurait dû me fournir bien davantage. »*

Même s'il considère que *« l'emprunt est la perte des nations agricoles et la vie des nations manufacturières »*, Napoléon a parfois recours à ce mode de financement. Il écrit, le 18 juin 1806, à son frère Joseph : *« Mon Frère, je vous ai fait connaître la difficulté que j'aurais de vous procurer l'argent que vous m'avez demandé ; mais envoyez vos pouvoirs à quelqu'un pour ouvrir un emprunt soit à Paris, soit en Hollande. Les Hollandais ont beaucoup de capitaux. Je garantirai volontiers l'emprunt que vous ferez comme roi de Naples. Je ne doute pas que, moyennant cela, vous ne trouviez tout l'argent que vous voudrez. »*

L'Empereur exige aussi que ses administrations accroissent leur autonomie financière, soit en réduisant leurs dépenses, soit en accroissant leurs ressources ; preuve en est cette note du 13 juillet 1805 : *« Les douanes doivent être organisées de manière qu'elles produisent, avec les autres revenus, tout ce qui est nécessaire pour équivaloir aux dépenses des colonies. Les garnisons qu'on leur donne pour les défendre doivent être payées par elles. »*

Dans l'esprit de Napoléon, le financement de la guerre est intimement lié à la guerre financière, comme le montre la fabrication en masse de fausse monnaie autrichienne lors de la campagne de 1809. Suite à la victoire de Wagram, qui lui a permis d'imposer la paix, Napoléon révèle à Metternich que l'économie autrichienne a échappé à la diffusion imminente de près de 300 millions de faux florins ! Si la majorité des billets a été détruite, quelques coupures ont été égarées puisque la Banque d'Autriche a dénoncé, à plusieurs reprises, des Français qui tentaient d'écouler des faux billets. Quant à la fabrication de fausses livres sterling, le ministre Savary a personnellement veillé à ce que les plaques en taille-douce soient suffisamment solides pour qu'on puisse les utiliser à travers l'Europe pendant plusieurs années.

Persuadé que l'Angleterre sera *« toujours jalouse de notre prospérité, toujours contraire à nos vœux, toujours ennemie de la paix »*, Napoléon déclare dès 1800 : *« L'Angleterre respire encore la guerre et l'humiliation de la France. Les autres puissances, pour se déterminer, attendent quelle sera notre attitude et quelles seront nos ressources. »* À ce sujet,

Montalivet rapporte en 1810 une plaisanterie de Napoléon : *« On croit souvent que je suis animé de quelque haine profonde contre les Anglais, que j'ai des ressentiments personnels, que je suis violemment passionné. De passion, je n'en ai aucune, je vous assure, que de les voir mes sujets. »* Un ministre lui réplique alors : « Mais, Sire, c'est là une passion pour eux et non contre eux[52]. » Napoléon donne ici raison à Clausewitz pour qui « la guerre n'est rien d'autre qu'un duel à vaste échelle [dont] le but est de soumettre l'adversaire à notre volonté ».

La défaite de Trafalgar de 1805 ayant interdit tout projet de débarquement sur le sol anglais, l'Empereur décide de frapper les exportations anglaises pour contraindre l'Angleterre à capituler. Comme le montrent les hypothèses comportementales de la théorie de l'opportunisme ex-post de l'économiste Oliver Williamson, Napoléon agit ainsi de façon rationnelle. En effet, confronté au blocus des ports français par la marine britannique, Napoléon instaure, par mesure de rétorsion, un blocus continental pour lutter contre le « hold-up » britannique sur des denrées essentielles telles que le sucre de canne. Le partenaire commercial « victime » du fait accompli (la France) va donc logiquement chercher à produire par lui-même les biens que le partenaire fournissait précédemment, notamment le sucre par le biais de la betterave.

Ce n'est pas un hasard si le décret déclarant les îles Britanniques en état de blocus est signé à Berlin, le 21 novembre 1806, soit au lendemain de la destruction de l'armée prussienne à Iéna. En effet, l'Empire contrôle désormais toutes les côtes de la mer du Nord. De même, le président américain Jefferson a déclaré la neutralité des États-Unis dans la guerre franco-anglaise. La réconciliation de Napoléon avec le tsar, à Tilsit, en 1807, va par ailleurs permettre au blocus de donner des premiers résultats. Confronté à celui-ci, le commerce britannique, qui diminue considérablement dans la Baltique, est en net recul en Méditerranée et presque nul en mer du Nord. Durant les six premiers mois de 1808, les exportations anglaises diminuent en moyenne de 60 %. La crise touche durement l'industrie cotonnière. Le chômage se développant, des troubles éclatent mais, faute de leaders charismatiques, les ouvriers finissent par rentrer dans le rang. Les finances britanniques étant déjà très dégradées par le coût de financement des coalitions contre la France, l'Angleterre semble sur le point de capituler.

Paradoxalement, la conquête de l'Espagne par Bonaparte va sauver l'Angleterre du désastre économique en faisant basculer les colonies latino-américaines dans le camp anglais. Mais ce qui finit par compromettre la domination napoléonienne est le sentiment d'abord confus, puis de plus en plus précis, que le système continental favorise l'industrie française au détriment des pays vassaux ou alliés. Déjà, dans son discours sur l'État de l'Empire de 1806, Napoléon affirme : *« Vous verrez dans la loi sur les douanes le soin qu'on a mis à protéger notre commerce, nos manufactures, et à mettre, autant qu'il dépend de nous, des bornes à la prospérité des manufactures de nos ennemis. »* Quand, à Sainte-Hélène, Napoléon parlera d'unification de l'Europe, il pensera en fait à l'unification du droit, des monnaies et des poids et mesures, mais pas à l'union douanière. Si l'axe géographique principal de l'Empire est désormais le Rhin, soumis à l'influence française, de sa source à son embouchure, les autres marchés ne sont pas négligés. Ainsi, dès 1802, le Premier consul a écrit : *« Je désire que le commerce de Marseille ne néglige point une source de prospérité : les bouches du Pô lui sont ouvertes ; les bâtiments peuvent remonter jusqu'à Ferrare, pénétrer au sein de la 27e division militaire, et, de là, fournir des savons et des autres produits de l'industrie de Marseille à la Suisse et une partie de l'Allemagne. »* Ce beau plan d'expansion commercial a trouvé ses limites avec la contrebande. Celle-ci va pousser l'administration française à assurer elle-même la fermeture des frontières douanières car, bien qu'elle-même soit corrompue, elle ne croit pas les administrations locales dignes de confiance.

Le blocus continental a servi de prétexte à une série d'annexions, de remaniements territoriaux et dynastiques qui ont fait passer plus de la moitié de l'Europe sous la domination directe de Napoléon. Pourtant, en 1810, la situation économique de l'Empire se dégrade brusquement, conséquence du blocus qui se retourne contre son auteur, dans la mesure où la contrebande fait le jeu des Anglais, qui s'emparent par ailleurs des colonies françaises. L'augmentation du prix du pain provoque quelques émeutes vite réprimées en province. La question du blocus a aussi contribué à la rupture franco-russe. Constatant ses effets pernicieux sur son économie, Alexandre Ier rompt officiellement, dès décembre 1810, les engagements qu'il a pris à Tilsit. Pour Napoléon, c'est un *casus belli*. Au mois de décembre 1812, après le désastre de la retraite de Russie, Napoléon se confiera à Caulaincourt : « *C'est de fait pour les plus chers intérêts de l'Europe que je combats maintenant et que j'exige tant de sacrifices de la France. J'ai la prévoyance d'un sage politique, tandis que les autres souverains n'ont que l'aveuglement de la peur. Ils semblent ne craindre que la puissance de la France, tandis que cette France peut seule défendre les libertés commerciales de l'Europe... En me secondant franchement, on serait moins froissé, et l'on arriverait plus tôt au but.* » Par son entêtement, l'Empereur n'a en fait réussi qu'à unir l'Europe contre lui.

Une mauvaise gestion des risques

« *Dans tout ce qu'on entreprend, il faut donner les deux tiers à la raison, et l'autre tiers au hasard. Augmentez la première fraction, et vous serez pusillanime. Augmentez la seconde, vous serez téméraire.* » Malgré cette déclaration, Napoléon a non seulement laissé une part trop importante au hasard, mais il a aussi mal raisonné. En effet, il existe différentes stratégies de gestion d'un risque donné : l'accepter ; le céder en tout ou partie à un tiers ; l'éliminer en adoptant une stratégie de sortie ; le contrôler en prévoyant des dispositifs de protection dans le processus opérationnel ou bien s'assurer que son équipe est apte à le gérer. Dans le double cas de l'Espagne et de la Russie, Napoléon n'a choisi aucune de ces options, leur préférant une fuite en avant. Selon Chateaubriand, « à Sainte-Hélène, Napoléon a condamné lui-même avec sévérité sa conduite politique sur deux points : la guerre d'Espagne et la guerre de Russie ». Il est vrai que ces deux échecs, qui ont scellé son destin, ont été la scène d'erreurs manifestes de management.

En ce qui concerne l'Espagne, Napoléon confia à Caulaincourt en 1812 : *« Les affaires d'Espagne n'avaient tenu qu'à un enchaînement de circonstances que l'on ne pouvait prévoir*[53]. » À Sainte-Hélène, Napoléon fera enfin son *mea culpa* : *« La plus grande faute que j'ai faite est l'expédition d'Espagne. [...] J'avais là dessus des idées erronées, je croyais les Bourbons plus puissants qu'ils n'étaient*[54]. » C'est une erreur classique des pays dominants de ne prendre en compte que la force de leurs semblables (les dirigeants ennemis) et d'oublier la formidable force de nuisance des peuples luttant contre une occupation. Napoléon s'était, à tort, vu comme le *« libérateur de l'Espagne »* : *« Quand j'apporterai sur ma bannière les mots liberté, affranchissement de la superstition, destruction de la noblesse, je serai reçu comme je le fus en Italie et toutes les classes vraiment nationales seront avec moi*[55]. »

Si *« l'art d'être tantôt très audacieux et tantôt très prudent est l'art de réussir »*, Napoléon a parfois une politique de gestion des risques défaillante. À défaut d'une croissance organique, l'Empire a en effet multiplié les opération de croissance externe à l'international. Même l'entourage de Napoléon a longtemps été fasciné par cette mécanique de création de valeur qui justifiait de redoutables prises de risques.

Après avoir identifié les risques, il faut les hiérarchiser. Or, Napoléon a non seulement ignoré les mises en garde sur les risques imprévisibles d'une invasion de la Russie, mais il n'a pas su réagir rapidement et efficacement face à des événements prévisibles tels que l'arrivée de l'hiver. Autant Napoléon a su parfois surprendre l'ennemi, autant il s'est, en l'espèce, laissé surprendre sans réagir efficacement.

Typologie des risques mal maîtrisés par Napoléon

Types de risque	Exemples pour Napoléon
Opérationnel	Combativité anglaise, manque de fiabilité des alliés, dont le tsar, et effet d'apprentissage des armées ennemies
Concurrentiel	Capacité de résistance des populations galvanisées par des prêtres et des leaders nationalistes
Humain	Equipe vieillissante, de culture trop militaire, trop française et sans aptitudes de gestion
Technique	Manque d'efficacité et effets pervers du blocus continental
Organisationnel	Sous-estimation des coûts de la chaîne logistique sur le territoire russe
Financier	Sous-estimation du coût de l'armée d'occupation en Espagne
Environnemental	L'extrême rigueur et la précocité de l'hiver russe

Si Hegel s'est souvent trompé au sujet de Napoléon, sa formule sur la guerre d'Espagne, « l'impuissance de la victoire », est pertinente. L'Empereur y engage en effet des moyens considérables (une armée de 200 000 hommes) sous le prétexte peu convaincant d'apporter les Lumières à un royaume corrompu et décadent. Après avoir pris en otage les Bourbons d'Espagne et remporté quelques batailles rangées, Napoléon pense avoir encore une fois remporté la partie. Alors que la situation semble se stabiliser, un enchaînement d'événements va créer un engrenage incontrôlable de violence et de ressentiments. Ainsi, le 1er mai 1808, Murat passe en revue à Madrid ses 30 000 soldats, dont des cavaliers mamelouks, qui rappellent aux Espagnols le mauvais souvenir de l'occupation par les Sarrasins plusieurs siècles auparavant. Le 2 mai, excitée par des prêtres vitupérant contre les Français athées et leurs alliés musulmans, la foule madrilène massacre à l'arme blanche plusieurs soldats isolés. Le lendemain, Murat ordonne une répression impitoyable que le peintre Goya représentera, quelques années plus tard, dans un tableau intitulé « *Tres de Mayo* ». Ces journées sanglantes s'achèveront sur la mort de plus de 500 Espagnols et d'une centaine de soldats français. Contrairement à l'avis de ses conseillers espagnols, Murat croit que la situation est désormais durablement stabilisée. C'est une erreur et cette illusion sur l'efficacité de la répression d'une guérilla va être répétée de nombreuses fois en Espagne.

Après la flambée de violence des journées de mai, les oppositions à l'occupation vont se cristalliser. De nombreux Espagnols, qui croyaient sincèrement que les Français étaient venus leur apporter la liberté et la démocratie, déchantent en découvrant la réalité de cette occupation militaire. Engagée sous l'évocation exaltée des Lumières, la guerre d'Espagne va se poursuivre dans la violence aveugle.

Galvanisé par des prêtres fondamentalistes, le peuple espagnol va lancer une « petite guerre » ou « guerilla », qui se caractérise par des attaques surprises de forces irrégulières qui ne sont pas susceptibles d'être défaites lors d'une bataille rangée. Arme du faible, la guérilla apparaît comme une forme de terrorisme qui ne vise qu'à harceler et épuiser des armées d'occupation. Le bourbier espagnol va alors démontrer à Napoléon que les conflits armés ne se limitent pas uniquement à des chocs frontaux où la seule supériorité militaire et technique l'emporte forcément. Dans ses « Mémoires », le maréchal Suchet a décrit les multiples formes prises par cette lutte contre son armée : « L'esprit des anciens celtibériens animait encore leurs descendants, lorsque l'empereur Napoléon, après les avoir blessé dans leur orgueil, tente de les soumettre par la conquête. On sait qu'un peuple décidé à se défendre dans ses foyers présente une masse de force et d'opinion, sans l'appui de laquelle des armées formées à la hâte seraient insuffisantes pour résister à une puissante invasion. La jeunesse armée et enrégimentée soutint avec constance la guerre nationale contre les armées françaises, dans les batailles et surtout dans les sièges. Mais la majeure partie de la population, parfois sans distinction d'âge ni de sexe, semblait se livrer à une sorte de compétition entêtée qui nous ramenait des ennemis de toute part et nous laissait bien plus épuisés que les batailles rangées, car chaque canton levait sa propre guérilla afin de protéger son territoire mais aussi de participer à la défense commune. Des paysans, des propriétaires, des pères de famille, des prêtres et des moines, abandonnaient sans peine leurs maisons pour aller grossir les parties qui marchaient contre nous[56]. »

C'est à cause de sa supériorité militaire et de ses mesures de rétorsion disproportionnées que l'armée française va paradoxalement perdre la guerre psychologique et politique. S'il n'y a pas de guerre propre, la guerre d'Espagne va se révéler la plus sale de l'épopée napoléonienne. Quand la tension monte et quand les deux camps déshumanisent l'adversaire, c'est à ce moment-là que la discipline et la capacité à contrôler ses soldats sont primordiales, sinon c'est le chaos. Plus une guerre dure, plus il y a de façons de la perdre car on multiplie le risque de dérapages incontrôlables.

Perdus au milieu d'une population hostile, tributaires de leurs interprètes, les soldats français multiplient les bavures et bévues. Le stress, qui est une donnée de base des soldats épuisés et confrontés au mal du pays, va engendrer une répression sanglante qui attise un terrorisme qu'elle prétend réduire. Le capitaine Nicolas Marcel a raconté comment ce cycle de violence et de vengeance s'est auto-entretenu par le biais d'expéditions punitives couvertes par la hiérarchie militaire. Celle du commandant Duthoya, « un des plus braves officiers de l'armée et dont le désintéressement est connu », s'est déroulée à la suite de l'égorgement d'une soixantaine de hussards pendant leur sommeil : « En arrivant près de ce bourg nous ne pûmes plus douter de l'insurrection générale de ce pays ; tous les habitants, mêlés à quelques soldats du marquis de La Romana, armés de fusils, de faux, nous attendaient sur les montagnes [...] Nos soldats coupèrent la retraite à la plus grande partie des insurgés et tout fut passé à la baïonnette, femmes, enfants, il n'y eut point de grâce. » L'armée va effectivement remporter de nombreuses victoires tactiques « à la Pyrrhus » face à une guérilla désorganisée, mais cela ne va pas l'empêcher de perdre la guerre sur le plan stratégique.

Malgré sa flexibilité, qui le pousse à utiliser contre les guérilleros espagnols leurs propres armes et leurs propres méthodes, Suchet ne parviendra qu'à contenir les effets de la guérilla. Son message, visant à redoubler d'efforts pour assurer une approche sensible et raisonnable dans les opérations militaires, ne sera pas toujours mis en œuvre dans la chaîne de commandement. Un de ses adjoints a analysé ses difficultés par le fait que la guérilla « nous obligeait à rester en alerte contre un ennemi qui s'enfuyait sans cesse et réapparaissait aussitôt et qui, bien que nulle part visible, se trouvait partout ». Suchet l'a confirmé : « Prêts à tous les sacrifices, libres des besoins de la mollesse, comme de tous les préjugés d'uniforme, de services et d'armes, ils formaient des corps irréguliers, se choisissaient leurs chefs, suivaient leur caprice dans la manière d'opérer, attaquaient partout où le nombre et l'occasion les favorisaient, fuyaient sans honte lorsqu'ils n'étaient pas les plus forts, et disparaissaient même quelques fois par une disparition combinée, tellement qu'il devenait impossible de retrouver leurs traces. » Les Français, victimes de leur paranoïa et de leur complexe de supériorité technique, n'arriveront finalement jamais à comprendre la psychologie et la culture de l'ennemi, individuel ou collectif, en tant qu'organisation politique. Dans cette guerre non conventionnelle, le combat militaire pour la libération du territoire n'a été en fait, qu'un des éléments d'une lutte idéologique et religieuse.

Face à une population espagnole en ébullition, le travail de renseignement joua un rôle déterminant dans la définition et la hiérarchisation des cibles des opérations de contre-guérilla. Les services de renseignement eurent alors recours à la délation, à l'intimidation et à la torture. Finalement, ce travail de renseignement ne se révéla pas décisif car les Français ne connaissaient pas suffisamment la culture et la société espagnoles pour pouvoir tirer parti – tactiquement et stratégiquement – des informations collectées. En effet, pour être utile dans l'action, le renseignement ne doit pas uniquement être collecté, mais aussi interprété en fonction de la position de l'adversaire.

S'il *« n'est jamais utile d'enflammer la haine »*, Napoléon a trop longtemps pris à la légère le risque représenté par la guérilla espagnole : *« À tout peuple conquis, il faut une révolte. »* Alors qu'il avait conscience que *« les peuples passent, les trônes s'écroulent, l'Église demeure »*, Napoléon a mal appréhendé la force du catholicisme dans la société espagnole. Il n'a pas su concilier ses prêtres qui lui auraient permis des conquêtes plus faciles : *« De tout temps la facilité et l'ignorance de la multitude ont été la cause de la plupart des guerres civiles. »* Sa compétence en matière de *nation building*, mise en lumière en Italie par exemple, va cette fois-ci subir un terrible échec qui s'explique par son incapacité à prendre la mesure des difficultés du terrain.

Après avoir reconquis militairement la péninsule, Napoléon quitte, en janvier 1809, une Espagne mieux contrôlée, mais encore loin d'être dominée. Alors qu'ils ont toutes les cartes en main pour réussir, le malaise couve entre les différents pôles de décision (Napoléon, le roi Joseph, les maréchaux…), qui font chacun leurs propres calculs. S'il avait suivi les conseils judicieux de son frère Joseph, Napoléon aurait dû accepter de passer d'une logique d'occupation à une logique de restauration de la souveraineté espagnole. Refusant de prendre conscience des dangers de la situation, l'Empereur a commis une négligence professionnelle et s'est interdit de trouver une issue politique crédible par le biais d'un électrochoc salutaire. Comme l'art de la guerre est un *« art d'exécution »*, c'est là qu'intervient le facteur temps : il faut aller vite, car s'engage alors une course de vitesse entre des forces de déstabilisation et de démobilisation et l'exigence de recomposition.

Cette sale guerre va se révéler être un effroyable gouffre avec près de 300 000 Français tués ou blessés et beaucoup plus encore de pertes pour les Espagnols. C'est parce qu'il n'a jamais trouvé de solution au « guêpier espagnol », que Napoléon le définira comme un *« ulcère »* qui ne guérit jamais. Les troupes françaises vont même parvenir à faire évoluer, à leurs dépens, la notion de nation, qui était synonyme en Espagne de royaume, vers le concept de « patrie », issu de la Révolution française.

L'incursion des armées françaises en Espagne se révélera être une occasion manquée pour ce pays de se moderniser. Parmi les forces politiques espagnoles, de nouveaux courants se sont pourtant formés chez les libéraux, les aristocrates ou les milieux populaires. Après le départ des Français, ces différentes factions, plus habituées à la confrontation belliqueuse qu'aux débats démocratiques, ne parviendront pas à maintenir le consensus national obtenu face à un ennemi commun. Le roi Ferdinand VII, d'abord reçu en « sauveur », va d'ailleurs rétablir le tribunal de l'Inquisition, qui – avant de disparaître définitivement en 1820 – procédera à une brutale et arbitraire épuration parmi les libéraux.

Oubliant son précepte selon lequel « *à la guerre, le moral et l'opinion sont la moitié de la réalité* », Napoléon a commis l'erreur d'acculer le peuple espagnol au désespoir et à la vengeance. Ses déboires en Espagne l'ont décrédibilisé aussi aux yeux de ses adversaires européens qui ne croient désormais plus au mythe de son invulnérabilité. Quand il a décidé de transférer une partie importante de la Grande Armée en Espagne, l'ambassadeur autrichien Metternich a écrit : « La guerre contre l'Espagne nous divulgue un grand secret : celui que Napoléon n'a qu'une armée, sa Grande Armée. » L'Empereur a donc été victime du syndrome de celui à qui tout réussit et dont on guette la première erreur. En Espagne, au mélange d'euphorie de la puissance et de certitudes idéologiques commencent donc à succéder l'inquiétude devant l'enlisement, le doute sur le bien-fondé des sacrifices en hommes et en argent qu'entraîne l'occupation, et une confiance déclinante dans celui qui les a décidé.

Pour un gestionnaire tel que Napoléon, la maîtrise des risques sur investissement est une fonction critique. Elle repose notamment sur le développement d'une double approche, technique et financière, du suivi de la performance de chaque développement, associé à un dispositif de management qui autorise une forte réactivité dans la prise de décision. Il s'agit d'évaluer de façon périodique si la situation opérationnelle de chaque entité et son évolution en tendance permettent, avec un niveau de risque comparable à celui accepté à l'origine, d'atteindre les objectifs stratégiques fixés par l'investisseur. Or, dans le cas du projet guerre d'Espagne, non seulement l'analyse des critères pour une allocation pertinente des ressources par rapport aux opportunités et aux risques a été défaillante, mais aussi le processus adéquat de suivi du projet n'a pas été respecté.

Le non-respect des critères d'investissement lors du projet d'expédition en Espagne

Critère	Problèmes rencontrés en Espagne
Compétences de la direction	Le roi Joseph a accepté ce titre fantoche avec réticence. Napoléon a dirigé à distance les opérations par le biais de ses généraux
Barrière à l'entrée	L'offensive des troupes britanniques s'est cumulée aux déboires rencontrés par des troupes conventionnelles face à une guérilla
Potentiel du marché	L'Espagne est un pays arriéré économiquement et politiquement
Rentabilité	Les coûts humains et financiers d'une guerre d'occupation sont prohibitifs pour un Empire surdimensionné
Stratégie de retrait	Napoléon a cru à une solution militaire et a refusé d'envisager une solution politique

Un contrôle illusoire des événements

Dans le cas de l'invasion de la Russie, le « commencement de la fin » selon Talleyrand, Napoléon a été victime de son illusion du contrôle des événements. Dans *Guerre et Paix*, Tolstoï a expliqué le désarroi de Napoléon pendant cette campagne : « Napoléon n'avait jamais été plus étroitement soumis à ces lois inéluctables qui l'obligeaient, alors qu'il croyait agir librement, d'accomplir [...] ce qui devait être accompli. [...] Et conformément à la loi de la coïncidence des causes, des milliers de petites causes insignifiantes s'agençaient d'elles-mêmes et concordaient avec cet événement. [...] Aujourd'hui nous voyons clairement les causes qui provoquèrent les pertes des armées françaises en 1812. Mais alors personne ne prévoyait ce qui à présent semble évident, que c'est uniquement ainsi que pouvait être anéantie la meilleure de toutes les armées. »

En juin 1812, Napoléon commence donc son mouvement dans l'immensité russe avec une armée de plus de 500 000 hommes. Ses premières batailles (Smolensk, Borodino) sont des succès relatifs car elles provoquent des pertes considérables. Selon Clausewitz, qui a participé à la défense russe, « c'est le manque de cohésion et la peur des généraux russes qui les incitèrent à reculer ». Les Russes pratiquent alors la politique de la terre brûlée pour entraver la logistique des armées napoléoniennes qui sont par ailleurs pénalisées par le climat (pluies, puis grosses chaleurs). Napoléon va alors découvrir que *« les peuples se relèvent de tous les revers quand ils occupent une grande surface »*. Pour une fois, sa perspicacité va être prise à défaut, comme l'a expliqué Caulaincourt : « Le 24 juillet, l'Empereur remarqua pour la première fois ce que nous observions depuis deux jours : c'est que tous les habitants étaient en fuite, les maisons absolument désertes et tout prouvait que cette émigration tenait à un système adopté et à des ordres récemment donnés[57]. »

Le 14 septembre, les Français entrent dans un Moscou où il ne reste plus que 25 000 des 250 000 habitants. En effet, les seuls habitants restés à Moscou sont les prisonniers de droit commun à qui le gouverneur Rostopchine a promis, de sa propre initiative, la libération s'ils mettent le feu à la ville. Le lendemain, l'Empereur découvre, stupéfait, l'ampleur de l'incendie : *« Cela dépasse tout : c'est une guerre d'extermination, c'est une tactique horrible, sans précédent dans l'histoire de la civilisation. [...] Brûler ses propres villes ! [...] Le démon inspire ces gens. [...] Des barbares. [...] Quelle résolution farouche, quelle audace. »* Quelques jours après, on lui apporte une pancarte rédigée en français et découverte devant les restes de la résidence du gouverneur Rostopchine : « Les habitants de cette terre la quittent à votre approche et moi, je mets le feu de ma propre volonté à ma maison pour qu'elle ne soit pas souillée par votre présence. » Selon l'abbé Surugue, sur « les 9 300 maisons et 800 hôtels, il peut rester à peu près 2 000 maisons ». La partie de Moscou intacte est pillée par les soldats de la Grande Armée.

Au milieu de ce champ de ruine et alors que l'hiver se rapproche, Napoléon semble presque insouciant. Selon Caulaincourt, « rien ne pouvait éclairer Napoléon sur le fatal avenir. La vue des soldats, leur enthousiasme quand ils l'apercevaient, les revues, les rapports souvent enflés de Murat et d'autres généraux lui montaient à la tête, et, en dépit de quelques bonnes inspirations [...] son enivrement continuait[58]. »

Alors que le tsar oppose un silence méprisant à ses propositions de paix, Napoléon finit enfin par soupirer : *« Tout ceci laisse présager de grands malheurs. »* Il va comprendre trop tard que *« la Russie est d'autant plus formidable qu'elle ne désarme jamais »*. Le 3 octobre, après une nuit d'insomnie, Napoléon convoque ses généraux pour leur exposer un nouveau plan. Il s'agit de rassembler toutes les troupes disponibles, brûler ce qui reste de Moscou et marcher sur Saint-Pétersbourg. Comme ses maréchaux semblent frappés de stupeur, l'Empereur insiste : *« Quelle gloire et que dira le monde en apprenant que nous avons conquis en 3 mois les deux grandes capitales du Nord ! »* Ses généraux remarquent que cette nouvelle campagne paraît impossible à la veille de l'hiver et avec « les forces de Koutousov dans le dos ». L'un d'eux murmure même : « Il veut nous faire périr jusqu'au dernier ! » Déçu, Napoléon met fin à la réunion. Malgré son génie, il semble incapable de prendre conscience que son plan est ambitieux au point d'en devenir absurde et irréaliste.

Le 26 octobre, la retraite commence. Les soldats de la Grande Armée, harcelés par les cosaques, marchent sans ravitaillement dans un froid extrême. Clausewitz, après avoir assisté, à cette tragédie humaine, écrira à sa femme :

« Si mon âme n'avait pas été endurcie, je crois que je serai devenu fou. »

Un mois après le départ de Moscou, Napoléon prend encore une posture optimiste quand il écrit à Marie-Louise : *« Le roi de Naples, le vice-roi, le prince de Neuchâtel, les maréchaux, ma maison, tout le monde se porte bien. »* Pourtant, le même jour, il a ordonné au général Éblé de partir établir plusieurs ponts sur la Bérézina. Conscient de la gravité de la situation, il confie à Caulaincourt : *« Cette fois, il n'y aura de salut que pour les braves. Si nous franchissons la Bérézina, je suis maître des événements, car les deux corps frais que je vais trouver* [ceux de Victor et d'Oudinot] *et la Garde suffisent pour battre les Russes. Si on ne peut passer, nous ferons le coup de feu. [...] Il faut s'assurer si mes armes et les vôtres sont en bon état car il faudra se battre. »* Il déclare ensuite : *« J'ai trop longtemps fait l'Empereur. Il est temps que je redevienne général ! »* Juste avant son arrivée devant la Bérézina, Napoléon retrouve son instinct de brillant tacticien, capable de gérer des situations de crise : il crée une diversion pour que les troupes russes, de l'autre côté de la Bérézina, quittent les lieux.

Le général Rapp a raconté le désarroi des généraux : « Ney me prit en particulier, nous sortîmes ; il me dit en allemand : “Notre position est inouïe ; si Napoléon se tire d'affaire aujourd'hui, il faut qu'il ait le diable au corps.” Nous étions tous fort inquiets, et il y avait de quoi. Le roi de Naples [Murat] vint à nous : “J'ai proposé à Napoléon, nous dit-il, de sauver sa personne, de passer la rivière à quelques lieues d'ici ; j'ai des Polonais qui me répondraient de lui, et le conduiraient à Wilna ; mais il repousse cette idée, et ne veut pas en entendre parler. Quant à moi, je ne pense pas que nous puissions échapper.” Nous étions tous les trois du même avis ; Murat reprit : “Nous y passerons tous ; il n'est pas question de se rendre”. » Pendant ce temps, les pontonniers du général Eblé travaillent sans relâche dans l'eau qui gèle. Alors qu'ils parviennent à achever un petit pont praticable pour les piétons, on découvre que le subterfuge de Napoléon a réussi à faire partir les soldats russes présents sur l'autre rive. Rapp reprend : « J'entrai chez Napoléon, qui s'entretenait avec le maréchal Oudinot : "Sire, l'ennemi a quitté sa position". Napoléon répond : *Cela n'est pas possible.* Le roi de Naples, le maréchal Ney arrivèrent, et confirmèrent ce que j'annonçais. L'Empereur sortit de sa baraque, jeta un coup d'œil sur l'autre côté de la rivière et s'écria : *J'ai mis dedans l'amiral ; il me croit sur le point où j'ai ordonné une fausse attaque.* Ses yeux étincellent de joie et d'impatience[59]. » Plusieurs fois, les ponts vont s'effondrer mais, grâce au charisme d'Éblé, les pontonniers vont, à chaque fois, se remettre au travail dans la rivière glacée.

Quelques jours plus tard, Napoléon se décide à quitter sa Grande Armée car *« dans l'état actuel des choses, je ne puis en imposer à l'Europe que du palais des Tuileries ».* Le 3 décembre, même le bulletin de la Grande Armée se résigne à reconnaître le désastre en cours : « Plus de 30 000 chevaux périrent (de froid) en peu de jours ; notre cavalerie se trouva toute à pied ; notre artillerie et nos transports se trouvaient sans attelage ; il fallut abandonner et détruire une bonne partie de nos pièces et de nos munitions de guerre et de bouche. » Deux jours plus tard, Murat abandonne à son tour le commandement de la Grande Armée pour tenter de sauver son royaume de Naples. À la mi-décembre, les restes de la Grande Armée, qui a perdu près de 90 % de ses effectifs (en partie à cause des désertions), arrivent en Pologne.

LES DÉFAILLANCES DE L'ENCADREMENT

Napoléon n'a pas démérité en tant que leader, mais ses talents de management ont, à la longue, montré des failles significatives. Si ses méthodes d'action et de gestion sont à l'origine de son ascension fulgurante, leur rigidité ou leur dévoiement ont, par la suite, provoqué sa chute. Blessé à la bataille d'Essling, le maréchal Lannes est mort dans ses bras en le conjurant d'évoluer : « Ton ambition est insatiable ; elle te perdra. [...] Tu sacrifies sans nécessité, sans ménagement, sans regret, les hommes qui te servent le mieux. Ton ingratitude éloigne de toi ceux qui t'admirent ; tu n'as plus autour de toi que des flatteurs ; je ne vois pas un ami qui ose te dire la vérité. On te trahira, on t'abandonnera ; hâte-toi de terminer cette guerre : c'est le vœu de tes généraux ; c'est sans doute celui de ton peuple. Tu ne seras jamais plus puissant, tu peux être bien plus aimé ! Pardonne à un mourant ces vérités, ce mourant te chérit[60]. »

Napoléon avouera dans le *Mémorial de Sainte-Hélène* qu'il a toujours été conscient de sa solitude : *« Je sentais mon isolement ; aussi je jetais de tous côtés des ancres de salut au fond de la mer. »* La fragilité de son système ne lui a pas échappé : *« Nos circonstances étaient extraordinaires et toutes nouvelles : il ne faut point chercher de parallèle. J'étais, moi, toute la clé d'un édifice tout neuf et à de si légers fondements ! Sa durée dépendait de chacune de mes batailles ! »*

Paradoxalement, l'un des personnages les plus représentatifs des travers du système napoléonien est celui qui a

Les 4 principaux travers du management napoléonien

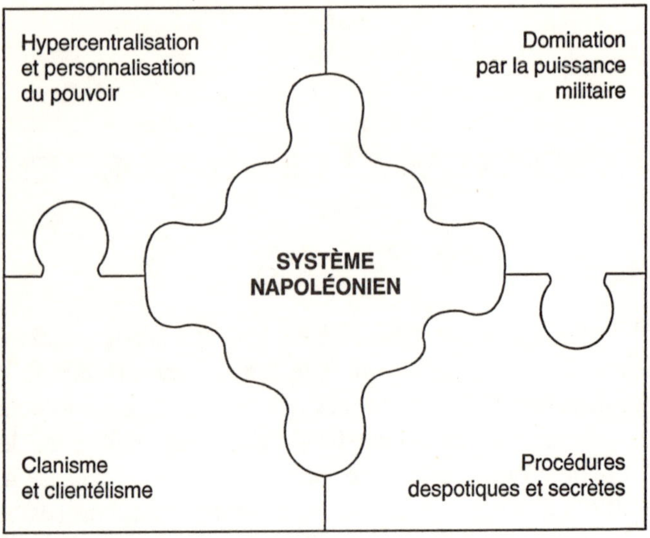

finalement le mieux réussi. Destin singulier en effet que celui de Bernadotte, le seul maréchal à avoir traversé la Révolution et l'Empire pour finir sur un trône. Bien que neutre lors du coup d'État du 18 brumaire, même si son nom a été mêlé à la conspiration des « pots de beurre » (dans lesquels circulaient des billets anti-bonapartistes), l'Empereur l'a nommé maréchal dès 1804 et prince de Ponte-Corvo en 1806. Si Napoléon accepte même de devenir le parrain de son fils, c'est parce que la mère de l'enfant est Désirée Clary, autrefois sa fiancée et maintenant la belle-sœur de son frère Joseph. Méneval, un secrétaire de Napoléon, décrira les manœuvres du maréchal : « Bernadotte, si obséquieux face à Napoléon, ne cessa jamais de conspirer contre lui ; après quoi il cherchait le soutien de tout et de tous pour se faire pardonner. Joseph Bonaparte et sa femme Julie Clary étaient si persévérants dans leurs efforts pour obtenir son pardon que Bernadotte alternait sans cesse offenses et soumission. »

Jaloux de son maître, Bernadotte a écrit lors du sacre : « Ainsi, il n'y aura plus de gloire que près de lui, qu'avec lui, que par lui, et, malheureusement pour lui… » Quelques années après, l'Empereur se moquera de ses prétentions. Furieux d'une proclamation élogieuse de Bernadotte à ses soldats saxons, qui s'étaient débandés la veille, Napoléon écrit ainsi après Wagram : *« L'ordre du jour du Prince de Ponte-Corvo* [Bernadotte] *tendant à donner de fausses prétentions à des troupes au moins médiocres est contraire à la vérité, à la politique, à l'honneur national. Sa Majesté doit le succès de ses armes aux maréchaux Duc de Rivoli et Oudinot, qui ont percé le centre de l'ennemi en même temps que le Duc d'Auerstaedt le tournait par sa gauche. »* Excédé, Napoléon lui retire tout commandement dès 1809 car *« c'est un homme usé qui veut de l'argent, des plaisirs, des grandeurs mais ne veut pas les acheter dans des dangers et les fatigues de la guerre*[61] *»*. L'Empereur se justifie même de cette mise à l'écart auprès de Fouché : *« La vanité de cet homme est excessive. J'ai ordonné au ministre de la Guerre de le rappeler. Il a des talents médiocres. Je ne me fie d'aucune manière à lui. Il a toujours l'oreille ouverte aux intrigants qui inondent cette grande capitale. À la guerre, il est de même : il a manqué de me faire perdre la bataille d'Iéna ; il s'est médiocrement conduit à Wagram ; il ne s'est pas trouvé à Eylau, lorsqu'il aurait pu y être, et n'a pas fait à Austerlitz ce qu'il aurait pu faire. »*

Alors qu'il est désigné comme prince héréditaire de Suède en 1810, Bernadotte est mis en garde par Napoléon : *« J'espère que vous n'oublierez jamais que vous êtes Français et que vous devez la couronne de Suède à la gloire des armées françaises que vous avez commandées. »* En fait, Bernadotte privilégiera rapidement les intérêts de sa nouvelle patrie au point de combattre les troupes françaises lors des campagnes de 1813-1814. Il a notamment combattu la Grande Armée en Belgique en 1814, mais a refusé de combattre sur le territoire français, malgré les pressions des Alliés. Alors que certains lui pronostiquaient le trône de France, Bernadotte se contenta finalement de la couronne de Norvège, enlevée au roi de Danemark en 1814. Très apprécié de ses sujets suédois, Bernadotte devint roi de Suède et de Norvège sous le nom de Charles XIV en 1818. Qui se souvenait alors que l'ancien maréchal portait, en souvenir du temps où ses camarades républicains l'avaient surnommé « le Sergent belle-jambe », un tatouage sur le torse où était inscrit « Mort aux rois ! » ?

Napoléon n'étant pas parvenu à étoffer son gouvernement et son état-major aussi vite que son Empire et sa Grande Armée, son système est progressivement devenu ingérable. N'ayant pas su déléguer son pouvoir, l'Empereur a même eu la faiblesse de craindre qu'un collaborateur trop intelligent devienne un rival : *« Soult est un homme tout à fait supérieur, mais très ambitieux. »* Si Napoléon a déclaré qu'il *« ne faut pas prendre l'homme à qui la place convient mais l'homme qui convient à la place »*, il a parfois aussi mis beaucoup de temps à détecter les « forts potentiels », guerriers ou gestionnaires. Ainsi, dès 1802, il déclare à propos du commandant de division Suchet : *« Il a beaucoup ajouté à l'idée que j'avais de lui. »* Napoléon ne lui octroiera pourtant son bâton de maréchal que dix ans plus tard, en reconnaissance de ses succès en Espagne qu'il juge lui-même *« inouïs »*. À ce sujet, Napoléon déclarera avec un peu d'amertume : *« S'il y avait eu deux maréchaux comme Suchet en Espagne, non seulement il aurait conquis la péninsule mais il l'aurait conservée. »*

Peut-être Napoléon disposait-il alors d'autres brillants subordonnés auxquels il n'a pas su donner leur chance à temps, victime de l'adage selon lequel « on ne change pas une équipe qui gagne ». À Sainte-Hélène, Napoléon avouera maladroitement son manque de clairvoyance : *« Suchet était quelqu'un chez qui le caractère et l'esprit s'étaient accrus à surprendre. »* Ce jugement tardif lui fera regretter de ne lui avoir confié, en 1815, que le commandement de l'armée des Alpes : *« C'est un homme qui, s'il était venu près de moi à Waterloo, aurait tout de suite tout compris [...] Si j'avais eu Suchet à la place de Grouchy, je n'aurais pas perdu Waterloo. »*

L'absence de règles de *corporate governance*

Dans la quête permanente du meilleur système de gestion des hommes et des ressources, la *corporate governance* a pour objectif de garantir l'équilibre des pouvoirs en mettant en place un système de *checks and balances*. Sujet de définition subjective et de large champ d'application, la gouvernance est un processus d'organisation et d'administration qui repose sur une surveillance mutuelle et permanente des individus et des institutions. Napoléon a ainsi été l'un des premiers chefs d'État à s'astreindre à une ligne de conduite rigoureuse reposant sur la clarté et la transparence de sa gestion. Dès son arrivée au pouvoir, il a imposé un ensemble de valeurs de comptabilité publique à respecter. Il a voulu, par exemple, que le contribuable, à l'aide des seuls comptes publiés par les ministres, puisse comprendre les principaux résultats des opérations financières de l'Empire.

Le *corporate governance* vise à mettre en équilibre les intérêts de ses dirigeants, ceux de leurs subordonnés ainsi que ceux des autres parties prenantes tels que les contribuables. Détenant la responsabilité de la stratégie, des opérations et même du contrôle de gestion, l'Empereur a refusé toute procédure collégiale d'analyse objective des principaux risques. Il a ainsi refusé de délibérer en présence d'administrateurs externes alors que leur indépendance, leur discernement et leur expérience auraient sans doute été utiles, notamment pour les décisions d'ordre stratégique. Convaincu que *« les gouvernements à contrepoids ne sont bons qu'en temps de paix »*, Napoléon a concentré entre ses mains presque tous les pouvoirs disponibles, affirmant qu'on *« ne peut vaincre la nécessité que par un pouvoir absolu »*. Il a dirigé par plébiscite en contrôlant la presse et en intimidant les oppositions.

L'excès de pouvoir de sa république impériale s'apparente au régime du Léviathan, cet anthropomorphisme utilisé par le philosophe Thomas Hobbes, où le despote détient un pouvoir absolu et illimité en échange de la paix civile apportée aux individus. On peut d'ailleurs remarquer que si

Napoléon a apporté aux Français une relative paix civile, il a échoué à faire de même aux frontières.

Obsédé par les risques d'entrave à son action, il n'a pas compris, malgré sa grande perspicacité, que les défaillances de son système de contrôle pouvaient se retourner contre lui. Le pouvoir de nuisance des tiers ne doit cependant pas être sous-estimé car ce sont les contribuables, c'est-à-dire les bénéficiaires du suffrage censitaire, sur qui Napoléon s'était appuyé depuis 1799 en leur accordant une Constitution garantissant la propriété, qui firent les premiers défection en entraînant le reste de l'opinion publique.

Selon son aide de camp, Philippe de Ségur : « Napoléon dans son intérieur ne ressemblait pas du tout à l'empereur Napoléon. » L'Empereur a géré sa vie publique avec beaucoup d'efficacité, mais sa passion non réciproque pour sa femme Joséphine lui a parfois fait perdre son sang-froid. Persuadé que *« l'absence guérit les petites passions, il accroît les grandes »*, le général Bonaparte a appris à ses dépens qu'en *« guerre comme en amour, pour en finir il faut se voir de près »*. Il n'en perdra pas son humour quand il lui écrira : *« Mille baisers, aussi brûlants que tu es froide. »* En revanche, lorsqu'il apprendra en Égypte, par le biais du général Junot, les liaisons de Joséphine à Paris, qu'avaient passées sous silence son secrétaire particulier Bourrienne, il se montrera mesquin : *« Je vous prend à témoin de ma décision de divorcer. Cette décision me brouille avec vous deux. Toi Junot pour m'avoir prévenu et vous Bourrienne de ne pas l'avoir fait. »* Il va ensuite analyser la situation comme s'il se trouvait dans un vaudeville : *« Si Joséphine est coupable, il faut que je m'en sépare à jamais. Je ne veux pas être la risée de tous les inutiles à Paris*[62]. » Ce psychodrame bourgeois n'est alors pas à la hauteur du grand homme qu'a su devenir Napoléon. Il avouera à sa fille adoptive, Hortense : *« Si je suis grand pour les grandes choses, je suis petit pour les petites. »* Ces paroles mélangent maladroitement la sphère privée et professionnelle. Cette confusion des genres apparaissait déjà dans sa correspondance en tant que jeune mari et général de l'armée d'Italie : *« J'espère bientôt, ma douce amie, être dans tes bras. Je t'aime à la fureur. J'écris à Paris par ce courrier. Tout va bien. Wurmser a été battu hier sous Mantoue. Il ne manque à ton mari que l'amour de Joséphine pour être heureux. »* Ces lettres sont d'autant plus touchantes que Joséphine était indifférente à ces élans passionnés au point de rire aux traits d'esprit de son amant, Hippolyte Charles : « Un petit général actuellement sur le Pô [pot], ce qui est bien sans Gênes [gêne]. »

Aucune femme, même Joséphine, n'a exercé de véritable influence sur la politique de Napoléon, même si *« une femme qui couche avec son mari exerce toujours une influence sur lui »*. À son retour en France, le général « cocu » pardonne à son épouse en devenant à son tour infidèle. Napoléon conclut de cette mésaventure que *« pour être aimé, il faut que les femmes doutent et craignent sur l'étendue et la durée de leur empire »*. À partir de là, Joséphine devient une épouse modèle et la confidente silencieuse de ses exploits et de ses petits malheurs. Quelques jours après sa victoire d'Austerlitz, Napoléon écrit ainsi : *« À Joséphine. J'ai conclu un armistice ; avant 8 jours la paix sera faite. Je désire apprendre que tu es arrivée à Munich en bonne santé. Les Russes s'en vont, ils ont fait une perte immense. Plus de 20 000 morts et 30 000 pris : leur armée est réduite des trois quarts. Buxhoewden, leur général en chef, est tué. J'ai 3 000 blessés et 7 à 800 morts. J'ai un peu mal aux yeux ; c'est une maladie courante et très peu de chose. Adieu, mon amie ; je désire bien te revoir. Je vais coucher ce soir à Vienne. »* Le va-et-vient incessant entre la description de ses problèmes strictement personnels et ses succès militaires permet de penser que Napoléon ne fait plus la part des choses entre la sphère domestique et son action publique. Cette confusion est grave car elle provoque une mauvaise hiérarchisation de problèmes de nature différente et lui renvoie une fausse image de lui-même.

Outre Joséphine, Napoléon a eu beaucoup de mal à gérer les relations avec son entourage familial. En 1804, il explique à Hortense de Beauharnais : *« En vérité, à entendre mes sœurs, ne dirait-on pas que j'ai frustré ma famille de l'héritage du feu roi notre père !*[63] » Le marquis de Bonneval sera ainsi témoin d'une colère de l'Empereur vis-à-vis de ses frères et ses sœurs : *« Je ne crois pas qu'il existe au monde un homme plus malheureux que moi en famille. Au reste, récapitulons : Lucien est un ingrat, Joseph un Sardanapale, Louis un cul-de-jatte, Jérôme un polisson. Quant à vous, Mesdames, vous savez ce que vous êtes ! »*

À Sainte-Hélène, Napoléon reconnaîtra : *« C'est une de mes fautes que d'avoir cru mes frères nécessaires pour assurer ma dynastie. »* Il admettra même une faiblesse : *« On a souvent vanté la force de mon caractère. Je n'ai souvent été qu'une poule mouillée, surtout pour les miens. »* Si le terme *« poule mouillée »* est excessif pour désigner Napoléon, une dispute mémorable avec ses frères Joseph et Lucien a lieu alors qu'il prend son bain. Après les avoir aspergés d'eau, Napoléon crie à Lucien : *« Je te briserai comme cette boîte ! »* Lucien ramasse calmement la boîte et déclare : « Mon frère, avant de me briser moi-même, c'est le portrait de votre femme que vous venez de briser. »

Napoléon s'est dédouané à Sainte-Hélène de nombre de ses erreurs sur son entourage, affirmant qu'il a agi à leur égard avec un certain cynisme : *« Est-ce que les princesses doivent aimer ? Ce ne sont que des marchandises politiques. »* S'il n'accorde que peu d'influence à ses sœurs, elles n'en restent pas moins des enjeux politiques par leurs possibilités d'alliance matrimoniale. Napoléon a moins agi par faiblesse que par calcul car la mise en place de son système familial et surtout son mariage avec Marie-Louise sont autant *« d'actes politiques et de grands succès égaux à la victoire d'Austerlitz »*. En ce qui concerne la princesse autrichienne, l'Empereur s'est trompé : Austerlitz a muselé temporairement l'adversaire, mais ce mariage n'a pas réglé le problème de la méfiance viscérale des Autrichiens. Les royalistes français rivaliseront de mots d'esprit au sujet de cette union : « Napoléon salit la plus vieille dynastie européenne avec laquelle il s'allie. »

Titres de l'entourage familial de Napoléon

	Lien de parenté	Titre
Joseph Bonaparte	Frère aîné et mari de Julie Clary	Roi de Naples entre 1805 et 1808 puis d'Espagne de 1808 à 1813
Louis Bonaparte	Frère cadet et mari d'Hortense de Beauharnais	Roi de Hollande de 1806 à 1810
Lucien Bonaparte	Frère cadet	Fait prince de Canino et de Musignano en 1814 par le pape
Jérôme Bonaparte	Frère cadet	Roi de Westphalie de 1807 à 1813
Eugène de Beauharnais	Fils de Joséphine, adopté par Napoléon	Vice-roi d'Italie puis prince d'Eichstädt en 1817
Joachim Murat	Mari de Caroline Bonaparte	Roi de Naples de 1808 à 1815
Jean-Baptiste Bernadotte	Mari de Désirée Clary, belle-sœur de Joseph	Fait prince de Ponte-Corvo par Napoléon puis roi de Suède et de Norvège en 1818

Napoléon a « partagé » sa réussite avec son clan. Cela ne s'est pas fait sans frictions avec ses frères, notamment Joseph (qui est l'aîné et donc le chef de famille) et Lucien.

Lorsque le 30 mars 1806, un décret impérial nomme Joseph roi de Naples, Napoléon exprime clairement ses intentions à Miot de Molito, un familier de Joseph : *« Je ne puis plus avoir de parents dans l'obscurité. Ceux qui ne s'élèveront pas avec moi ne seront plus de ma famille. J'en fais une famille de rois ou plutôt de vice-rois. »* Il sait faire la nuance puisqu'il tutoie son frère aîné dans sa correspondance privée, mais le vouvoie dans la correspondance officielle. L'organisation du pouvoir symbolique au sein du clan Bonaparte est d'ailleurs compliquée par les imbrications entre l'univers familial et l'univers professionnel, puisque les maréchaux Murat et Bernadotte ont respectivement épousé sa sœur Caroline et sa première fiancée Désirée Clary.

Tous ses frères et sœurs, à l'exception de Lucien, ont reçu des titres princiers ou royaux. En effet, Lucien, qui a permis la réussite du coup d'État du 18 brumaire, va se brouiller avec Napoléon à cause d'une mésalliance et de ses velléités d'indépendance. En 1804, alors que Napoléon se fait sacrer empereur des Français, Lucien part s'installer à Rome où il est bientôt rejoint par sa mère, Laetitia. En 1808, lorsque les troupes françaises entrent à Rome, Lucien manifeste ouvertement son opposition. Napoléon interdit alors à la famille de le voir. Le climat se détériore au point que Lucien part en 1810 pour les États-Unis. Pendant la traversée, il est fait prisonnier par les Anglais et n'est libéré qu'en 1814, après l'abdication de l'Empereur. Revenu à Rome, il est fait prince de Canino et de Musignano par le pape. Quand il apprend le retour de l'île d'Elbe, Lucien se réconcilie avec Napoléon. Après Waterloo, il lui conseille même de continuer à se battre. Après la seconde abdication, Lucien se réfugie à nouveau à Rome sous la protection de Pie VII.

Bonaparte a donné des trônes à ses proches avec une désinvolture tout à fait extraordinaire, compte tenu des enjeux en cause. Il couronne ainsi son beau-frère Murat par le biais d'une simple note : *« Je destine le roi de Naples (Joseph) à régner à Madrid. Je veux vous donner le royaume de Naples ou celui du Portugal. Répondez-moi sur-le-champ ce que vous en pensez, car il faut que cela soit fait dans un jour. »* Le processus de nomination des membres de sa famille est non seulement arbitraire, mais aussi opaque. Le 19 mai 1806, il écrit, par exemple, à Joseph : *« Les affaires avec la Hollande sont arrangées, et avant peu Louis sera roi de Hollande. Il a bonne volonté, mais sa santé continue d'être médiocre. »*

Napoléon a aussi été critiqué pour avoir appliqué son népotisme à l'armée. L'Empereur confie en effet à son frère Jérôme, qui n'a jamais combattu, le commandement en Russie de trois corps d'infanterie et d'un de cavalerie. Il ne peut s'en prendre qu'à lui-même quand il écrit à Berthier, un mois après le début de la campagne : *« Vous direz au roi de Westphalie qu'il est impossible de manœuvrer plus mal qu'il ne l'a fait. »* De même, s'il reconnaîtra à Sainte-Hélène qu'il *« n'y avait pas, je crois, deux officiers dans le monde pareils à Murat pour la cavalerie »*, on peut se demander pour quelles raisons, si ce n'est les supplications de sa sœur Caroline, il a nommé ce beau-frère grand amiral de France. C'est avec Jérôme, intronisé roi de Westphalie à 23 ans, que Napoléon a été le plus excessif dans son népotisme, au point de s'en exaspérer lui-même : *« J'ai vu peu d'hommes qui aient si peu de mesure que vous. Vous ignorez tout et vous vous conduisez que d'après votre tête, rien chez vous ne se décide par la raison, mais tout par l'impétuosité et la passion. »* L'Empereur ajoute même en post-scriptum : *« Mon ami, je vous aime, mais vous êtes furieusement jeune. »* Et durant la campagne de Prusse de 1806, les grognards chanteront : « Nous allons chercher un royaume pour le petit frère Jérôme. »

Napoléon Ier a dû logiquement faire face à des accusations de népotisme. Une caricature intitulée « La ruine du fabricant de cire » a, entre autres, fait allusion aux trônes créés pour ses frères et sœurs. Le caricaturiste joue ici sur les mots sire et cire. Ces souverains sont représentés dans une baraque foraine en train de fondre comme des bougies. Face à cette accusation, Napoléon se défendra maladroitement en remarquant que *« s'il fut un défaut dans ma personne et mon élévation, c'était d'avoir surgi tout à coup de la foule [...] Quels appuis plus naturels que mes proches ? »* On peut remarquer que Napoléon III agira de même, sans pouvoir se prévaloir de cette excuse.

Le manque de transparence des structures de direction et des relations de pouvoir sont à l'origine de nombreux conflits entre l'Empereur et ses frères, qui étaient réticents à accepter les symboles du pouvoir tout en étant dépouillés des attributs. Si Napoléon donne des trônes à ses proches, il refuse qu'ils soient autre chose que des souverains fantoches. Napoléon rappelle ainsi à son beau-frère Murat, qu'il a nommé roi de Naples : *« Pour vos sujets vous devez être le roi, mais pour l'Empereur vous devez être vice-roi. »* En juillet 1807, Napoléon écrit aussi à Louis ce court billet : *« Je désirerais que vous ordonnassiez qu'à dater du 1er janvier prochain, le Code Napoléon sera la loi de vos peuples. »* Impuissant à défendre les intérêts de ses sujets hollandais, notamment lors du blocus continental, Louis abdiquera en 1810 au profit de ses fils Napoléon Louis et Charles Louis Napoléon (futur Napoléon III). Bien que reconnue par le parlement hollandais, cette abdication ne le sera pas par Napoléon qui annexera le pays à l'Empire français en le découpant en départements.

L'absence de marge de manœuvre de ses frères, qui sont *« obligés d'obéir aux ordres des ministres »* et des généraux de Napoléon, s'est parfois retournée contre les intérêts à long terme de l'Empire. À Sainte-Hélène, l'Empereur déchu a admis que *« les peuples conquis ne deviennent sujets du vainqueur que par un mélange de politique et de sévérité et par leur amalgame avec l'armée. Ces choses ont manqué en Espagne »*, mais c'est bien Napoléon lui-même qui a empêché le roi Joseph de mettre à bien cette stratégie de « conquête des cœurs et des esprits » en Espagne. Le 1er février 1810, ce dernier espère encore pouvoir gagner l'adhésion de ses sujets car il est accueilli chaleureusement à Séville. Néanmoins, une semaine plus tard, Napoléon fait passer un décret soumettant les provinces du nord de l'Espagne à des gouvernements militaires. Dépité, Joseph écrit, le 9 octobre 1810, à sa femme, partie à Paris intercéder auprès de son frère : « Depuis le funeste décret du 8 février, tout a changé de face dans ce pays. L'opinion est aujourd'hui contre nous. Il serait encore possible de remédier à tant de maux si l'on fait tout ce que j'ai demandé par ma lettre à l'Empereur ; mais la moindre modification rend tout succès impossible et je m'en chargerai pas. Dis ceci à l'Empereur et qu'il pense bien qu'il a un plus grand lot de gloire et de responsabilité que moi à porter à la postérité. » À Paris, Julie sera désemparée par l'accueil de Napoléon. Lors de ses deux premières entrevues, elle n'obtiendra que des réponses vagues et, à la troisième, l'Empereur lui interdira de lui parler de l'Espagne. L'année 1811 voit l'échec de la politique d'occupation de Napoléon. Joseph s'en retourne donc à Paris pour essayer de convaincre son frère de changer sa politique et lui laisser les mains libres, mais l'Empereur ne songe qu'à faire de la Catalogne un département français. À son retour, Joseph n'aura même pas le temps d'abdiquer. En effet, en juillet 1812, la défaite des Arapiles a ouvert le chemin de Madrid au général Wellington.

Si l'omnipotence de Napoléon a pu se révéler frustrante pour sa famille, l'Empereur souffre, lui aussi, de l'égoïsme des siens. Par exemple, Caroline, qu'il a fait reine de Naples, ne cesse d'intriguer pour positionner son mari Murat comme successeur de Napoléon, au cas où ce dernier viendrait à disparaître. L'Empereur est même stupéfait par l'arrivisme de sa sœur en qui il retrouve son machiavélisme forcené. Lui aussi impressionné, Talleyrand décrit Caroline comme « la tête de Cromwell sur les épaules d'une jolie femme ». Cynique et manipulatrice, Caroline a pourtant su se montrer prudente dans les conseils qu'elle a prodigués à son mari : « Toute l'Europe est sous le joug de la France. [...] Tu es encore le moins maltraité. [...] Il faut que tu calmes un peu ta tête qui s'échauffe facilement et que tu attendes le moment où nous serons plus tranquilles et plus indépendants. » En 1814, lorsque Murat signe un traité d'alliance avec les Autrichiens, Napoléon est furieux : *« Murat ! Murat ! Mon beau-frère en pleine trahison. [...] C'est sa femme qui est cause de sa défection. »* Caroline finira par se fâcher avec sa famille et mourra démente. Avec un certain dépit, Napoléon la définira, à Sainte-Hélène, comme une *« petite femme sans importance »*.

S'il y a un personnage dans la famille Bonaparte que l'Empereur a aimé et admiré, c'est sa mère. Devenue veuve à 35 ans, Letizia Bonaparte a toujours conservé une grande autorité sur ses enfants, même sur Napoléon. Ce dernier, qui n'a pourtant pas beaucoup suivi ses conseils de prudence, dira même *« c'est à ma mère, c'est à ses bons principes que je dois ma fortune et tout ce que j'ai fait de bien »*. Dans le *Mémorial de Sainte-Hélène*, Napoléon fera l'éloge de Madame Mère qui *« avait une âme forte et trempée aux plus grands événements »*. S'il l'appelle Madame Mère, c'est parce qu'elle a refusé de porter un autre titre. Elle n'a pas non plus voulu assister au Sacre à Notre-Dame, même si David l'a représentée sur son tableau. Lors de son couronnement, Napoléon regrette autant son absence que celle de son père défunt, puisqu'il confie à son frère aîné : *« Joseph, si notre père nous voyait ! »* Menant une vie modeste et retirée, Letizia a expliqué son dédain pour les fastes de la Cour par ces mots : « J'ai 7 ou 8 souverains qui me retomberont un jour sur les bras ! » Il faut dire que dès 1800, elle murmure, avec son accent italien : « Pourvou qu'ça doure ! »

L'embourgeoisement du top management

Napoléon a pris plaisir à partager sa fortune avec ses proches car c'est le symbole ultime de sa réussite : *« Je suis né d'une famille pauvre et j'occupe le premier trône du monde. J'ai fait la loi à l'Europe. J'ai distribué des couronnes. J'ai donné des millions. »* L'un des paradoxes de sa gestion est d'avoir mis en place un système dans lequel il constate qu'on *« ne va pas chercher une épaulette sur un champ de bataille quand on peut l'avoir dans une antichambre »*. Une bonne illustration de sa maxime selon laquelle *« on dépense son mérite tant qu'on espère s'élever »* est le maréchal Augereau. Selon Napoléon, *« son courage, ses vertus premières, l'avaient élevé très haut, hors de la foule ; les honneurs, les dignités, la fortune, l'y avaient replongé »*.

Peu de maréchaux échappent à cette « prison » qu'est la cour impériale, hormis peut-être Davout et Lefebvre. Affichant un profond dédain pour le conformisme mondain, Davout est ainsi l'un des rares myopes à se montrer à la Cour en portant des lunettes. Quant à Lefebvre, qui commande l'infanterie de la Vieille Garde pendant la campagne de Russie et celle de France, il « ne compte jamais ses ennemis ». Il s'emporte même contre « ce tas de bougres qui entourent l'Empereur ». De son côté, sa femme, la célèbre madame Sans-Gêne, irrite souvent la cour impériale pour ses manières d'ancienne blanchisseuse. L'Empereur, lui non plus, n'a pas été dupe du cérémonial impérial car il sait que son *« trône n'est qu'une planche garnie de velours »*.

Napoléon a souvent profité du fait que les hommes apprécient les égards et les *« hochets »*, mais il n'a pas été insensible à la flatterie. Presque tout son entourage a rivalisé en louanges à son égard, mais le préfet La Chaise a sans doute atteint un sommet en écrivant : « Dieu créa Napoléon, puis il se reposa. » Remarquant qu'il *« est bien difficile de savoir où finit la politesse, et où commence la flatterie »*, il soupçonne que *« qui sait flatter sait aussi calomnier »*. Talleyrand, que le poète Lamartine surnommera le « courtisan du destin », ne pense pas autrement car « la parole a été donnée à l'homme pour déguiser sa pensée ». Persuadé qu'il ne faut jamais dire de mal de soi car « vos amis en diront toujours assez », Talleyrand a su tirer un grand parti de la flatterie qui est « le seul capital qui ne coûte rien et qui rapporte beaucoup ». Cet expert en matière d'intrigues et de manipulations a même remarqué qu'il « y a une chose plus terrible que la calomnie, c'est la vérité ».

Si Napoléon pense que *« de toutes les aristocraties, celle d'argent est la pire »*, c'est qu'il a *« le goût de la fondation, mais jamais celui de la propriété »*. Le 26 août 1811, le ministre Montalivet rapporte que l'Empereur a décidé de restreindre ses dépenses pour sa garde-robe du fait de *« de la nécessité de rechercher chaque jour les abus qui chaque jour se renouvellent »*. Contrairement aux membres de sa cour, qui dépensent des fortunes en costumes, Napoléon décide, lui, de se restreindre. S'il part en campagne avec de l'or dans sa berline, l'Empereur se contente souvent d'un petit lit de fer pour dormir. Juste avant la bataille d'Austerlitz, un envoyé du tsar le dépeint même comme étant sale et mal habillé. Napoléon s'accommode finalement bien de cette image d'austérité du « petit caporal ».

Conscient que *« le fondement de toute autorité est dans l'avantage de celui qui obéit »*, Napoléon ne s'est fait aucune illusion sur ses maréchaux : *« Masséna a acquis assez de gloire et d'honneurs ; il n'est pas content, il veut être prince comme Murat et Bernadotte ; il se fera tuer demain pour être prince. »* Pourtant, la nécessité de motiver ses collaborateurs est d'autant plus importante que Napoléon leur impose une cadence de travail infernal. En apprenant que son ministre de l'Intérieur, Cretet, est atteint d'une maladie incurable, l'Empereur déclare simplement : *« Rien de plus juste. Un homme que je fais ministre ne doit plus pouvoir pisser au bout de quatre ans*[64]*. »* Un autre exemple de ce phénomène d'usure est le maréchal Berthier. Ayant pourtant remarqué que *« l'art de gouverner consiste à ne pas laisser vieillir les hommes dans leur poste »*, Napoléon impose à Berthier de rester à ses côtés, malgré le fait que depuis 1806, son compagnon se dit trop vieux pour continuer à se battre. Fait prince de Wagram, Berthier reçoit le château de Chambord où il n'aura le temps de résider que deux jours. En pleine campagne de Russie, une lettre de Berthier à sa femme semble la parfaite illustration de la maxime de Napoléon selon laquelle *« on ne trouve pas de gens intrépides dans ceux qui ont quelque chose à perdre »* : « Je suis très fatigué, voilà la vérité ; mais mon énergie et mon moral me font bien porter. [...] Je veux connaître mes enfants, m'en faire aimer. Car la plus douce jouissance de la vie, surtout quand on devient vieux, est d'être aimé. J'ai aujourd'hui soixante ans : voyez quel joli et charmant mari vous possédez ». Berthier montre à quel point ses désirs fondamentaux, et donc ses sources d'énergie, sont contrariés et différents de ceux de l'Empereur.

Puisque *« le mot de vertu politique est un non-sens »*, Napoléon s'est persuadé qu'on *« gouverne mieux les hommes par leurs vices que par leurs vertus »*. Il est conscient que presque tous ses maréchaux ont été coupables de pillage, à un moment ou un autre. Le décalage entre la Grande Armée « d'en haut » et celle « d'en bas » a été particulièrement fort pendant la guerre d'Espagne où les grognards ont rapporté qu'elle eut pour conséquence « la fortune des généraux, la misère des officiers et la mort du soldat ». Les rares exceptions furent Bessières, Jourdan, Macdonald, Moncey, Sérurier et Suchet. Au sujet de ce dernier, Napoléon dira à Sainte-Hélène : *« C'est leur pillage* [des généraux] *qui m'a fait perdre l'Espagne, à l'exception toutefois de Suchet dont la conduite fut exemplaire*[65]. »

Masséna a sans doute été l'un des maréchaux les plus cupides. Selon Napoléon, *« il a l'amour de l'argent, c'est là le seul mobile de sa conduite, et il n'y a que cela qui l'ait fait marcher, même sous mes yeux*[66] ». Les soldats de la Grande Armée ont même détourné son surnom d'« enfant chéri de la victoire » en « enfant pourri de la victoire ». Et Napoléon, qui n'est pourtant que rarement intervenu pour sanctionner le pillage individuel, a d'ailleurs sanctionné Masséna au moins une fois. Ayant appris que ce dernier avait accumulé près de 3 millions de francs par le biais de trafic de licences d'importation, il lui a demandé de prêter un million au Trésor. Masséna étant trop avare pour accepter, l'Empereur confisqua la somme, au grand dam du maréchal.

Les maréchaux n'ont pas été les seuls « rapaces » de l'entourage de l'Empereur. Napoléon dira ainsi de Bourrienne, son ami d'enfance devenu secrétaire particulier : *« Je l'aimais beaucoup ; j'ai été obligé de le chasser parce que je l'ai pris plusieurs fois la main dans le sac et qu'il volait trop impunément. »* Pourtant, le plus cupide de tous a sans doute été Talleyrand qui déclara : « Pour faire fortune, ce n'est point de l'esprit qu'il faut, c'est de la délicatesse qu'il ne faut pas. » À Sainte-Hélène, l'Empereur jugera que *« Talleyrand a un talent supérieur mais il est méchant, sans principes et si avide d'argent qu'il ne s'inquiète jamais par quel moyen il peut en obtenir »*. L'amiral Decrès remarquera d'ailleurs à propos de Talleyrand : « Comment voulez-vous que cet homme ne soit pas riche ? Il a vendu tous ceux qui l'ont acheté. »

La rigidité de la culture d'entreprise

La pérennité d'une organisation dépend en partie de la capacité de son fondateur à métamorphoser l'identité de son équipe, c'est-à-dire l'ensemble de pratiques et de mythes communs qui repose sur des schémas généralement inconscients, façonnant la manière de réfléchir et d'agir. Si les actions visant à modifier la culture d'une société sont toujours difficiles à mettre en œuvre, elles sont souvent rendues nécessaires par un changement de dimension. Le développement exponentiel du Premier Empire a ainsi produit des effets menaçant sa culture d'origine en la rendant inadaptée. Si sa structure initiale autour d'un fondateur charismatique a les avantages d'une *start-up*, notamment en terme d'esprit entrepreneurial, ce mode de fonctionnement n'est plus viable à partir du moment où il s'agit d'administrer le continent européen. Diriger une entreprise de ce type implique alors la mise en place d'une organisation stratégique souple, visant à créer puis entretenir un idéal d'auto renouvellement permanent.

En tant que promoteur du changement, Napoléon a souvent hésité sur la définition de l'identité vers laquelle il voulait s'orienter. Plus grave encore, il n'a pas seulement découragé les initiatives au sein de ses équipes visant une mutation culturelle, mais il a aussi aggravé les dysfonctionnements à cause de sa rigidité et de son autoritarisme. Sans vision claire de la nouvelle identité à développer et sans continuité des efforts, l'administration du Premier Empire a subi une crise d'identité.

Réussir la gestion d'un empire à l'échelle européenne suppose d'atteindre un équilibre entre effet de levier international et adaptation locale. Les problèmes liés notamment aux différences culturelles ont ralenti voire découragé les initiatives les mieux intentionnées. Dans le cas du Premier Empire, le frein le plus important a été l'absence, l'insuffisance ou l'inconstance d'une volonté de Napoléon de mettre en œuvre une véritable collaboration transnationale. L'Empereur n'a, par exemple, aucun scrupule à proclamer l'inégalité de principe dans les relations entre la France et ses états « annexes » tels que l'Italie, comme le montre l'allocution qu'il fait en 1807 à Milan : *« Citoyens d'Italie, j'ai beaucoup fait pour vous, je ferai plus encore. Mais, de votre côté, unis de cœur comme vous l'êtes d'intérêt avec mes peuples de France, considérez-les comme des frères aînés*[67]. *»* Ce positionnement politique repose sur des préjugés culturels qui lui font dire dès 1803 : *« Le caractère dominant des Italiens est l'intrigue et la fausseté ; vous ne vous tenez pas assez en garde contre lui. »* Les Allemands sont, eux aussi, traités de façon subalterne. En 1806, l'Empereur confie à l'un de ses conseillers, le jour même de la signature de l'acte constitutif de la Confédération du Rhin : *« Les princes et les États de l'Allemagne doivent être les lieutenants et pour ainsi dire les colonies continentales de l'Empire. »* Napoléon exige en fait que la France, et donc lui-même, assure seule la direction de l'Europe. Alors que les rois de son « système familial » ont cherché à se concilier leurs sujets en soutenant leurs revendications, les instructions de l'Empereur sont sans ambiguïté : *« Mon principe est la France avant tout »*, écrit-il en 1810 à Eugène, le vice-roi d'Italie.

Pour Nietzsche, l'échec de ce « grand homme » s'explique par le fait que, contrairement à l'artiste qui peut rester dans sa tour d'ivoire, Napoléon a dû vivre au milieu des autres hommes et a fini par succomber à leurs faiblesses. Dans son essai intitulé *La Volonté de puissance,* Nietzsche a remarqué que Napoléon « a été corrompu par les moyens qu'il a dû employer et a perdu la noblesse de son caractère ». En utilisant une rhétorique nationaliste et populiste, il a, par exemple, fini par y croire. Il a alors succombé à son propre mythe d'empereur des Français, cessant d'être un « artiste du gouvernement » pour devenir un homme politique talentueux. Son échec est significatif de l'extrême fragilité du grand homme qui n'est pas seulement puissant et victorieux, mais aussi méprisable et pathétique dans des moments de faiblesse. Échec tragique quoique prévisible car la décadence mène fatalement à la déchéance.

Au niveau militaire, le nationalisme débridé de Napoléon a eu des répercussions sur le fonctionnement de sa Grande Armée. Le 2 janvier 1807, l'Empereur critique son frère Louis, roi de Hollande, pour avoir nommé des maréchaux : *« Croyez-vous qu'un général de division français voudrait être commandé par un maréchal hollandais ? »* Trois mois plus tard, Napoléon persiste : *« Si une noblesse est soutenable dans un pays militaire, elle est insoutenable dans un pays de commerçants. J'estime mieux le dernier boutiquier d'Amsterdam que le premier noble de Hollande.* »

L'organisation de l'armée, lors de sa première campagne d'Italie, a bien fonctionné tant que les effectifs en action ne dépassaient pas 200 000 soldats. Jusqu'en 1807, la souplesse de l'ensemble, le bon entraînement de la troupe, la discipline des généraux et des soldats ont permis à Napoléon de s'adapter aux changements de circonstances en bouleversant radicalement ses plans en cours de bataille. Bonaparte a d'ailleurs reconnu que son armée de 1805, composée presque exclusivement de Français dont un quart a fait toutes les campagnes de la Révolution (1792-1799), a été *« la meilleure armée que j'aie jamais eue »*.

Après 1807, tout va changer. Au fil des années, les effectifs de la Grande Armée ont enflé avec l'arrivée de contingents étrangers : le royaume d'Italie a fourni 218 000 soldats, celui de Naples 60 000, l'Espagne 15 000, la Confédération du Rhin 120 000, la Suisse 10 000 et la Hollande 36 000. En juin 1812, la Grande Armée atteint des proportions incroyables : 550 000 hommes, dont la moitié issue de contingents étrangers. Cette « armée des vingt nations », telle qu'elle a été surnommée par les Russes, était la première force militaire multinationale. Elle souffre pourtant de plusieurs défauts : chaque contingent conserve ses couleurs d'uniforme ; ces troupes, incorporées dans des corps d'armée français, sont toutes placées sous le commandement d'un général français ; au niveau de l'état-major, les officiers supérieurs étrangers ne sont pas admis aux réunions de préparation des plans de campagne. Le système montre finalement ses limites durant la campagne d'Allemagne de 1813 où, à Leipzig, les Saxons se retournent contre les Français. Napoléon fait alors désarmer toutes les troupes étrangères qui se trouvent encore en France, à l'exception des quatre régiments suisses et des troupes polonaises.

Le rapport conflictuel entre les Français et leurs alliés n'est pas le seul problème qu'a dû affronter le management du Premier Empire. En effet, en se développant, les équipes dirigeantes ont dû accorder une place grandissante aux administrateurs civils, au détriment des chefs de guerre. Or, Napoléon, par tempérament et par éducation, a souvent privilégié ses compagnons d'armes sur les gestionnaires provenant de la société civile : *« Là où est le drapeau, là est la France. »* Pourtant, son empire a rapidement eu moins besoin de conquérants que d'administrateurs. À travers ses nombreux arbitrages, l'Empereur a essayé de concilier, avec plus ou moins de bonheur, ces deux castes. Selon son auditoire, il a tancé ou félicité les représentants du pouvoir civil (ministres, préfets...) ou du pouvoir militaire. Si, à Sainte-Hélène, Napoléon a pensé qu'en *« dernière analyse, pour gouverner il faut être militaire : on ne peut gouverner qu'avec des éperons et des bottes »*, il avait pourtant fait cette confidence à Roederer, le 1er décembre 1800 : *« Si je mourais d'ici à trois ou quatre ans de la fièvre dans mon lit, et que, pour achever mon roman, je fisse un testament, je dirais à la nation de se garder d'un gouvernement militaire, je lui dirais de nommer un magistrat civil*[68]. » Deux ans plus tard, il confirmait ses propos lors d'une séance du Conseil d'État : *« Nous sommes 30 millions d'hommes réunis par les Lumières, la propriété et le commerce ; 300 000 ou 400 000 militaires ne sont rien auprès de cette masse. Outre que le général ne commande que par les qualités civiles, lorsqu'il n'est plus en fonctions, il rentre dans l'ordre civil. Les soldats eux-mêmes ne sont que les enfants des citoyens. L'armée, c'est la nation. Si l'on considérait le militaire, abstraction faite de tous ses rapports, on se convaincrait qu'il ne connaît point d'autre loi que la force, qu'il rapporte tout à lui, qu'il ne voit que lui. L'homme civil, au contraire, ne voit que le bien général. Le propre des militaires est de tout vouloir despotiquement, celui de l'homme civil est de tout soumettre à la discussion, vérité, à la raison ; elles ont leurs prismes divers ; ils sont souvent trompeurs ; cependant la discussion produit la lumière. Si l'on distinguait les hommes en militaires et en civils, on établirait deux ordres, tandis qu'il n'y a qu'une nation*[69]. »

Napoléon a fait preuve d'une certaine schizophrénie dans la dualité civil/militaire de son pouvoir. Cela transparaît notamment dans ses arbitrages lors de conflits de pouvoir ou de personnes. En ce qui concerne les conflits de pouvoir entre ses ministres et ses maréchaux, l'Empereur a souvent pris le parti du pouvoir civil : « *Les ministres parlent en mon nom, personne n'a le droit de paralyser, d'arrêter l'exécution des ordres qu'ils transmettent. Il n'y a pas, en France, d'autorité supérieure à celle d'un ministre.* » Il donnera même cet ordre au maréchal Marmont : « *Vous n'avez pas le droit de disposer d'un sou sans que le ministre l'ait mis à votre disposition.* » En revanche, il écrit le 15 novembre 1805 à son ministre Fouché : « *J'ai vu, dans le bulletin du 13 brumaire, une plainte du préfet contre le général Menou ; cela n'est pas raisonnable. Dans les circonstances de la guerre, et dans un pays comme le Piémont, il est nécessaire que les généraux aient une grande autorité. Je suis surpris qu'un homme d'un si bon esprit que le préfet de Turin ne sente pas cela.* » Quelques mois plus tard, sur une autre affaire, il réprimande en revanche le général Junot : « *Si vous ne vivez pas bien avec le préfet, c'est votre faute, parce que vous avez le rang supérieur, et que tout le monde connaît votre crédit auprès de moi. Je veux que vous ayez une grande prépondérance, mais je veux que vous n'en fassiez jamais usage. L'autorité militaire est inutile et déplacée dans l'ordre civil ; il ne faut donc point agir comme un caporal.* »

La flexibilité est l'une des qualités nécessaires pour adapter ses équipes à des situations changeantes et parfois déstabilisantes. Napoléon, interrogé par O'Meara à Sainte-Hélène sur le nom de son « plus habile général français », répond : « *Cela est difficile à dire ; mais il me semble que c'est Suchet.* » Il faut dire que Suchet a réussi la synthèse entre les clivages culturels civil/militaire et français/européen. Alors que le roi Joseph avait beaucoup dénigré les autres généraux présents lors de la guerre d'Espagne, il a reconnu la grande aptitude de Suchet pour l'administration : « Chef militaire très distingué et administrateur très habile, il trouva dans les riches provinces d'Espagne les moyens de pourvoir abondamment à tous les services de son armée, sans trop fouler les peuples. Il lui fut possible de faire observer une exacte discipline à ses troupes et d'inspirer de la confiance aux habitants. » En janvier 1812, ayant obtenu, à la tête de la modeste armée d'Aragon, la capitulation des armées anglo-espagnoles du général Blake, Suchet fera stipuler dans le premier article de la convention de capitulation et d'occupation de Valence : « La ville de Valence sera livrée à l'armée impériale ; la religion sera respectée, les habitants et les propriétés seront protégés. » Selon le général Hugo, père de l'écrivain, son administration « était avantageuse à la fois à l'armée et à la province de Valence[70] ».

La dilution de la cohésion de l'équipe

Si Napoléon a su gérer la compétition interne en permettant à chacun de garder sa personnalité tout en recherchant l'émulation, l'Empire est progressivement arrivé à un stade de maturité où la cohésion de l'équipe fondatrice a été mise à rude épreuve. Dans une telle situation, la perte de confiance n'est pas seulement le fait de l'équipe vis-à-vis du chef, mais aussi du chef vis-à-vis de l'équipe et au sein de l'équipe elle-même.

Aux yeux des compagnons de route, l'épopée collective s'est effacée au profit d'une aventure personnelle où les intérêts de l'Empereur et de son entourage ont divergé. Pourtant, la clef du succès ou de l'échec de cette entreprise a toujours reposé sur la différence marginale que représentent des actifs « intangibles » tels que le plaisir de travailler, l'apprentissage continu, l'ouverture au changement et la confiance. Ces facteurs essentiels pour présager de la persévérance de l'équipe face aux obstacles ordinaires ou extraordinaires, ont diminué en intensité avant même le « commencement de la fin ». Tout d'abord, les maréchaux et ministres ont eu de plus en plus de mal à accepter de n'être que de simples pions sur l'échiquier de l'Empereur. Imbu de sa position, Napoléon a, par exemple, restreint la diversité de leurs missions et de leurs projets tout en faisant de moins en moins d'efforts pour favoriser les signes de valorisation et d'identification. Même aux niveaux hiérarchiques inférieurs, le général Thiard a dénoncé son plaisir presque sadique à créer de la gêne : « Lorsqu'il s'apercevait que l'embarras résultait de la crainte, de l'impression que sa présence faisait naître, son amour-propre en était flatté ; c'était une petitesse, mais cette petitesse n'en est pas moins réelle, et c'était parfois pour l'interlocuteur un moyen de lui faire sa cour. Il est positif que souvent des hommes très haut placés et de grande capacité se trouvaient tellement intimidés quand il leur adressait la parole, qu'ils se voyaient dans l'impossibilité de lui répondre. Mais, ceux-là, il ne les employait pas dans les affaires importantes. Il avait encore un autre écart de l'amour-propre. Il lui était impossible de comprendre comment quelqu'un qui avait le bonheur d'approcher de sa personne pouvait en perdre un seul instant ; c'est cependant ce qui m'arrivait très souvent, car aussitôt que je pouvais m'échapper, sans manquer à mon service et sans trop choquer les convenances, je revenais à mes habitudes d'indépendance et de liberté : c'était mon grief le plus grave à ses yeux. »

Au lieu de créer de la gêne, Napoléon aurait dû se préoccuper de transmettre et renforcer l'ouverture d'esprit et la franchise constructive. Il aurait aussi dû veiller à ce que les divergences d'opinion et les avis minoritaires ne soient pas trop pénalisés. De nombreux officiers de valeur y ont perdu leur motivation, suite à des erreurs de management réels ou imaginaires dont ils se sont estimés victimes. Ainsi, Antoine-Henri de Jomini, général originaire de Suisse, fait baron de l'Empire en 1808, a fini par quitter la Grande Armée. Lors de la guerre d'Espagne, Jomini avait été nommé chef d'état-major de Ney qui en avait fait un bouc émissaire de ses déboires. Ce n'est qu'à la suite d'un grave différent avec Berthier, concernant sa nomination avortée au grade de général de division, que Jomini décida de rejoindre l'état-major du tsar Alexandre au cours de l'armistice de 1813. Non seulement Berthier n'avait pas reconnu ses mérites lors de la victoire de Bautzen, mais il lui avait aussi infligé des arrêts en l'accusant de ne pas avoir fait parvenir à temps « l'état de situation de quinzaine » du corps d'armée dont il était chef d'état-major. Cette perte pour la Grande Armée pourrait passer pour négligeable si Jomini n'était pas devenu, par la suite, le conseiller privilégié du tsar et le précepteur du futur Nicolas Ier. En fait, dès Iéna, Jomini avait frôlé la disgrâce en rédigeant un mémoire prophétique contre la restauration de la Pologne, qui avait été très mal accueilli par Napoléon. Ce n'était pas la première fois que ses écrits lui avaient attiré des problèmes, puisque Napoléon avait déjà envisagé de faire saisir son *Traité de la grande tactique*, car Jomini y analysait trop bien son *« système de guerre »*. Même s'il a finalement été éclipsé par la gloire posthume de Clausewitz, Jomini se révélera être un des deux fondateurs de la pensée stratégique contemporaine.

Les rivalités, fondées surtout sur de vieilles inimitiés et jalousies, ont souvent opposé les maréchaux entre eux, au point qu'ils ne se montraient coopératifs qu'en présence de Napoléon. Dès 1799, Gouvion-Saint-Cyr avait laissé, lors de la bataille de Novi, la division du général Watrin se faire massacrer, pour se venger de Macdonald. Alors qu'on le pressait d'intervenir, il répondit sèchement : « Il n'y a pas de mal à donner quelques leçons à ces généraux de l'armée de Naples[71]. » Ce genre de comportement a été implicitement accepté par Napoléon puisqu'il nomma Gouvion maréchal, alors qu'il même qu'il admettait que ce dernier avait laissé *« battre ses camarades »*.

Les réunions de travail au sein de la Grande Armée ont aussi été prétexte à d'innombrables manœuvres qui ont permis à certains d'affirmer leur supériorité tout en rabaissant les autres. Si ces tiraillements internes ont souvent généré un certain désordre, ils n'ont pas empêché de brillantes victoires.

L'absence de contre-pouvoir dans le système napoléonien, voire de relais efficaces, s'est aussi fait ressentir. Le contrepoids des assemblées créées sous le Consulat (Corps législatif et Sénat) a trop vite disparu. Pourtant, comme l'a remarqué Hippolyte Taine, la Constitution de l'an VIII avait déjà en grande partie anéanti le pouvoir parlementaire : « Le Tribunat discute mais ne statue pas ; le Corps législatif statue mais ne discute pas ; le Sénat conservateur a pour emploi le maintien de cette paralysie générale[72]. »

La qualité des collaborateurs de Napoléon a aussi diminué car les fortes personnalités ont peu à peu été écartées et les ministres sont devenus de simples exécutants. Pour cause de trahison, Talleyrand fut, par exemple, remplacé en 1807 par le terne Champagny, tandis que Fouché démissionna en 1810. La disgrâce du maréchal Brune fut, en revanche, plus difficilement justifiable. En effet, lors de la campagne de Prusse en 1807, Brune s'empara de Straslund puis signa une convention de paix avec les Suédois. L'Empereur ne lui pardonna pas d'avoir parlé, dans cette convention, de « l'armée française » au lieu de « l'Armée de Sa Majesté Impériale et Royale » !

Napoléon a réagi aux premiers vrais signes d'oppositions de salons et de coulisses en développant la thèse du complot venu de l'étranger. Il a refusé de considérer les premiers vrais signes de défiance au sein de son équipe autrement que comme des dysfonctionnements périphériques : *« N'attribuez jamais à la malveillance ce qui s'explique très bien par l'incompétence. »* Confiant dans sa force, il s'est persuadé que *« les trahisons sont faites au profit des plus lâches »*. Dès 1800, Van Murray, un diplomate américain, avait pourtant écrit : « Napoléon Bonaparte est un homme extraordinaire mais il est trop généreux pour ses ennemis français. La générosité causera sa faiblesse et sa ruine. » En fait, la clémence de Napoléon s'explique d'abord par sa difficulté d'y voir clair sur les intentions de son entourage : *« Mettez un fripon en vue, il agira comme un honnête homme. »* Expert en trahison, Talleyrand a pourtant défini un bon critère pour détecter les opposants : « Les mécontents sont des pauvres qui réfléchissent. »

Les principaux contrepoids au pouvoir personnel grandissant de l'Empereur sont apparus au sein même du gouvernement car, comme l'a dit Talleyrand, « le meilleur moyen de renverser un gouvernement, c'est d'en faire partie ». Nommé prince de Bénévent par Napoléon en 1806, Talleyrand a commencé à se détacher de son bienfaiteur dès l'année suivante. Parce qu'un « ministère qu'on soutient est un ministère qui tombe », Talleyrand fut rejoint deux ans plus tard par Fouché dans ses manœuvres visant à la construction d'une grande coalition européenne. Cette tâche réussira à merveille puisque l'Empereur, pendant son séjour sur l'île d'Elbe, remarquera : *« Si j'avais fait pendre deux hommes, Talleyrand et Fouché, je serais encore sur le trône. »* Cette alliance entre ces deux experts en trahison fut purement opportuniste car ils ne s'appréciaient pas. Une diatribe de Talleyrand sur Fouché les définit pourtant bien tous les deux : « Son mépris des hommes tient à ce que Monsieur Fouché s'est beaucoup regardé. »

La stratégie de Talleyrand a été de « suivre sa pente à condition qu'elle monte » puis, si « les événements nous échappent, feignons d'en être les organisateurs ». À Erfurt en 1808, il pousse secrètement le tsar à se dérober aux engagements que lui propose Napoléon. Trois semaines plus tard, ce dernier, qui croit avoir les mains libres, part prendre le commandement de l'armée d'Espagne. Fin janvier 1809, alors que l'Empereur est empêtré dans son bourbier espagnol, il revient néanmoins à bride abattue à Paris pour reprocher à Talleyrand ses trahisons : *« Vous mériteriez que je vous brisasse comme un verre, j'en ai le pouvoir mais je vous méprise trop pour en prendre la peine*[73]. » Une fois encore, l'Empereur épargne Talleyrand, mais il lui jette au visage cette formule passée à la postérité : *« Tenez, vous êtes de la merde dans un bas de soie ! »* Le lendemain de cette entrevue, Talleyrand offre secrètement ses services à l'ambassadeur d'Autriche, Metternich, qui informe aussitôt son ministre : « Les dés en sont jetés. X (Talleyrand) a devant moi mis bas le masque. Il m'est apparu décidé à ne pas attendre la fin de la partie ; il m'a expliqué que le moment était venu ; il considère de son devoir d'avoir des relations avec l'Autriche. […] Il m'a représenté qu'il avait besoin de quelques centaines de milliers de francs, car Napoléon l'avait ruiné pour recevoir les princes espagnols et parce qu'il venait d'acheter une maison[74]. » L'Empereur déchu a déclaré en 1817 : *« Talleyrand a réellement joui de ma confiance pendant longtemps et il connaissait souvent mes projets un an ou deux avant que je ne les mette à exécution. »*

Dès 1813, Napoléon se plaint de ses maréchaux : *« Ils n'ont ni cœur ni entrailles ; je suis moins vaincu par la fortune que par l'égoïsme et l'ingratitude de mes frères d'armes. »* Cette phrase est prémonitoire de la trahison de son beau-frère Murat, qui va s'allier à l'Autriche pour combattre les troupes françaises en Italie, en 1814. Se présentant comme le champion de l'unification de l'Italie, Murat déclare le 26 janvier 1814 : « L'Empereur ne veut que la guerre. [...] Je réunis mes armes à celles des puissances alliées dont les intentions magnanimes sont de rétablir la dignité des trônes et l'indépendance des nations. » Après la première abdication de Napoléon, Murat rencontre néanmoins l'hostilité de Louis XVIII et la méfiance des Alliés quant à ses idées sur l'unification italienne. Lorsque l'Empereur débarque à Golfe-Juan en 1815, Murat se rallie à l'Empire et lance une offensive en Italie. Il prend Ferrare, mais est battu à Tolentino. Réfugié en France, il espère en vain que Napoléon le rappelle et ne participe donc pas à Waterloo. Arrêté près de Naples, il est fusillé le 13 octobre 1815 sur ordre de l'ambassadeur anglais. Napoléon ne lui tiendra pas vraiment rancune de sa trahison : *« J'aimais Murat à cause de sa brillante bravoure, c'est pourquoi je lui ai pardonné tant de sottises. »*

Apprenant la défection du maréchal Marmont en 1814, Napoléon s'écrie : *« Voilà le sort des souverains : ils font des ingrats ! »* Il faut dire qu'après avoir capitulé à Paris le 30 mars, Marmont a fait passer à l'ennemi ses troupes censées défendre la route de Fontainebleau où se trouve l'Empereur. Napoléon ne lui pardonnera jamais cette *« trahison »* qui a poussé le tsar à exiger une abdication sans conditions : *« Marmont me porte le dernier coup. »* Caulaincourt a rapporté que « lorsque Napoléon apprit la défection de Marmont, il eut d'abord de la peine à y croire ; mais lorsqu'il ne lui fut plus possible d'en douter, il garda longtemps le silence, puis s'écria : "*Un trait pareil de Marmont, un homme avec lequel j'ai partagé mon pain, que j'ai tiré de l'obscurité, dont j'ai fait la fortune et la réputation [...] Marmont a oublié qu'il doit tous ses honneurs au prestige de cette cocarde nationale qu'il foule aux pieds pour se parer du signe des traîtres qu'il a combattus pendant 25 ans !*" » Après cet épisode, Napoléon prophétisera : *« L'ingrat, il sera plus malheureux que moi. »* Ce fut en effet le cas. Après avoir voté la mort de Ney et avoir échoué à réprimer la Révolution de 1830, il moura en exil, dans la solitude. Marmont aura passé ses dernières années à essayer d'expliquer conduite. Sa justification ne manque ni de douleur ni de vérité : « Tant qu'il [Napoléon] a dit : *Tout pour la France*, je l'ai suivi avec enthousiasme. Quand il a dit : *La France et moi*, je l'ai suivi avec zèle. Quand il a dit : *Moi et la France*, je l'ai servi avec dévouement. Il n'y a eu que quand il a dit : *Moi sans la France*, que je me suis détaché de lui. »

Le krach de l'Empire

Selon Balzac, Napoléon a eu « un esprit perspicace qui a tout deviné excepté sa chute[75] ». L'Empereur déchu constatera d'ailleurs trop tard qu'on *« peut s'arrêter quand on monte, jamais quand on descend »*. Après le désastre de la campagne de Russie qui annonce l'hallali, l'Empire n'est plus qu'une bulle qui n'attend qu'une épine pour exploser. Cette épine se révélera être une coalition européenne de 700 000 hommes.

Alors que la Russie prend la tête d'une nouvelle coalition antinapoléonienne en liguant la Prusse et l'Angleterre contre lui, Napoléon parvient à remporter de nouvelles victoires à Lützen et à Bautzen, en mai 1813. Metternich se propose alors comme médiateur entre la Russie et la Prusse d'un côté et Napoléon de l'autre. En situation de faiblesse, l'Empereur se montre intransigeant : *« Eh bien, que veut-on de moi ? Que je me déshonore ? Jamais ! Je saurai mourir, mais je ne céderai pas un pouce de terrain. Vos souverains, nés sur le trône, peuvent se laisser battre vingt fois et ne pas moins rentrer toujours dans leurs capitales ; moi, je ne le puis pas, parce que je suis un soldat parvenu. Ma domination ne survivra pas au jour où j'aurai cessé d'être fort, et, par conséquent, d'être craint. »* Le ministre autrichien s'écrit alors : « Vous êtes perdu, Sire ! Je m'en doutais en venant ici, maintenant je le sais ! » Les princes de la vieille Europe vont récupérer les mouvements nationaux pour provoquer la chute de l'Empire. L'Autriche et tous les États de la Confédération du Rhin rejoignent ainsi la Coalition. Après la défaite de Leipzig, la célèbre « bataille des Nations » de 1813, les restes de la Grande Armée se replient sur la France pour défendre l'intégrité du territoire national.

Le plan de la sixième coalition va être élaboré sur les conseils de trois généraux consultés individuellement par le tsar : Moreau, Bernadotte et Jomini, qui ont tous les trois été au service de Napoléon. Ils vont d'ailleurs préconiser de refuser le combat quand Napoléon commande en personne et d'attaquer à outrance lorsque les troupes françaises sont dirigées par les seuls maréchaux. Au bout du compte, même commandée par Napoléon, la Grande Armée finira par perdre du fait de son infériorité numérique. Pour humiliants qu'ils fussent envers les talents militaires des généraux alliés, ces conseils vont être suivis presque à la lettre, et vont finir par aboutir au succès. En remerciement pour son aide, le général Moreau sera nommé feld-maréchal par le tsar à titre posthume puisqu'il sera tué dès la bataille de Dresde. À Leipzig, Bernadotte, qui a commandé les batteries anglaises, aurait dit : « Encore quelques coups de mitraille sur ces Français que j'aime tant[76] ! » En 1816, Napoléon déclarera avec dépit : *« Bernadotte a été le serpent nourri dans notre sein [...] c'est lui a donné à nos ennemis la clef de notre politique, la tactique de nos armées ; c'est lui qui a montré le chemin du sol sacré[77]. »*

Signe de lassitude face à la guerre, le quart des soldats français prisonniers en Russie opte, en 1813, pour la « citoyenneté russe provisoire ». En France, Napoléon ordonne des levées massives avec la mobilisation de 180 000 hommes, tandis que 90 000 soldats de la garde nationale sont mis à contribution. En 1814, près du quart des soldats français ont 20 ans ou moins. Pour encadrer les « Marie-Louise », Napoléon fait rappeler des officiers d'Espagne où stationnent encore 60 000 hommes.

Quelques jours avant le début de la campagne de France, Talleyrand confie à Savary, avec son cynisme coutumier : « Voyez, Monsieur, quelle chute dans l'Histoire ! Donner son nom à des aventures au lieu de le donner à son siècle ! » La campagne de France commence. Techniquement, elle est perçue comme un chef-d'œuvre digne du général Bonaparte de la première campagne d'Italie. Mais l'armée française, comme son Empereur, ne semble plus avoir la force d'emporter une victoire décisive. Selon Fain, au soir de la bataille de Craonne, Napoléon apparaît « fatigué, entouré de blessés et de mourants, dans l'un de ces moments où les dégoûts de la guerre rassasieraient l'âme la plus belliqueuse ». Si son extraordinaire capacité de résilience rencontre des limites psychologiques, Napoléon bat néanmoins les Russes à Reims (13 mars), puis se porte vers Arcis-sur-Aube, où il affronte des troupes quatre fois supérieures en nombre. Il se porte ensuite vers l'est, jusqu'à Vitry-le-François, afin de tenter de couper les lignes de communication adverses. Mais l'ennemi poursuit sa marche sur Paris. Dans un ultime mouvement, l'Empereur décide de revenir sur la capitale en exhortant sa population à résister jusqu'à son arrivée.

Les maréchaux Ney et Oudinot sont de ceux qui n'ont pas démérité pendant la campagne de France. Oudinot a échappé de peu à la mort, à Brienne, frôlé par un boulet, puis à Arcis-sur-Aube, lorsqu'une balle s'écrase sur sa plaque de Grand Aigle de la Légion d'honneur. C'était sa trente-deuxième blessure. De même, Ney a été présent à Montmirail où il s'est emparé d'une ferme à la baïonnette avec la Vieille Garde. Il s'est alors exclamé : « La mort ne frappe que ceux qui hésitent ! Regardez-moi ! Elle ne m'atteint pas. » Pourtant, ces deux maréchaux seront de ceux qui, à Fontainebleau, vont demander à l'Empereur d'abdiquer.

Chronologie de la chute de l'Empire

Date	Événement
29 mars	Avant de se replier à Blois, le roi Joseph et l'impératrice Marie-Louise confient les pleins pouvoirs à Marmont.
30 mars	Bataille devant Paris : Marmont, Mortier et Moncey ont réuni 42 000 hommes contre 120 000 pour les Alliés.
31 mars	Mis à part quelques exceptions, la population ne cherche pas à défendre Paris. Alors que Blücher occupe Montmartre, Marmont capitule le 31 mars à 2 heures du matin. Les souverains alliés réunis chez Talleyrand signent une déclaration refusant toute négociation avec Napoléon et invitant le Sénat à désigner un gouvernement provisoire. Napoléon concentre ses forces à Fontainebleau.

1er avril	Talleyrand est élu président du Gouvernement provisoire par le Sénat.
2 avril	Le Sénat proclame la déchéance de Napoléon. Le gouvernement provisoire délie l'armée de son devoir de fidélité envers l'Empereur.
3-4 avril	Napoléon passe la garde en revue dans la cour du château de Fontainebleau et lui annonce son intention de marcher sur Paris. La garde crie « Vive l'Empereur à Paris ! » Les maréchaux Macdonald, Ney, Oudinot, Berthier, Lefebvre et Moncey demandent à l'Empereur d'abdiquer.
6 avril	Napoléon signe son abdication conditionnelle en faveur de son fils alors que Louis XVIII, frère de Louis XVI, est proclamé roi de France.
8 avril	Berthier demande à Napoléon l'autorisation de se rendre à Paris, promettant de revenir le lendemain. Dès qu'il a quitté la pièce, Napoléon pronostique : « Il ne reviendra pas ». En effet, Berthier va se présenter devant Louis XVIII pour formuler son ralliement à la monarchie.
10 avril	Talleyrand rédige la Charte constitutionnelle qui sera acceptée avec réticence par Louis XVIII
11 avril	Napoléon est proclamé souverain de l'île d'Elbe.
20 avril	Napoléon fait ses « Adieux de Fontainebleau » à la garde impériale.
23 avril	Talleyrand obtient des Alliés une convention d'armistice qui permet à la France de retrouver ses frontières de 1792 et non de 1789.

À nouveau ministre des Affaires étrangères, Talleyrand part pour Vienne, le 16 septembre 1814 afin de s'immiscer dans les négociations visant à reconstruire l'Europe sur les décombres de l'Empire. La position de la France est délicate puisqu'elle n'est pas admise à la table des négociations. Grâce à son entregent, Talleyrand réussit néanmoins à s'y faire accepter. S'il a réussi à duper Napoléon, il va faire de même avec de nombreux hommes d'État français et européens, au point d'obtenir, lors du Congrès de Vienne, un résultat au-delà de toute espérance. Dès le 6 octobre 1814, soit exactement sept mois après la première abdication de Napoléon, Talleyrand a commencé à manœuvrer les Alliés, pourtant victorieux. Il les déconcerte d'abord en demandant que l'on ajoute, à une proposition de Metternich de report de l'ouverture du Congrès de Vienne, ce complément : « Sera faite conformément aux principes du droit public. » Talleyrand racontera qu'à « ces mots, il s'est élevé un tumulte dont on ne pourrait que difficilement se faire l'idée ». Le prince prussien Von Hardenberg s'est même écrié : « Non, Monsieur, le droit public, c'est inutile. Pourquoi dire que nous opérons selon le droit public ? Cela va sans dire. » Talleyrand a alors répliqué : « Si cela va sans dire, cela ira encore mieux en le disant. » Petit à petit, par ses intrigues, il parvient à diviser les Alliés en concluant une alliance secrète avec l'Autriche et l'Angleterre pour limiter les exigences de la Prusse et de la Russie. Au bout du compte, la France ne sera ni punie ni ostracisée.

Si la déchéance de Napoléon est limitée, puisque le traité de Fontainebleau lui a accordé la souveraineté de l'île d'Elbe, il la vivra de façon dramatique puisqu'il fera une tentative ratée de suicide. Depuis Saint-Raphaël, le 29 avril 1814, c'est à bord de la frégate anglaise l'*Undaunted*, qu'il quitte la France, accompagné des généraux Bertrand et Drouot. Le général Cambronne, qui se rendra célèbre à Waterloo, les rejoindra un mois plus tard. À son arrivée, Napoléon qui dispose d'une armée personnelle de 1 100 hommes, décide d'un nouveau pavillon pour son royaume : fond blanc traversé d'une bande rouge diagonale parsemée de trois abeilles.

Pendant son court séjour à l'île d'Elbe, Napoléon va redécouvrir ses talents d'entrepreneur pour dynamiser sa petite île. La construction de routes et l'irrigation des cultures vont, par exemple, procurer de nombreux emplois aux 13 700 habitants. L'Empereur va aussi recommander la culture de la pomme de terre, réorganiser l'économie minière et développer l'exportation du vin. Parce que sa capitale, Portoferraio, est une bourgade insalubre, Napoléon va même concevoir un système moderne de collecte des déchets.

Plus tard, Napoléon remarquera à Sainte-Hélène : *« Mon existence à l'île d'Elbe était encore assez enviable, assez douce ; j'allais m'y créer en peu de temps une souveraineté d'un genre nouveau : ce qu'il y avait de plus distingué en Europe commençait à venir passer en revue devant moi. »* L'Empereur déchu exagère un peu, même si plusieurs de ses proches sont venus le visiter : sa sœur Caroline, sa mère et la comtesse Maria Walewska, « l'épouse polonaise » de l'Empereur.

Aux premiers jours de l'automne 1814, la situation financière de Napoléon se détériore au point qu'il doit baisser le salaire de Marchand, son valet, de 5 000 à 2 500 francs. En effet, Louis XVIII rechigne à payer la rente de 2 millions de francs prévue à l'article 3 du traité de Fontainebleau. En France, les grognards, orphelins de leur « héros », trinquent à l'absent tandis que les classes populaires sont abandonnées à leur sort misérable. L'impopularité du roi et l'arrogance des émigrés et du clergé, qui réclament leur statut et leurs propriétés d'avant la Révolution, sont autant d'éléments qui vont le pousser à quitter son île. Au même moment, Napoléon reçoit des nouvelles alarmantes sur les discussions des Alliés, réunis en Congrès à Vienne. On parle de le destituer pour le déporter plus loin. Il est question de l'île de Malte, voire de Sainte-Hélène. Napoléon s'exclame alors : *« Je ne pense pas que l'Europe veuille s'armer contre moi ; je ne conseillerais pas toutefois qu'on vienne m'attaquer ici, ils pourraient payer cher leur entreprise. J'ai des vivres pour 6 mois, une bonne artillerie et des braves pour me défendre. On m'a garanti la souveraineté de l'île d'Elbe ; je suis chez moi, et je ne conseille à personne de venir m'y troubler. »* Toutes ces menaces vont achever de le convaincre de ne pas finir sa vie dans ce royaume d'opérette pour, comme à son habitude, passer à l'attaque le premier. « Toujours en mouvement », avait noté le colonel anglais Campbell alors qu'il visitait Napoléon sur l'île d'Elbe. Il ne croyait pas si bien dire…

LA FIN D'UN SERIAL ENTREPRENEUR

« Cent-Jours » de sursis

Après onze mois de résidence surveillée, Napoléon, à 46 ans, quitte l'île d'Elbe pour revenir clandestinement en France. Le 1er mars 1815, sitôt débarqué à Golfe Juan, Napoléon déclare : *« La victoire marchera au pas de charge ; l'aigle avec ses couleurs nationales, volera de clocher en clocher jusqu'aux tours de Notre-Dame... »* Il confie le commandement de sa petite troupe de 900 hommes à son fidèle Cambronne : *« Je vous confie l'avant-garde de ma plus belle campagne, vous ne tirerez pas un coup de fusil, je veux reprendre ma couronne sans verser une goutte de sang. »* En chemin, l'Empereur rencontre par hasard le prince de Monaco et lui demande : *« Où allez-vous ? »* Le prince répond « Chez moi ! » Napoléon réplique *« Moi aussi ! »*

Tous les détachements envoyés par le gouvernement pour arrêter Napoléon ayant fait volte-face, le maréchal Ney promet à Louis XVIII « de ramener l'usurpateur dans une cage de fer ». Devant l'hostilité grandissante de ses propres troupes, Ney se rallie finalement à son ancien maître. Lors de son procès pour trahison après Waterloo, Ney se justifiera maladroitement : « Comment arrêter l'eau de la mer avec les mains ? » Abandonné de tous, Louis XVIII s'exile une deuxième fois. Au fur et à mesure de la progression de Napoléon vers Paris, le vocabulaire employé par le *Journal officiel* évolue de « L'ogre de Corse vient de débarquer au golfe Juan » à « Le tyran a traversé Lyon », puis « Bonaparte avance à grands pas » et enfin « L'Empereur est arrivé à Fontainebleau ».

À Paris, alors que l'arrivée de Napoléon terrorise beaucoup de ralliés aux Bourbons, Fouché conserve son sang-froid : « Napoléon sera excité comme un soir de campagne et voudra tout de suite une femme. Trouvez-lui en une qui soit vérolée. » Si l'Empereur croit utile de renommer Fouché ministre de la Police, il met aussi en œuvre une campagne d'épuration dans l'administration pour éliminer les traîtres qui sont responsables de la chute de l'Empire en 1814. Contrairement à Talleyrand, Fouché n'a pas ouvertement trahi en 1814, et son passé de régicide semble offrir une garantie. S'efforçant de préserver l'avenir, Fouché va néanmoins s'empresser de jouer double jeu en promettant aux Bourbons de desservir l'Empereur : « Je ne demande pas mieux que les Bourbons reviennent, seulement il faut que les affaires soient arrangées un peu moins bêtement qu'elles ne l'ont été l'année dernière par Talleyrand ; il ne faut pas que tout le monde soit à leur merci. Il faut des conditions biens faites, de bonnes et solides garanties. »

Non seulement l'épuration ne va pas prévenir les trahisons, mais elle va aussi paralyser l'action de nombreux fonctionnaires. Pierre Foucher, employé au ministère de la Guerre et futur beau-père de Victor Hugo, a décrit l'ambiguïté de la situation : « M. le maréchal Davout, prince d'Eckmühl, fut notre ministre pendant les Cent-Jours. Tout en mettant en pratique parmi nous ce système d'épuration qui a été si bien suivi depuis, il nous fit signer un serment de fidélité à l'Empereur. Cette formalité n'était pas nouvelle pour les employés du gouvernement. Eux et tous les fonctionnaires avaient déjà signé quatre à cinq serments : un premier au roi constitutionnel, un deuxième à la République, un troisième à l'Empire, un quatrième à la Restauration. Que cela n'étonne pas. Les serments politiques, en France, n'ont qu'une valeur relative. »

Ayant retrouvé son trône, Napoléon cherche à se constituer un nouvel état-major. Il nomme Cambronne au grade de général de division, mais celui-ci refuse : « On dirait que c'est un passe-droit. » De même, le maréchal Oudinot, nommé ministre d'État et pair de France par Louis XVIII, fait savoir qu'il n'entend pas « jouer un double rôle ni servir deux maîtres ». D'autres maréchaux, tels que Murat, attendront un signe de Napoléon qui ne viendra pas car il ne pardonne pas leur trahison. Napoléon cherche alors à se concilier les libéraux en déclarant, sans trop y croire, à Benjamin Constant : *« Des élections libres ? Des discussions publiques ? Des ministres responsables ? La liberté ? Je veux tout cela... »*

Malgré les obstacles, Napoléon parvient, avec l'aide de Davout, à reconstituer une armée de 500 000 hommes en trois mois. Malheureusement, du fait de l'insurrection royaliste dans l'Ouest, l'Empereur doit y envoyer près de 40 000 soldats qui vont lui manquer cruellement face à la nouvelle coalition européenne. Il entre ainsi en campagne la mort dans l'âme, parfaitement conscient de l'état d'impréparation et d'infériorité numérique de son armée, mais contraint d'attaquer sans attendre le regroupement de toutes les forces coalisées : *« Il y a des circonstances où j'ai besoin de mettre ma confiance en quarantaine. »* Il a perdu son optimisme : *« J'avais en moi l'instinct de cette issue malheureuse ; non que cela ait influencé sur mes déterminations et mes mesures, assurément*[78]*. »*

Dans les premiers jours de juin 1815, Napoléon concentre ses troupes dans le nord de la Belgique. Le 15, à 3 heures du matin, les Français se mettent en marche pour prendre plusieurs ponts sur la Sambre. Le but est d'occuper l'axe de communication entre l'armée anglaise de Wellington et l'armée prussienne de Blücher. Dans trois jours, Napoléon soupirera : *« Ce que peut la fatalité quand elle s'en mêle ! En trois jours, j'ai vu trois fois le destin de la France, celui du monde, échapper à mes combinaisons. »* En effet, le 18 juin 1815, Napoléon va payer ses erreurs dans le choix des chefs, dans la sous-estimation des forces prussiennes et dans le recours au choc frontal plutôt qu'à la manœuvre contre Wellington.

Le 16 juin, 70 000 Français s'opposent à 70 000 Anglo-Hollandais et 100 000 Prussiens. Ayant battu les Prussiens à Ligny et lancé Grouchy à leur poursuite, Napoléon laisse Wellington s'installer dans une position défensive favorable sur le plateau de Mont-Saint-Jean, près de la plaine de Waterloo. Gêné par des tornades de pluie, l'Empereur renonce à attaquer le lendemain. Le 18 au matin, le sol est détrempé. Napoléon estime pourtant ses chances de victoire à 90 %. À 13 heures, au moment où il s'apprête à lancer son attaque principale sur le centre gauche anglais, on lui amène une estafette prussienne capturée, porteur d'un message pour Wellington qui annonce l'arrivée de l'avant-garde de Bülow. *« Il nous reste encore 60 % de chances »* estime l'Empereur qui doit dorénavant percer le dispositif anglais avant que les Prussiens ne prennent la Grande Armée de flanc. Il envoie à Grouchy un ordre d'arriver au plus vite. Ce dernier entend pourtant le canon depuis 11 heures. L'un de ses officiers, le général Gérard, est déjà venu lui demander de se diriger sur le champ de bataille. Grouchy a répondu : « L'Empereur m'a ordonné de suivre les Prussiens. [...] Ce serait une faute grave que de fractionner mes troupes. » Napoléon, lors de son exil à Sainte-Hélène, a fait porter la responsabilité de la défaite à Grouchy. Pourtant, le maréchal n'a reçu que deux messages envoyés par Napoléon, et encore, celui ordonnant d'attaquer Bülow ne lui est parvenu qu'à 19 heures. Napoléon est donc en partie responsable. Il a oublié que *« la direction des affaires militaires n'est que la moitié du travail d'un général ; établir ses communications est un des objets les plus importants »*. En fait, c'est surtout l'absence de son chef d'état-major Berthier, mort deux semaines auparavant en exil, qui explique ces disfonctionnements. En effet, quand l'Empereur demandera à Soult, le remplaçant de Berthier, combien il avait envoyé de messagers à Grouchy, il répondra : « Deux, Sire ». Napoléon répliquera alors : *« Ah Monsieur, Berthier, lui, en aurait envoyé douze. »*

Avec ces contretemps, l'attaque contre le centre britannique débute vers 13 h 30. Ney, qui a rassemblé toute sa cavalerie lourde, passe la première ligne anglaise et butte sur la seconde. Les Français se replient. Ney fait donner la cavalerie légère de la Garde. L'infanterie britannique résiste encore. Wellington envoie à son tour sa cavalerie qui ramène les Français dans leurs lignes. Les Français contre-attaquent et ramènent la cavalerie anglaise dans ses lignes puis la déciment. Lorsque Ney, qui a pris pied sur la partie anglaise du plateau, demande des renforts, Napoléon lui envoie les cuirassiers de Kellermann. Ney enfonce la première ligne anglaise. Mais la seconde tient bon, se forme en carrés. Ney va charger sept fois les carrés anglais. Wellington y envoie des renforts. Ney, privé d'infanterie, recule après des pertes sévères. Il fait alors demander à Napoléon des renforts d'infanterie. Celui-ci s'exclame : *« Où veut-il que je les prenne ? »*

Wellington est, lui aussi, dans une mauvaise posture car il a épuisé toutes ses réserves. À ceux de ses généraux qui demandent des renforts ou l'autorisation de se replier, il fait répondre : « Ordre de mourir sur place jusqu'à l'arrivée des Prussiens… » Des fuyards anglais commencent néanmoins à prendre la route de Bruxelles. Napoléon part alors à l'assaut du centre anglais avec sa garde impériale. L'Empereur parvient à galvaniser les énergies, en faisant répandre la fausse nouvelle de l'arrivée de Grouchy : *« Un général doit être un charlatan »* car *« celui qui sauve sa patrie ne viole aucune loi. »* Surpris par des Anglais dissimulés, qui la fusillent à bout portant, la Vieille Garde perd pied et se replie. Wellington, voyant l'arrivée inattendue des Prussiens de Bülow, jette alors toutes ses forces dans la mêlée. Napoléon est contraint de placer sa Garde en carrés.

Sous l'assaut conjugué des Anglais et des Prussiens, les Français, débordés, se mettent à paniquer. Ney, au milieu d'un carré, crie aux assaillants : « Venez voir comment meurt un maréchal de France ! » Seule la Vieille Garde se replie en ordre, ce qui permet à l'Empereur de quitter sain et sauf le champ de bataille vers 23 heures. Voici le récit, sans doute enjolivé, d'Antoine Deleau, grenadier de la Vieille

Garde, à propos de l'attitude du général Cambronne, qui commande le premier bataillon de chasseurs de la Garde : « J'étais au premier rang, avantage que je devais à ma grande taille. L'artillerie anglaise nous foudroyait et nous répondions à chaque décharge par une fusillade de moins en moins nourrie. Entre deux décharges le général anglais nous cria en français : "Grenadiers rendez-vous !" Cambronne répliqua : "La garde meurt mais ne se rend pas !". Je l'ai parfaitement entendu, j'étais à deux mètres de lui. Le général anglais commanda le feu. Nous reformâmes le carré. "Grenadiers rendez-vous ! Vous serez traités comme les plus beaux soldats du monde !" reprit le général anglais. Cambronne répliqua à nouveau "La garde meurt mais ne se rend pas !" Tous ceux qui étaient proches de Cambronne, dont moi, répétâmes cette phrase, reprise bientôt par tout le carré. Nous essuyâmes une nouvelle terrible décharge. Nous reformâmes encore le carré et nous ouvrîmes le feu à notre tour. [...] Cette fois ce furent tous les soldats anglais qui nous cernant de toutes parts nous implorèrent de nous rendre... "Grenadiers rendez-vous ! rendez vous !" C'est alors que fou d'impatience et de colère, Cambronne lâcha le fameux "Merde !" Ce fut le dernier mot que j'entendis car je reçus un boulet dans mon bonnet à poil qui m'étendit sans connaissance sur un tas de cadavres. » Comme l'a remarqué Napoléon, même *« les malheurs ont leur héroïsme »*.

S'arrêtant à quelques lieues du champ de bataille, près d'un feu de camp allumé par des soldats, Napoléon s'est mis à pleurer. Alors que les Alliés fusillent sur le champs les fuyards qu'ils surprennent, le niveau de haine est tel que certains grognards blessés refusent les soins proposés par des médecins ennemis. Napoléon, qui a cherché en vain à se faire tuer, aurait eu le dernier mot de la journée : *« À Waterloo, à commencer par moi, personne n'a fait son devoir. »* Cette phrase est injuste envers sa garde impériale qui comptera quatre des sept généraux français morts. Wellington se montrera plus clément envers son adversaire en reconnaissant, après Waterloo, que « la présence de Napoléon sur le champ de bataille faisait une différence de 40 000 hommes ». Wellington avouera aussi que, sans l'aide des Prussiens, les Anglais auraient probablement perdu la bataille : « Je dois rendre justice à l'armée prussienne, en attribuant l'heureux résultat de cette terrible journée au secours qu'elle a donné à propos. Le mouvement du général Bülow a été décisif. »

La mise à la retraite anticipée

Le 22 juin 1815, quatre jours après Waterloo, Napoléon abdique pour la seconde fois. La France, qui se voit enlever la Savoie et des places fortes du Nord et de l'Est, devra par ailleurs payer une forte contribution de guerre et entretenir une armée d'occupation. Quoi qu'il en soit, dès le 9 juin, Talleyrand avait déjà signé l'acte final du Congrès de Vienne où les contours de l'Europe de l'après-Napoléon avaient été décidés.

En fin de compte, Talleyrand, qui servira après Napoléon la cause des rois Louis XVIII, Charles X et Louis-Philippe, aura prêté serment à treize régimes différents. Il a toujours su anticiper les changements de régime car il avait pour principe : « Soyez à leurs pieds. À leurs genoux… Mais jamais dans leurs mains. » Dans ses *Mémoires d'outre-tombe*, Chateaubriand expliquera sa colère froide en voyant arriver Talleyrand et Fouché dans les appartements du roi Louis XVIII, en 1815 : « Ensuite, je me rendis chez Sa Majesté : introduit dans une des chambres qui précédaient celle du roi, je ne trouvai personne ; je m'assis dans un coin et j'attendis. Tout à coup une porte s'ouvre : entre silencieusement le vice appuyé sur le bras du crime, M. de Talleyrand marchant soutenu par M. Fouché ; la vision infernale passe lentement devant moi, pénètre dans le cabinet du roi et disparaît. Fouché venait jurer foi et hommage à son seigneur ; le féal régicide, à genoux, mit les mains qui firent tomber la tête de Louis XVI entre les mains du frère du roi martyr ; l'évêque apostat fut caution du serment. » Talleyrand comme Fouché, tous deux considérablement enrichis par leurs multiples trahisons, seront à nouveau ministres.

Au même moment, plusieurs officiers supérieurs, compromis dans l'aventure des Cent-Jours, font l'objet d'une campagne d'épuration. La « Chambre introuvable », élue en août 1815 par un suffrage censitaire, a en effet exigé d'un Louis XVIII, réticent, des poursuites judiciaires. Appelé devant un conseil de guerre, Ney est ainsi jugé, sur sa demande, par la Chambre des pairs. Alors que ses avocats soutiennent qu'aucun tribunal français n'est compétent pour le juger puisque sa ville natale, Sarrelouis, a été cédée à la Prusse, Ney s'exclame avec colère : « Je suis Français, je veux mourir français ! » La Chambre des pairs, dont plusieurs maréchaux d'Empire sont désormais membres, le condamne à mort pour haute trahison à l'unanimité moins une voix, celle du duc de Broglie, futur ministre de Louis-Philippe. Exécuté le lendemain, Ney va non seulement refuser qu'on lui bande les yeux, mais aussi commander lui-même le feu du peloton d'exécution en recommandant aux soldats de le viser « droit au cœur ».

Lorsque, le 24 octobre 1815, Napoléon découvre dans sa lorgnette les rivages inhospitaliers de Sainte-Hélène, un îlot rocheux perdu dans l'Atlantique à 1 800 kilomètres des côtes d'Afrique, il déclare laconiquement : *« Ce ne sera pas un joli séjour. »* Sous la surveillance mesquine du gouverneur Hudson Lowe, accompagné de quelques fidèles et d'une poignée de courtisans, Napoléon va y survivre quelques années dans la promiscuité. S'il a conscience qu'il *« y a autant de vrai courage à souffrir avec constance les peines de l'âme qu'à rester fixe sous la mitraille d'une batterie »*, il relativise ce coup du sort qui *« est comme celui du balancier à la monnaie, il marque un homme à sa valeur »*. Il se persuade donc qu'il *« n'y a ni bonheur ni malheur absolus dans le monde : la vie d'un homme heureux est un tableau à fond d'argent avec des étoiles noires ; la vie d'un homme malheureux est un fond noir à étoile d'argent »*. Souvent morose, il se laisse parfois vaincre par une profonde mélancolie : *« Toujours seul au milieu des hommes, je rentre pour rêver avec moi-même et me livrer à toute la vivacité de ma mélancolie. De quel côté est-elle tournée aujourd'hui ? Du côté de la mort. Puisque je dois mourir ne vaut-il pas autant se tuer ? »*

Au bord du *Northumberland*, le navire anglais qui l'a emmené à Sainte-Hélène, Napoléon a interrogé Las Cases, un ancien émigré royaliste qui va avoir la charge de transcrire ses *Mémoires* : « *Qu'allons-nous faire dans ce lieu perdu ?* » Las Cases lui a répondu : « Vous vous relirez, Sire. » Comme il n'a *« rien de trop que du temps »* et qu'il est *« enterré avec toute sa tête »*, Napoléon va, pendant six ans, patiemment élaborer l'image qu'il entend laisser en se souvenant que *« du sublime au ridicule, il n'y a qu'un pas, c'est la postérité qui juge »*. Comme *« la vérité historique est souvent une fable convenue »*, il va tisser sa légende en se composant le masque d'un libéral incompris ayant succombé sous les coups de monarques obscurantistes. Il va notamment déclarer à Montholon : *« J'ai semé la liberté à pleines mains partout où j'ai implanté mon Code civil »*, mais aussi : *« Je n'ai pas créé l'Empire dans mon intérêt personnel [...] mais pour le salut de la Révolution*[79]*. »*

Lors de conversations avec son médecin britannique O'Meara, l'Empereur expose même son projet de proclamation de la république qui aurait été le sien s'il avait débarqué en Angleterre. Il ose même prétendre qu'il aurait su se faire aimer du peuple britannique : *« Votre canaille eût été avec moi, sachant que je suis l'homme du peuple, que je sors de la canaille moi-même et que toutes les fois qu'un homme avait du mérite et du talent, je l'élevais sans demander combien il avait de quartiers de noblesse ; sachant enfin qu'en prenant mon parti, elle s'affranchirait du joug de l'aristocratie sous lequel elle gémit. [...] Un de mes grands desseins était de rendre l'éducation accessible à chacun. Je fis former toutes les institutions sur un plan qui offrait au public l'instruction gratuite* [il en avait néanmoins exclu les filles]. *Les musées étaient ouverts à la canaille. Ma canaille serait devenue la plus instruite du monde. Tous mes efforts tendaient à éclairer la masse de la nation plutôt que de l'abrutir par l'ignorance et la superstition*[80]*. »*

L'Empereur déchu ne va pas prendre cette tâche à la légère car *« tout passe promptement sur terre, hormis l'opi-*

nion que nous laissons dans l'Histoire ». Remarquant que *« la pensée se mûrit aussi bien dans le succès que dans le malheur »*, il va sincèrement prendre goût pour l'introspection. En se passant la main sur le visage, il a même soupiré : *« Après tout, je ne suis qu'un homme*[81]*. »* Ces moments de mélancolie sont parfois interrompus par des élans d'enthousiasme, comme lors de cette confidence à Gourgaud : *« Ah ! si j'avais pu gouverner la France pendant quarante ans, j'en aurais fait le plus bel empire qui eut jamais existé. »*

Même si Goethe a affirmé, dès 1808, que « Napoléon grandira à mesure qu'on le connaîtra mieux », le mythe du héros combattant pour la liberté va se développer considérablement à partir de Sainte-Hélène. Publié peu de temps après la mort de Napoléon, le *Mémorial de Sainte-Hélène* de Las Cases a été l'un des livres les plus lus du XIXe siècle. Un autre livre, *Napoléon en exil* par O'Meara, a aussi eu un succès considérable. Quoi qu'il en soit, tout au long du XIXe siècle, de nombreux Européens vont être affectés par « la fatigue d'être soi », cette maladie du siècle victorien qui provient du décalage entre l'héroïsme de Napoléon et le monde étriqué et bourgeois issu de la révolution industrielle. Chateaubriand lui-même a presque fini par regretter « ce quart de siècle équivalent à des siècles » : « Retomber de Bonaparte et de l'Empire à ce qui les suivit, c'est tomber de la réalité dans le néant, du sommet d'une montagne dans un gouffre. Tout n'est-il pas terminé avec Napoléon ? »

Celui-ci a par ailleurs fait œuvre posthume de transparence en demandant à ce que sa correspondance soit publiée : *« Voilà comment je dois paraître devant l'Histoire ; voilà les motifs qui m'ont fait agir ; voilà l'explication de mes actes ; voilà les conseils que je donne à mes successeurs, à mon pays, à l'humanité tout entière. »* Persuadé que *« la vraie sagesse des nations est l'expérience »*, Napoléon a sincèrement cru que l'analyse de ses réussites et de ses échecs était un outil pédagogique utile, non seulement pour le juger mais pour en tirer des leçons. Cette correspondance est d'autant plus intéressante que, d'après Balzac, « contrairement à ses biographes, le sous-lieutenant a parlé sans connaître le Premier consul, l'Empereur a souvent pensé sans prévoir Sainte-Hélène ».

Convaincu qu'il *« faut vouloir vivre et savoir mourir »*, Napoléon a refusé l'idée d'une évasion pour rejoindre son frère Joseph exilé « aux Amériques ». Montholon a raconté la justification donnée par Napoléon : *« J'ai encore quinze ans de vie, tout cela est bien séduisant ; mais c'est une folie, il faut que je meure ici, que la France vienne m'y chercher. Si Jésus-Christ n'était pas mort sur la croix, il ne serait pas Dieu. »* Dans son testament, daté du 16 avril 1821, Napoléon a donc exprimé ce vœu : *« Je désire que mes cendres reposent sur les bords de la Seine, au milieu de ce peuple français que j'ai tant aimé. [...] Je recommande à mon fils de ne pas oublier qu'il est né prince français [...] et qu'il doit adopter ma devise : Tout pour le peuple français.*[82] *»*

Quelques jours avant sa mort, il se fait administrer l'extrême-onction par un prêtre, puis récite quelques prières. En pleine agonie, il renoue avec la pratique religieuse de son enfance dont il n'avait conservé que quelques réflexes tel celui de faire le signe de croix lors de mauvaises nouvelles.

Le 5 mai 1821, à 17 heures et 49 minutes, l'Empereur déchu expire : *« La mort est un sommeil sans rêves et peut-être sans réveil. »* Ce n'est pas la mort dont il avait rêvé, mais c'est bien celle qu'il avait pronostiquée. En effet, discutant avec Duroc alors qu'il se trouvait au Kremlin en 1812, Napoléon lui avoue qu'il voudrait mourir frappé par un boulet sur un champs de bataille, mais ajoute : *« Je ne crois pas que je serais aussi heureux car je vais mourir dans mon lit comme un sacré c...*[83] *»* En mai 1818, alors qu'il savait déjà qu'il allait sans doute mourir en exil, il avait avoué un regret différent à Bertrand : *« J'aurais dû mourir au Kremlin. Alors, j'avais la plus grande gloire et la plus grande réputation [...] César n'eut pas approché de ma jarretière.*[84] *»* Lord Holland, chef de file des libéraux anglais, n'en demandera pas autant de la part de Napoléon quand il déclarera à la Chambre des lords : « Les personnes mêmes qui détestèrent ce grand homme ont reconnu que depuis dix siècles il n'était apparu aucun personnage de cette envergure. L'Europe entière a porté le deuil de ce héros, et ceux qui ont contribué à ce grand forfait sont voués au mépris des générations présentes comme à celui de la postérité. »

Comme Louis XVIII, les Anglais et les Autrichiens ne veulent pas que l'Empereur, même mort, revienne en France. Il faudra attendre près de vingt ans pour que sa dépouille soit placée sous le dôme des Invalides.

Le 15 décembre 1840, un cortège funèbre, suivi par de vieux grognards et une foule immense, arrive finalement à Paris. Pour Victor Hugo, « c'est la fête d'un cercueil exilé qui revient en triomphe ». Le maréchal Moncey, qui a supplié ses médecins de le maintenir en vie le temps de « recevoir l'Empereur », déclare à la fin de cette cérémonie : « À présent, rentrons mourir. » Napoléon avait d'ailleurs eu une belle prémonition sur l'élégance de son comportement en déclarant à Sainte-Hélène : *« C'est un homme d'honneur que Moncey, il s'est bien conduit à la fin. »*

BILAN DU MANAGEMENT PREMIER EMPIRE

Soucieux de sa place dans l'histoire, Napoléon s'est lui-même interrogé : *« Sur quoi pourrait-on m'attaquer qu'un historien ne puisse me défendre ? »* En bon communicateur, il a même anticipé les polémiques : *« Mon histoire se compose de faits que de simples paroles ne sauraient détruire. »* S'il a déclaré que *« les nations, comme l'histoire, ne tiennent guère compte que des succès »*, il aurait sans doute été attristé par certaines critiques tournant en dérision ses réussites les plus incontestables ; ainsi Chateaubriand remarquant que « de victoires en victoires, Napoléon a amené les Russes à Paris ».

La polémique sur le bilan de Napoléon, qui n'est jamais dénuée d'arrière-pensées, commence bien avant sa mort. Le choix des critères de jugement est alors déterminant car ces derniers conditionnent l'interprétation que l'on donne à l'épopée napoléonienne. Par exemple, selon que l'on s'intéresse aux objectifs de son entreprise, aux moyens mis en œuvre ou aux résultats obtenus, l'analyse du bilan prend une tournure très différente. De même, si on s'intéresse à son action sous un angle collectif (bilan pour la France...) ou personnel (bilan d'une vie...), le résultat diverge.

Si les jugements portés sur le bilan de Napoléon sont bien sûr fort différents, il faut noter que ses adversaires directs sont souvent parmi les plus admiratifs. Ainsi, Metternich a déclaré qu'il « serait impossible de disputer de grandes qualités à celui qui, sorti de l'obscurité, a pu, en quelques années, devenir le plus fort et le plus puissant parmi ses contemporains ». Metternich a aussi insisté sur le fait qu'avant tout bilan, il faut prendre en considération le contexte très spécifique de la Révolution : « Pour juger cet homme extraordinaire, il faut le suivre sur le grand théâtre pour lequel il était né. La fortune avait sans doute beaucoup fait pour Napoléon, mais par la force de son caractère, par l'activité et la lucidité de son esprit, et par son génie pour les combinaisons de l'art militaire, il s'était mis au niveau de la place qu'elle lui avait destinée. » C'est d'ailleurs ce contexte historique qui explique comment Chateaubriand a pu passer, en quelques années, de l'éloge vibrant à la critique la plus féroce. L'écrivain a d'ailleurs reconnu l'ambivalence de son jugement sur l'homme (« J'admire Bonaparte, je hais Napoléon ») et sur le mythe (« Bonaparte n'est plus le vrai Bonaparte, c'est une figure légendaire composée des lubies du poète, des devis du soldat et des contes du peuple. »).

Le P-DG Napoléon

Outre le bilan historique ou politique, une autre dimension intéressante est l'analyse de l'aventure napoléonienne comme celle d'un entrepreneur. Cette démarche permet de comparer son expérience de bâtisseur d'empire avec celle des capitaines d'industrie contemporains.

Au niveau des talents déployés, Napoléon a démontré une extraordinaire habileté dans la gestion de l'incertitude et de la complexité, grâce à sa méthode d'examen rationnel d'une situation à risque, puis de mise en œuvre rapide d'une décision visant à la résoudre. Même si ses solutions semblent souvent trop expéditives pour être totalement applicables de nos jours, l'analyse de son mode de résolution des problèmes reste instructive tant pour des responsables opérationnels que pour des décideurs du plus haut niveau.

S'il n'a pas été un manager, au sens moderne du mot, Napoléon a dû faire face aux mêmes types de problématique telle que sélectionner et motiver une équipe ou décider de l'allocation des ressources. Alors qu'il est, à tort, perçu de nos jours presque uniquement comme un chef de guerre, on peut remarquer que Clausewitz a défini la guerre « comme un conflit de grands intérêts [...] à comparer au commerce ».

Une chose est certaine : Napoléon n'a éprouvé que du mépris pour les marchands. Il les a souvent assimilés à de dangereux spéculateurs : *« Le commerce unit les hommes, tout ce qui les unit les coalise, le commerce est donc essentiellement nuisible à l'autorité. »* Nietzsche ira encore plus loin encore dans cet antagonisme en écrivant : « Napoléon sera un jour remercié pour le fait qu'en Europe l'homme soit redevenu le maître aux dépens de l'homme d'affaires[85]. »

Reconnaissant que « ce que Napoléon nous a coûté en force, il nous l'a rendu en illustration », Chateaubriand lui a d'ailleurs donné raison en estimant que l'admiration de ses concitoyens ne serait pas diminuée par son échec final : *« En France, on n'admire que l'impossible. »* Ce curieux mélange d'admiration et d'amertume se retrouve dans cette remarque de Balzac : « Après nous avoir fait peser sur la terre de manière à changer les lois de la gravitation, Napoléon nous a laissés plus pauvres que le jour où il avait mis la main sur nous[86]. »

En perdant à Waterloo, Napoléon ne perd pas seulement une bataille, mais aussi toutes ses guerres. Il laisse alors à son ennemi juré, l'Empire britannique, la voie libre pour le contrôle du quart de la population mondiale. Ironie de l'histoire, c'est le jour du 125e anniversaire de Waterloo que le général de Gaulle adressera son « appel » demandant aux Français de poursuivre le combat contre Hitler, la France ayant « perdu une bataille mais pas la guerre ». De Gaulle deviendra par la suite l'une des figures historiques préférées des Français. On peut en conclure, comme le colonel Émile René Gueguen[87], que les Français admettent inconsciemment que l'épopée napoléonienne est trop grande pour la France : « Si de Gaulle avait l'ambition de la France, Napoléon avait l'ambition du monde[88]. »

Si la comparaison du destin de Napoléon avec celui des personnages de l'histoire universelle (Alexandre le Grand, Jules César...) est banale, celle avec les hommes d'affaires contemporains l'est moins. Or, cette analogie est riche d'enseignements, tant pour comprendre Napoléon que les grands P-DG d'aujourd'hui.

Il faut d'abord remarquer que l'Empereur a agi dans un contexte très différent de ces derniers, aussi bien du point de vue historique que sociologique. La distinction fondamentale réside néanmoins dans la mission à remplir. Alors que le cadre dirigeant a pour objectif la création de valeur pour ses actionnaires, ses collaborateurs et lui-même, Napoléon a défini sa propre mission. Quand il déclare à l'amiral Decrès que *« la fortune l'a ébloui »*, il ne parle pas de son bien-être matériel ou celui de ses concitoyens, mais de la gloire : *« La richesse ne consiste pas dans la possession, mais dans l'usage. »* Lorsqu'il annonce qu'il n'a qu'un besoin, *« c'est celui de réussir »*, il ne s'agit pas d'une réussite économique, mais d'une « volonté de puissance » plus proche de celle d'Alexandre le Grand que de celle d'un homme d'affaires. Pour parvenir à ce qu'il considère être la grandeur de la France, Napoléon se résoudra même à menacer ses intérêts économiques et ceux de ses « associés », au point de perdre leur confiance puis le pouvoir. C'est l'Angleterre, cette *« nation de boutiquiers »*, qui accomplira, sous le règne de la reine Victoria, ce rêve de grandeur à l'échelle du monde.

Au-delà des jugements sur l'homme ou sur son œuvre, il semble intéressant de comprendre, grâce aux théories contemporaines du management, en quoi le déclin du Premier Empire aurait pu être prévisible.

Un déclin prévisible

Un premier élément de réflexion réside dans le fait que le génie d'organisateur de Napoléon a fini par se retourner contre lui. Son œuvre politique et administrative, qui est considérable du point de vue de la création d'institutions politiques comme de la mise en place d'actifs intangibles, tels que le Code civil ou le Concordat, a été tellement réussie que celle-ci s'est progressivement affranchie de sa tutelle. L'administration française, par exemple, a acquis, grâce à son travail de rationalisation, une puissance incontournable, au point que ses intérêts sont parfois devenus contradictoires avec ceux de l'Empereur. Au départ, comme le montre la préparation du Code civil, la culture de l'administration était dominée par son charisme personnel. Au fur et à mesure de son développement, la relation de proximité que Napoléon avait avec elle, s'est détériorée car il a eu de plus en plus de difficulté à incarner un projet fédérateur pour des individus et des groupes divers et distants. Au-delà de son charisme, sa supériorité intellectuelle a par ailleurs été tellement évidente qu'elle pouvait devenir humiliante pour ses subordonnés. Son attention quasi-exclusive à ses propres objectifs a parfois été perçue par ses collaborateurs comme des revirements dans le sens de son seul intérêt personnel. En fin de compte, son obsession pour la conquête militaire s'est révélée contraire à ses intérêts. Talleyrand justifie d'ailleurs sa trahison précoce par le fait qu'il n'a « jamais abandonné un régime avant qu'il ne s'abandonne lui-même ». Façonnée comme un outil au service de son ambition personnelle, la bureaucratie va alors s'affranchir par lassitude ou opportunisme. Puis, comme l'a décrit Alexis de Tocqueville, « Napoléon est tombé, mais ce qui était vraiment substantiel dans son travail a duré ; son gouvernement est mort, mais son administration a continué de vivre... » Son héritage s'est traduit par la culture administrative qu'il a diffusée et non par la survivance de son régime politique. Si le bilan peut donc être perçu de façon positive pour la France, la mise en place d'une administration puissante s'est révélée être une victoire à la Pyrrhus pour Napoléon.

Ce phénomène du *backfire* (retour du bâton) se retrouve dans beaucoup de situations où l'exercice d'un pouvoir absolu, pas assez réfléchi, finit par se révéler néfaste. L'usage immodéré de la censure est ainsi l'un des éléments qui ont pu se retourner contre Napoléon. Paradoxalement, la censure peut attirer l'attention sur une information qui serait peut-être passé inaperçue, elle peut aussi favoriser la propagation de rumeurs aussi incontrôlables que récurrentes, telle celle de la mort de l'Empereur. Plusieurs fois, Napoléon, qui se trouvait en campagne, a dû ainsi revenir en catastrophe à Paris pour que son administration déstabilisée reprenne confiance.

La bureaucratisation de l'administration de Napoléon peut aussi être analysée par le biais du paradoxe de la globalisation. En effet, plus l'Empereur a progressé dans son travail d'unification du continent européen, plus son pouvoir s'est diffusé et fragmenté au sein de sphères géographiquement éloignées. La concentration du pouvoir napoléonien devenait alors contradictoire avec l'ambition de l'étendre au monde entier. Napoléon n'a pourtant jamais compris que son monopole du pouvoir ne pouvait être que temporaire. C'est l'économiste Schumpeter qui a théorisé le premier ce concept du monopole du pouvoir temporaire au sein d'une théorie de l'innovation et de la croissance économique en cycle long. La vision dynamique de Schumpeter lui a d'abord permis de justifier l'existence de monopoles temporaires par le biais d'un processus permanent de « destruction créatrice[89] ». Avec la disparition des anciennes combinaisons productives et l'introduction de nouvelles, l'entrepreneur réalise un profit de monopole qui est la rémunération de sa fonction d'innovation. La concentration du capital va néanmoins tendre vers une bureaucratisation de l'innovation. C'est dans ce cheminement discontinu de l'innovation que Schumpeter trouve une clé de l'articulation des cycles économiques d'expansion puis de dépression. Lors de la phase de dépression, l'élimination des combinaisons anciennes permet de réunir les conditions pour une nouvelle « grappe d'innovations ».

Un des effets pervers du génie de Napoléon est d'avoir mal appréhendé le caractère temporaire de son avantage concurrentiel, lié à sa position de précurseur de la modernité. S'il a bien disposé d'un *First Mover advantage*, c'est-à-dire de capacités distinctives qui ne peuvent être répliquées que très difficilement par ses concurrents, il s'est trompé en croyant que sa supériorité pouvait lui permettre de vaincre seul la coalition de tous les autres. Au niveau militaire, Napoléon est resté très longtemps invaincu grâce à son sens de la mobilité et de la surprise, alors qu'il ne disposait pas d'une armée plus nombreuse ou d'un armement plus performant. Néanmoins, au fil des années, son avantage de « premier entrant » est devenu de moins en moins efficace, notamment à cause de la « courbe d'apprentissage » de ses adversaires. La défaite de Waterloo s'explique d'ailleurs non seulement par l'usure de Napoléon, qui y a apporté une « valeur ajoutée » beaucoup moins substantielle que pendant la campagne de France seulement un an auparavant, mais aussi parce que les Anglais et les Prussiens, bien décidés à éliminer définitivement la menace napoléonienne, sont parvenus à mettre en place des tactiques de défense et d'attaque plus efficaces.

Un autre de ses talents ayant eu des effets pervers est sa formidable capacité à gérer par lui-même tous les problèmes intéressants son Empire. À Sainte-Hélène, il admettra finalement que cette propension quasi pathologique à la centralisation lui a été funeste car il *« n'y a point d'esprits qui sont propres à tout »*. Sa virtuosité à gérer un système aussi complexe qu'un empire s'étalant sur la moitié de l'Europe a pu lui donner l'illusion d'un contrôle qui, malheureusement, ne pouvait être que temporaire et instable. Grand stratège, il a donc été victime des notions de planification, de vision et de prévision qui reposent sur la croyance souvent erronée selon laquelle il est possible de contrôler l'avenir grâce à une perspicacité et une volonté supérieures. Comme il n'a parfois pas suffisamment tenu compte du contexte interne et externe sans cesse mouvant, Napoléon a négligé certains réajustements nécessaires, voire des remises en cause, tant de ses objectifs que de ses moyens. Malgré son ambition réformatrice, qui l'a poussé à innover dans des domaines où personne ne s'était aventuré avant lui, l'Empereur n'a pu rendre plus linéaire le déroulement de ses actions car « impatient de volonté, patient de caractère, incomplet et comme inachevé », Napoléon avait, selon Chateaubriand, « des lacunes dans le génie ». Organisateur hors pair, celui qui a presque réussi, par des réformes structurelles rapides, à mettre en œuvre sa vision de la modernité, a involontairement laissé à la postérité l'image d'une gestion opaque et autoritaire.

Une autre théorie du management, qui trouve un parallèle saisissant dans l'expérience de Napoléon, est celle du cycle de vie des organisations, à savoir l'impulsion, la formation, la croissance et la maturation, voire le déclin. Arrivé à son apogée vers 1811, il semble *a posteriori* évident que le Premier Empire était arrivé au stade de la maturité, où la croissance organique va naturellement se ralentir du fait des problèmes de gestion consécutifs à une dizaine d'années de croissance débridée. Dans ce cas de figure, les gestionnaires choisissent souvent de faire une pause pour se concentrer sur un laborieux travail d'intégration d'un ensemble forcément disparate. Comme le montre le tableau ci-après, Napoléon a préféré, à cette tâche ingrate mais indispensable, une stratégie de fuite en avant qui a finalement provoqué sa chute.

Le cycle de vie de l'organisation « Premier Empire »
(inspiré de Henry Mintzberg)

	Caractéristique politique	**Caractéristique historique**
Impulsion	Imposer héroïquement sa réussite	Siège de Toulon
Formation	Combler le vide politique	Coup d'État du 18 brumaire
Développement	Organiser un nouveau type de régime	Sacre du 2 décembre 1804
Maturité	Atteindre un équilibre dynamique	Le mariage avec Marie-Louise
Revers de fortune	Trébucher sur un obstacle imprévu	La retraite de Russie

Dénouement	Se voir contraint à abandonner le pouvoir	L'abdication de 1814
Renouveau	S'imposer à nouveau comme chef d'État	Les Cents-Jours
Échec définitif	Succomber à un ultime conflit	Waterloo

Plusieurs explications peuvent être données à ce processus implacable et fatal. Tout d'abord, une de ses erreurs a été de ne pas avoir pris conscience des limites naturelles de son modèle de croissance alors que son organisation était arrivée au stade de la maturité. À force de tout gagner, Napoléon a transformé un cercle vertueux en cercle vicieux : il s'est retrouvé dans des lieux nouveaux où des problèmes nouveaux se sont révélés impossibles à résoudre. Napoléon n'a pas perçu les risques consécutifs au fait de quitter un « marché dominé » (l'Europe occidentale) pour entrer, selon l'expression de Clausewitz, en « terrain inconnu ». Il s'est donc contenté de dupliquer sa stratégie, conçue à la base pour une victoire rapide et foudroyante dans des pays riches et d'étendue moyenne. En passant outre les « frontières naturelles » de son empire, c'est-à-dire la France plus les riches provinces des vallées du Rhin et du Pô, il a été victime de la « loi des rendements marginaux décroissants ». En Espagne et en Russie, le modèle de financement de la Grande Armée s'est grippé du fait d'un effet « ciseaux » redoutable. Alors que les recettes générées par ces nouvelles conquêtes étaient limitées par la faiblesse des économies locales, les coûts de conquête et d'occupation y ont été beaucoup plus élevés que prévu car les topographies et les populations y furent beaucoup moins favorables qu'en Italie ou en Allemagne.

Une autre erreur de management de Napoléon est de ne pas avoir compris que les qualités qui lui avaient été utiles pour la construction de son empire pourraient se révéler désastreuses par la suite. Guidé par le goût du challenge et le plaisir du jeu, Napoléon a inlassablement employé son énergie à imaginer des défis qu'il voulait relever. Selon Balzac, Napoléon a même eu « l'instinct du péril en fait de gouvernement ». Ce trait de caractère n'est pas exempte de narcissisme car, selon Mathieu Molé, « toute sa morale ne tendait qu'à ses lumières, elle ne venait jamais de son instinct et encore moins de son sentiment. [...] Le fait est qu'à ses yeux la vie humaine était une partie d'échecs – et les hommes, les religions, la morale, les affections, les intérêts, autant de pions ou de pièces qu'il faisait avancer, et dont il se servait selon l'occasion. » Metternich ne dit pas autre chose : « Napoléon se regardait comme un être isolé dans le monde, fait pour le gouverner et pour diriger tous les esprits à son gré. »

S'il a pu s'élever jusqu'à devenir empereur, grâce à des paris considérés par ses contemporains comme impossibles, ses nouveaux projets ont moins participé à la consolidation de l'empire qu'à son affaiblissement. Alors que le manque de lucidité sur le stade de maturité de son Empire n'a été qu'une erreur de jugement, sa faculté à prendre des risques considérables, à la suite d'une poussée d'exaltation, a été un élément structurel de sa personnalité. Faute d'accepter une remise en cause de ses méthodes, car cela signifiait se remettre en cause lui-même, Napoléon a couru le risque de basculer dans l'irréel et de céder aux sirènes de la précipitation, perdant du même coup toute vision claire et raisonnée des intérêts en jeu. Ce manque de discernement est d'ailleurs assez courant chez les entrepreneurs et s'explique en partie par la phase de fièvre et d'exaltation indispensable dans la conduite d'un projet. Ainsi, en envahissant la Russie avant d'avoir pacifié l'Espagne, il a donné l'impression de ne pas terminer son travail dès lors qu'il y rencontrait des difficultés. En abandonnant en cours de route une multitude de projets, il a donc pris le risque d'être perçu, tant par son entourage que ses alliés, comme un facteur d'appauvrissement et d'instabilité.

Si certains entrepreneurs tels que Napoléon recherchent principalement des opportunités à fort potentiel et à haut risque, d'autres ont des tempéraments qui privilégient une gestion impliquant un profit moins élevé en contrepartie d'un risque moindre. Compte tenu de l'arrivée à maturité de son organisation, il aurait dû se poser sérieusement la question d'un « repreneur » de ce type. Après le fondateur talentueux et charismatique, le repreneur aurait sans doute organisé la société pour qu'elle puisse changer sans traumatisme. Cette stratégie du repreneur aurait par ailleurs permis un meilleur contrôle des risques et une plus grande décentralisation des pouvoirs. Pour préparer convenablement sa succession, il aurait fallu que l'Empereur définisse clairement et autoritairement ce qui pouvait être délégué. S'il ne l'a pas fait, c'est que Napoléon voulait repousser toujours plus loin la limite du possible : *« Mon fils doit être l'homme des idées nouvelles et de la cause que j'ai fait triompher partout. [...] Ma destinée n'est pas accomplie ; je veux achever ce qui n'est qu'ébauché ; il me faut un code européen, une cour de cassation européenne, une même monnaie, les mêmes poids et mesures, les mêmes lois, il faut que je fasse de tous les peuples de l'Europe un même peuple et de Paris la capitale du Monde. »* Comme l'a écrit Metternich, il « était tellement habitué à se regarder comme nécessaire au maintien du système qu'il avait créé, qu'à la fin, il ne comprenait plus comment le monde pourrait aller sans lui ». À Sainte-Hélène, il regrettera de ne pas avoir désigné son beau-fils Eugène de Beauharnais comme son héritier. Il avait pourtant le profil du repreneur non charismatique mais efficace : *« une tête carrée, un administrateur habile, c'est un homme de mérite supérieur, mais ce n'est pas un homme de génie. Il n'a pas ce caractère ferme qui distingue les grands hommes. »*

Un précurseur du développement personnel

Nous allons enfin nous concentrer sur l'analyse du bilan strictement personnel de la vie de Napoléon et sur son influence sur celle d'autres hommes. Nietzsche considère d'ailleurs que la valeur de son action réside moins dans son résultat que dans l'exemple qu'il a donné : « Chacun devrait se rappeler de ce qu'il doit à Napoléon : presque tous les espoirs d'élévation de ce siècle. » Nietzsche est en effet persuadé que l'Empereur, par « la passion des nouvelles possibilités de l'âme » qui l'a caractérisé, a fourni un sens et une direction à de nombreux hommes.

En parvenant jusqu'au bout de son potentiel, voire même beaucoup plus loin, la vie de l'empereur des Français a sans doute été l'une des plus belles *success stories* de l'humanité : *« La véritable gloire consiste à se mettre au-dessus de son état. »* Pour corroborer cette affirmation, nous allons comparer les idées de Napoléon Bonaparte à celles de son homonyme Napoleon Hill, l'initiateur des théories du développement personnel aux États-Unis. Bonaparte, qui a l'avantage d'avoir vécu la plupart des maximes qu'il a théorisées, a en effet illustré presque tous les préceptes du journaliste américain. L'ascension irrésistible de Napoléon, pendant une période aussi troublée que la Révolution, correspond à la règle de Hill selon laquelle « le monde a l'habitude de faire de la place à l'homme dont les paroles et les actions montrent qu'il sait où il va ». De même, son destin de *self-made-man* qui, grâce à sa détermination et son intelligence, s'est construit un empire, illustre bien le fait que « tout ce que l'esprit conçoit et croit, il peut l'obtenir ». Napoléon fait d'ailleurs partie de la poignée d'hommes à avoir réussi à bouleverser, voire à modeler le monde, selon sa volonté. Sa formidable capacité à surmonter les obstacles et les adversités est dans la droite ligne de l'observation de Hill selon laquelle « les opportunités apparaissent le plus souvent sous la forme de malchance ou d'échecs temporaires ». En revanche, il y a une maxime de Hill qui ne peut s'appliquer à Napoléon Bonaparte : « Le succès ne s'explique pas. L'échec ne s'excuse pas. »

CHRONOLOGIE DE LA VIE DE NAPOLÉON

15 août 1769 : Naissance à Ajaccio.
28 octobre 1785 : Diplômé de l'École militaire de Paris.
16 juin 1791 : Lieutenant.
30 juillet 1792 : Capitaine.
19 décembre 1793 : Fin du siège de Toulon.
22 décembre 1793 : Général de brigade.
16 octobre 1795 : Général de division.
11 mars 1796 : Général en chef de l'armée d'Italie.
17 novembre 1796 : Bataille d'Arcole.
21 juillet 1798 : Bataille des Pyramides.
10 novembre 1799 : Premier consul.
22 décembre 1799 : Installation du Conseil d'État.
13 février 1800 : Création de la Banque de France.
17 février 1800 : Institution des préfets.
14 juin 1800 : Bataille de Marengo.
15 juillet 1800 : Signature du Concordat.
10 mai 1802 : Consul à vie.
19 mai 1802 : Fondation de la Légion d'honneur.
21 mars 1804 : Promulgation du Code civil.
18 mai 1804 : Empereur des Français.
2 décembre 1804 : Sacre.
2 décembre 1805 : Bataille d'Austerlitz.
14 octobre 1806 : Bataille d'Iéna.
14 juin 1807 : Bataille de Friedland.
1er mars 1808 : Création de la noblesse d'Empire.
6 juillet 1809 : Bataille de Wagram.
7 septembre 1812 : Bataille de la Moskowa.
16-18 octobre 1813 : Bataille de Leipzig.
6 avril 1814 : Abdication de Fontainebleau.
1er mars 1815 : Retour de l'île d'Elbe.
18 juin 1815 : Bataille de Waterloo.
22 juin 1815 : Deuxième abdication.
1815-1821 : Exil à Sainte-Hélène.
5 mai 1821 : Mort à Sainte-Hélène.

NOTES

1. Bertrand (Henri Gatien, général, comte), *Cahiers de Sainte-Hélène*, déchiffrés et annotés par Paul Fleuriot de Langle, Paris, Albin Michel, 1949-1959, t. I, p. 18.

2. Hegel, *Correspondance*, Paris, Gallimard, 1990, t. I, pp. 114-115.

3. Lentz (Thierry), *Idées reçues : Napoléon*, Le Cavalier bleu, 2001, p. 52.

4. Bonaparte (Joseph), *Mémoires et correspondance politiques et militaires du roi Joseph*, Paris, Perrotin, 1853-1854, t. I, p. 47.

5. Marie-Caroline de Naples, Correspondance avec la marquis de Gallo, 28/08/1796.

6. Tulard (Jean), *Le 18 Brumaire*, Paris, Perrin, 1999, p. 143.

7. Vandal (Albert), *L'Avènement de Bonaparte*, Paris, Plon, 1902, t. I.

8. Coignet (Jean Roch, capitaine), *Les Cahiers du capitaine Coignet*, Paris, Arléa, 2001, pp. 148-149.

9. Constant (Louis Constant Wairy, dit), *Mémoires intimes de Napoléon Ier*, Paris, Mercure de France, 2000, t. II, p. 69.

10. Coignet, *Les Cahiers...*, *op. cit.*, p. 156.

11. Bourgogne (sergent), *Mémoires du sergent Bourgogne (1812-1813), publiés d'après le manuscrit original par Paul Cottin*, Paris, Hachette, 1910, p. 246.

12. Terme désignant toutes les unités d'infanterie qui ne forment pas la Garde, utilisé parfois de façon péjorative.

13. Lemaire (Jean-François), *La Médecine napoléonienne*, Paris, Nouveau Monde Éditions, 2003, p. 241.

14. O'Meara, (Barry Edward), *Napoléon dans l'exil ou l'écho de Sainte-Hélène*, Paris, Plancher, 1822, t. I, pp. 326-327.

15. Las Cases (Augustin Dieudonné Martin Joseph Emmanuel de), *Le Mémorial de Sainte-Hélène*, suivi de *Napoléon dans l'exil*, et du *Séjour à Sainte-Hélène par le comte de Las Cases. Par O'Meara et Antommarchi*, Paris, édition critique par Marcel Dunan, de l'Institut, Paris, Flammarion, 1951, t. I, p. 230 (10/05/1816).

16. Davout (Louis Nicolas duc d'Auerstaedt, prince d'Eckmühl), *Le Maréchal Davout, prince d'Eckmühl, raconté par les siens et par lui-même*, Paris, 1879-1880, t. II, p. 204.

17. Hourtoulle (F. G.), *Davout le Terrible*, Paris, Maloine, 1975.

18. Chardigny (Louis), *L'Homme Napoléon*, Perrin, 1998, p. 142.

19. Las Cases, *Le Mémorial..., op. cit.*, (4-5/12/1815).

20. Chardigny, *L'Homme..., op. cit.*, p. 43.

21. Chardigny (Louis), *Les Maréchaux de Napoléon*, Paris, Tallandier, 2003, p. 81.

22. Rémusat (Claire Élisabeth Jeanne, Mme de), *Mémoires de Mme de Rémusat (1802-1808)*, publiés par son petit-fils Paul de Rémusat, Paris, Calmann-Lévy, 1880, t. II, p. 281.

23. Coignet, *Les Cahiers..., op. cit.*, pp. 94-96.

24. Dansette (Adrien), *Napoléon, vues politiques*, Paris, Fayard, 1939, p. 173.

25. Balzac (Honoré de), *Une conversation entre onze heures et minuit*, Paris, Ombres, 2001, p. 19.

26. Jourquin (Jacques), « Napoléon Bonaparte à Saint Cloud, Napoléon Manager », *Revue du Souvenir napoléonien*, 1999, p. 97. Voir aussi Lentz (Thierry), « Le Management des hommes chez l'Empereur », *Revue du Souvenir napoléonien*, n° 433, 2001.

27. Napoléon, *Correspondance..., op. cit.*,n° 365.

28. Constant, *Mémoires..., op. cit.*, t. II, p. 429.

29. Montalivet (André, comte de), *Les Bachasson de Montalivet*, Paris, Laboureur et Cie, 1955, pp. 134-135 ;

30. Las Cases, *Le Mémorial..., op. cit.* (14/09/1816).

31. Miot de Mélito (André François, comte), *Mémoires du comte Miot de Mélito, ancien ministre, ambassadeur conseiller d'État et membre de l'Institut*, Paris, Michel Lévy, 1858, 3 volumes.

32. Chardigny, *L'Homme..., op. cit.*, p. 55.

33. Constant, *Mémoires..., op. cit.*, t. I, p. 271.

34. Rémusat, *Mémoires..., op. cit.*, t. II, p. 368.

35. Rapp (général), *Mémoires du général Rapp (1772-1821), aide de camp de Napoléon, écrits par lui-même*, Paris, Le Livre chez vous, 2004, p. 75.

36. Spillmann (Georges, général), *Napoléon et l'Islam*, Paris, Perrin, 1969, pp. 68-70.

37. Montalivet, *Les Bachasson..., op. cit.*, pp. 133-134.

38. Gourgaud (Gaspard), *Mémoires pour servir à l'histoire de France sous Napoléon, écrits à Sainte-Hélène par les généraux qui ont partagé sa captivité*, Paris, 1823, t. II, pp. 225-226.

39. Montalivet, *Les Bachasson..., op. cit.*, p. 133.

40. Chuquet (Arthur), *Ordres et apostilles de Napoléon Ier*, Paris, Champion, 1911-1912, n° 5390.

41. Savary (Anne Jean Marie René), *Mémoires du duc de Rovigo, pour servir à l'histoire de l'empereur Napoléon*, Paris, Bossange, 1828, t. V, p. 132.

42. Staël (Germaine Necker, dite Mme de), *Considérations sur la Révolution française*, Paris, Tallandier, 2000, p. 338.

43. Balzac, *Une conversation...*, *op. cit.*, p. 19.

44. Chardigny, *L'Homme...*, *op. cit.*, p. 15.

45. Taine (Hyppolite Adolphe), *Les Origines de la France contemporaine*, Paris, Hachette, 1876-1894, t. IX, p. 94.

46. Las Cases, *Le Mémorial...*, *op. cit.* (2/11/1816).

47. Napoléon, *Correspondance...*, *op. cit.*, n° 10097.

48. Metternich (prince de), *Mémoires, documents et écrits divers laissés par le prince de Metternich : chancelier de cour et d'État*, Paris, Plon, 1880-1884, t. I, pp. 288-289.

49. Murat (Inès), Napoléon et le rêve américain, Paris, Fayard, 1976, p. 283.

50. Nietzsche (Friedrich), *La Volonté de puissance*, texte établi par F. Wurzbach et traduit par G. Bianquis, Paris, Gallimard, 1935, p. 975.

51. Napoléon, *Correspondance...*, *op. cit.*, n° 11993.

52. Montalivet, *Les Bachasson...*, *op. cit.*, p. 162.

53. Caulaincourt (Armand Louis Augustin, général de), *En traîneau avec l'Empereur*, Paris, Arlea, 2002, p. 121.

54. Bertrand, *Cahiers...*, *op. cit.*, t. III, p. 225.

55. Rémusat, *Mémoires...*, *op. cit.*, t. III, p. 266.

56. Suchet (Louis Gabriel, maréchal, duc d'Albufera), *Mémoires sur ses campagnes en Espagne, depuis 1808 jusqu'en 1814 écrits par lui-même*, Paris, A. Bossange, 1828, pp. 48-50.

57. Caulaincourt (Armand Louis Augustin, général de), *Mémoires du général de Caulaincourt, duc de Vicence, grand écuyer de l'Empereur*, Paris, Plon, 1933-1934, t. I, p. 366.

58. *Ibid.*, t. I, p. 382.

59. Rapp, *Mémoires...*, *op. cit.*, pp. 168-169.

60. Constant, *Mémoires...*, *op. cit.*, t. II, p. 55.

61. Napoléon, *Correspondance...*, *op. cit.*,n° 15595.

62. Dufresne (Claude), *Bonaparte amoureux*, Paris, Bartillat, 2004, p. 75.

63. Hortense (Reine), *Mémoires de la reine Hortense, publiés par le prince Napoléon*, avec notes de Jean Hanoteau, Paris, Plon, Nourrit et Cie, 1927, t. I, p. 166.

64. Barante (Amable Guillaume Prosper Brugière, baron de), *Souvenirs du baron de Barante, de l'Académie française (1782-1866), publiés par son petit-fils Claude de Barante*, Paris, Calmann-Lévy, 1890-1897, t. I, p. 184.

65. Montholon (Charles, général de), *Récits de la captivité de l'empereur Napoléon à Sainte-Hélène*, Paris, Paulin, 1847, t. II, p. 106.

66. Napoléon, *Correspondance...*, *op. cit.*, t. XI, n° 10311.

67. Napoléon, *Correspondance...*, *op. cit.*,n° 13404.

68. Roederer (Pierre-Louis), *Œuvres du comte P.-L. Roederer, pair de France, membre de l'Institut*, Paris, Firmin-Didot, 1854, t. III, p. 353.

69. Chardigny, *L'Homme...*, *op. cit.*, p. 123.

70. HUGO (général), *Mémoires du général Hugo, aide-major général des armées en Espagne*, Paris, Ladvocat, 1823, 3 volumes. Autre édition, Paris, Excelsior, 1934.823, 276

71. Thiébault (Paul Charles François Dieudonné, général baron), *Mémoires du général baron Thiébault*, Paris, Plon, Nourrit et Cie, 1893-1895, t. III, p. 48.

72. Taine, *Les Origines de la France...*, *op. cit.*, t. IX, p. 169.

73. Dard (Émile), *Napoléon et Talleyrand*, Paris, Plon, 1935, pp. 223-224.

74. Dard, *Napoléon et Talleyrand*, *op. cit.*, pp. 226-227.

75. Balzac, *Une conversation...*, *op. cit.*, p. 19.

76. Thiébault, *Mémoires...*, *op. cit.*, t. V, p. 187.

77. Las Cases, *Le Mémorial...*, *op. cit.*, t. II, p. 48.

78. *Ibid.* (12/09/1816).

79. Montholon, *Récits de la captivité*, *op. cit.*, t. II, pp. 425-426.

80. O'Meara, *Napoléon...*, *op. cit.*, t. II, pp. 242-243.

81. Montholon, *Récits de la captivité*, *op. cit.*, t. II, p. 23.

82. Pillepich (Alain), *Napoléon et les Italiens*, Paris, Nouveau Monde Éditions, 2004, p. 25.

83. Ali (Louis Étienne Saint-Denis, dit le mameluck), *Souvenirs du mameluck Ali (Louis Étienne Saint-Denis) sur l'empereur Napoléon, publiés par G. Michaut*, Paris, Payot, 1926, p. 46.

84. Bertrand, *Cahiers...*, *op. cit.*, t. II, p. 134.

85. Nietzsche(Friedrich), *Le Gai Savoir*, Paris, Flammarion, 1997, p. 362.

86. Balzac, *Une conversation...*, *op. cit.*, p. 19.

87. Préface de *Napoléon est-il mort empoisonné ?*, Paris, Pygmalion, 1999.

88. Weider (Ben), *Napoléon est-il mort empoisonné ?*, Paris, Pygmalion, 1999.

89. Schumpeter (Joseph Alois), *Capitalisme, socialisme et démocratie*, traduit de l'anglais avec une introduction de Gaël Fain, Paris, Payot, 1990, pp. 115-116.

SOURCES BIBLIOGRAPHIQUES

Citations de Napoléon

Maximes et pensées de Napoléon, choisies et présentées par Honoré de BALZAC, Paris, Éditions de Fallois, 1999.

Napoléon a dit : aphorismes, citations et opinions, par Lucian REGENBOGEN, préface de Jean TULARD, Paris, Les Belles Lettres, 1996.

Correspondance de Napoléon

NAPOLÉON, *Correspondance générale de Napoléon Ier*, publiée par ordre de l'Empereur Napoléon III, Paris, Imprimerie impériale, 1858-1869, 32 volumes.

NAPOLÉON, *Lettres à Joséphine*, présentées par Jean TULARD et Chantal de TOURTIER-BONEZZI, Paris, Fayard, 1985.

Ordres et apostilles de Napoléon, Paris, Chuquet, 1911-1912.

Mémoires de Sainte-Hélène

GOURGAUD (Gaspard, général, baron), *Journal de Sainte-Hélène (1815-1818), édition augmentée d'après le texte original, préface et notes d'Octave Aubry*, Paris, Flammarion, 1944, 2 volumes.

GOURGAUD (Gaspard), *Mémoires pour servir à l'histoire de France sous Napoléon, écrits à Sainte-Hélène par les généraux qui ont partagé sa captivité*, Paris, 1823, 2 volumes.

LAS CASES (Augustin Dieudonné Martin Joseph Emmanuel de), *Le Mémorial de Sainte-Hélène*, suivi de *Napoléon dans l'exil*, et du *Séjour à Sainte-Hélène par le comte de Las Cases. Par O'Meara et Antommarchi*, Paris, édition critique par Marcel DUNAN, de l'Institut, Paris, Flammarion, 1951, 2 volumes, coll. « Les Grands Mémoires ».

MONTHOLON (Charles, général de), *Récits de la captivité de l'empereur Napoléon à Sainte-Hélène*, Paris, Paulin, 1847, 2 volumes.

O'MEARA (Barry Edward), *Napoléon dans l'exil ou l'écho de Sainte-Hélène*, Paris, Plancher, 1822.

Famille impériale

BONAPARTE (Joseph), *Mémoires et correspondance politiques et militaires du roi Joseph*, Paris, Perrotin, 1853-1854.

BONAPARTE (Lucien), *Mémoires de Lucien Bonaparte, prince de Canino, écrits par lui-même*, Paris, Delaunay, 1816.

BEAUHARNAIS (Joséphine de), *Mémoires et correspondance*, Paris, Plancher, 1819.

BEAUHARNAIS (Eugène de), *Mémoires et Correspondance politique et militaire du prince Eugène*, publiés, annotés et mis en ordre par A. Du Casse, Paris, Lévy frères, 1858-1860.

HORTENSE (Reine), *Mémoires de la reine Hortense, publiés par le prince Napoléon*, avec notes de Jean Hanoteau, Paris, Plon, Nourrit et Cie, 1927, 3 volumes.

Maréchaux

BERNADOTTE, *Correspondance de Bernadotte, prince royal de Suède, avec Napoléon, depuis 1810 jusqu'en 1814* ; précédée de notices sur la situation de la Suède, depuis son élévation au trône des Scandinaves ; pièces officielles recueillies et publiées par M. Bail, Paris, L'Huillier, 1819.

DAVOUT (Louis Nicolas duc d'Auerstaedt, prince d'Eckmühl), *Le Maréchal Davout, prince d'Eckmühl, raconté par les siens et par lui-même*, Paris, 1879-1880, 4 volumes.

DAVOUT (Louis Nicolas, maréchal, duc d'Auerstaedt, prince d'Eckmühl), *Correspondance du maréchal Davout, prince d'Eckmühl, ses commandements, son ministère (1801-1815)*, introduction et notes de Charles de Mazade, Paris, Plon, Nourrit et Cie, 1885.

MACDONALD (Jacques Étienne Joseph Alexandre, maréchal), *Souvenirs du maréchal Macdonald, duc de Tarente*, Paris, Plon, Nourrit et Cie, 1892.

MARMONT (Auguste Frédéric Louis Viesse, maréchal de), *Mémoires du maréchal Marmont, duc de Raguse de 1792 à 1841*, Paris, Perrotin, 1857, 9 volumes.

MASSÉNA (André, maréchal, duc de Rivoli, prince d'Essling), *Mémoires d'André Masséna, duc de Rivoli, prince d'Essling, maréchal de l'empire, publiés par le général Koch*, Paris, 1849-1850, 7 volumes. Autre édition, Paris, J. de Bonnot, 1966-1967, 7 volumes.

MURAT (Joachim), *Lettres et documents pour servir à l'histoire de Joachim Murat (1761-1815)*, introduction et notes de Paul Le Breton, Paris, Plon, Nourrit et Cie, 1908, 8 volumes.

NEY (Michel, maréchal, duc d'Elchingen,), *Mémoires du maréchal Ney, duc d'Elchingen, prince de la Moskova, publiés par sa famille*, Paris, Fournier, 1833, 2 volumes.

SOULT (maréchal, duc de Dalmatie,), *Mémoires du maréchal Soult duc de Dalmatie*, publiés par son fils, Paris, Amyot, 1854, 3 volumes.

SUCHET (Louis Gabriel, maréchal, duc d'Albufera), *Mémoires sur ses campagnes en Espagne, depuis 1808 jusqu'en 1814 écrits par lui-même*, Paris, A. Bossange, 1828, 2 volumes.

Ministres

BOURRIENNE (Louis Antoine Fauvelet de), *Mémoires de M. de Bourrienne sur Napoléon, le Directoire, le Consulat, l'Empire et la Restauration*, Paris, Ladvocat, 1829-1830, 10 volumes. Autre édition, Paris, Garnier frères, 5 volumes.

CAMBACÉRÈS (Jean-Jacques Régis de), *Lettres inédites à Napoléon, 1802-1814*, présentation et notes par Jean Tulard, Paris, Klincksieck, 1973.

Correspondance de Napoléon avec le ministre de la marine, depuis 1804 jusqu'en avril 1815. Extraite d'un portefeuille de Sainte-Hélène, Paris, Delloye et V. Lecou, 1837, 2 volumes.

DENON (Dominique Vivant), *Voyage dans la Basse et la Haute égypte pendant les campagnes du général Bonaparte*, texte présenté par Raoul Brunon, Paris, Pygmalion, 1990.

FOUCHÉ (Joseph), *Mémoires de Joseph Fouché, duc d'Otrante, ministre de la police générale*, Paris, Le Rouge, 1824, 2 volumes. Édition critique par Louis Madelin de l'Académie française, Paris, Flammarion, 1945.

GAUDIN (Martin Michel Charles, duc de Gaëte), *Mémoires, souvenirs, opinions et écrits du duc de Gaëte, ancien ministre des finances, ex-député, gouverneur de la Banque de France*, Paris, Baudouin, 1826 ; réimp. facsim. Paris, Armand Colin, 1926, 3 volumes.

MIOT de MÉLITO (André François, comte), *Mémoires du comte Miot de Mélito, ancien ministre, ambassadeur conseiller d'État et membre de l'Institut*, Paris, Michel Lévy, 1858, 3 volumes.

MOLÉ (Mathieu), *Souvenirs d'un témoin de la Révolution et de l'Empire (1791-1803),* Genève, Éditions du Milieu du Monde, 1943.

MOLLIEN (François Nicolas, comte), *Mémoires d'un ministre du Trésor public, 1780-1815*, Paris, Impr. de H. Fournier, 1845, 4 volumes.

MONTALIVET (André, comte de), *Les Bachasson de Montalivet*, Paris, Laboureur et Cie, 1955.

SAVARY (Anne Jean Marie René), *Mémoires du duc de Rovigo, pour servir à l'histoire de l'empereur Napoléon*, Paris, Bossange, 1828, 8 volumes.

TALLEYRAND, *Mémoires, 1754-1815*, introduction, notes et établissement du texte par Paul-Louis et Jean-Paul Couchoud, Paris, Plon, 1982.

Généraux

BERTRAND (Henri Gatien, général, comte), *Cahiers de Sainte-Hélène*, déchiffrés et annotés par Paul Fleuriot de Langle, Paris, Albin Michel, 1949-1959, 3 volumes.

BONNEVAL (Armand Alexandre Hippolyte de, général marquis), *Mémoires anecdotiques du général marquis de Bonneval, (1786-1873)*, Paris, Plon-Nourrit et Cie, 1900.

CAULAINCOURT (Armand Louis Augustin, général de), *Mémoires du général de Caulaincourt, duc de Vicence, grand écuyer de l'Empereur*, Paris, Plon, 1933-1934, 3 volumes.

CAULAINCOURT (Armand Louis Augustin, général de), *De Moscou à Paris avec l'Empereur (décembre 1812)*, Paris, Union générale d'éditions, 1963 ; rééd. sous le titre *En traîneau avec l'Empereur*, Paris, Arléa, 2002.

JOMINI (Antoine Henri de, général), *Précis politique et militaire des campagnes de 1812 à 1814*, Lausanne, Benda, 1886.

GRIOIS (Lubin, général), *Mémoires du général Griois (1792-1822)*, Paris, Plon, Nourrit et Cie, 1909, 2 volumes.

MARBOT (Jean-Baptiste, général, baron de), *Mémoires du général baron de Marbot*, Paris, Plon, Nourrit et Cie, 1891, 3 volumes.

NIEGOLEWSKI (André de, colonel), *Les Polonais de Somo-Sierra en Espagne en 1808 ; réfutations et rectifications relatives à l'attaque de Somo-Sierra*, Paris, Martinet, 1854.

RAPP (général), *Mémoires du général Rapp (1772-1821), aide de camp de Napoléon, écrits par lui-même*, Paris, Bossange, 1823 ; rééd., Paris, Le livre chez vous, 2004.

THIARD DE BISSY (Auxonne Marie Théodose), *Souvenirs diplomatiques et militaires du général Thiard, chambellan de Napoléon Ier*, Paris, Flammarion, 1900.

THIÉBAULT (Paul Charles François Dieudonné, général baron), *Mémoires du général baron Thiébault*, Paris, Plon, Nourrit et Cie, 1893-1895, 5 volumes.

Confidents

ALI (Louis Étienne Saint-Denis, dit le Mameluck), *Souvenirs du Mameluk Ali (Louis Étienne Saint Denis) sur l'empereur Napoléon*, introduction de G. MICHAUT, professeur à la Sorbonne, Paris, Payot, 1926.

BOURRIENNE (Louis Antoine Fauvelet de) *Mémoires de M. de Bourrienne sur Napoléon, le Directoire, le Consulat, l'Empire et la Restauration*, Paris, Ladvocat, 1829-1830, 10 volumes. Autre édition, Paris, Garnier frères, 5 volumes.

CONSTANT (Louis Constant Wairy, dit), *Mémoires intimes de Napoléon Ier*, Paris, Mercure de France, 2000, 2 volumes.

FAIN (Agathon Jean François, baron), *Mémoires du baron Fain, premier secrétaire du cabinet de l'empereur*, publiés par ses arrières-fils, avec une introduction et des notes par P. Fain, Paris, Plon, 1908 ; rééd., Paris, Arléa, 2001.

MARCHAND (Louis Joseph Narcisse, comte), *Mémoires de Marchand, premier valet de chambre et exécuteur testamentaire de l'Empereur, annotés par Jean Bourguignon*, Paris, 1952-1955, 2 volumes. ; nouv. éd en un volumes., Paris, Tallandier, 2003, coll. « Bibliothèque napoléonienne ».

MÉNEVAL (Claude François, baron), *Mémoires pour servir à l'histoire de Napoléon Ier, depuis 1802 jusqu'à 1815*, Paris, Dentu, 1893-1894, 3 volumes.

PASQUIER (Étienne Denis, chancelier), *Histoire de mon temps. Mémoires du chancelier Pasquier*, Paris, Plon, Nourrit et Cie, 1893-1895, 6 volumes.

RÉMUSAT (Claire Élisabeth Jeanne, Mme de), *Mémoires de Mme de Rémusat (1802-1808)*, publiés par son petit-fils Paul de Rémusat, Paris, Calmann-Lévy, 1880, 3 volumes.

ROEDERER (Pierre Louis, baron), *Mémoires sur la Révolution, le Consulat et l'Empire*. Textes choisis et présentés par O. Aubry. Paris, Plon, 1942.

ROEDERER (Pierre-Louis), *Œuvres du comte P.-L. Roederer, pair de France, membre de l'Institut*, Paris, Firmin-Didot, 1854, 8 volumes.

SÉGUR (Philippe de, général, comte), *Mémoires du général comte de Ségur, Un aide de camp de Napoléon Ier*, Genève, Éditions de Crémille, s.d.

Autres

BARANTE (Prosper Brugière, baron de), *Souvenirs du baron de Barante, de l'Académie française, 1782-1866*, Paris, Calmann-Lévy, 1890-1897.

LARREY (Dominique Jean, baron), *Mémoires et campagnes du baron Larrey*, nouv. éd., Paris, Tallandier, 2004, 2 vol, coll. « Bibliothèque napoléonienne ».

Officiers et soldats

BILLON (François Frédéric, capitaine), *Souvenirs d'un vélite de la Garde sous Napoléon Ier, extraits des manuscrits de François Frédéric Billon, par son arrières-neveu, A. Lombard-Dumas*, Paris, Plon, Nourrit et Cie, 1905.

BOURGOGNE (sergent), *Mémoires du sergent Bourgogne (1812-1813), publiés d'après le manuscrit original par Paul Cottin*, Paris, Hachette, 1910.

COIGNET (Jean Roch, capitaine), *Les Cahiers du capitaine Coignet*, Paris, Arléa, 2001.

DELEAU (Antoine), cité dans *Le Voleur*, n° 296, 2 juillet 1862.

GRIVEL (Jean-Baptiste), *Mémoire du vice-amiral baron Grivel (Révolution-Empire)*, Paris, 1914.

HUGO (général), *Mémoires du général Hugo, aide-major général des armées en Espagne*, Paris, Ladvocat, 1823, 3 volumes. Autre édition, Paris, Excelsior, 1934.

MARCEL (Nicolas, capitaine), *Campagnes en Espagne et au Portugal 1808-1814*, Paris, Plon, 1913.

MOLIN (Jean Baptiste Louis), « Souvenirs de Cabrera (1808-1810) », *Carnet de la Sabretache*, 1935, pp. 218-232, 288-302, 408-422, 485-496.

PION des LOCHES (Antoine Augustin Flavien), *Mes campagnes (1792-1815). Notes et correspondance du colonel d'artillerie Pion des Loches*, Paris, Firmin-Didot, 1889.

SABON (Jean-Louis), « Mémoires du Petit Louis ou l'apprenti horloger de Genève devenu musicien et chef de musique dans le 69e régiment d'infanterie de ligne de la Grande Armée de Napoléon Ier », *Soldats suisses au service étranger*, Genève, 1910.

Étrangers

CAMPBELL (Sir Neil), « Journal », dans *Chronique des événements de 1814 et de 1815*, par Amédée Pichot, Paris, E. Dentu, 1873.

CONSALVI (Erculo), *Mémoires du cardinal Consalvi, secrétaire d'État du pape Pie VII,* introduction et notes de J. Crétineau-Joly, Paris, 1864-1866, 2 volumes.

HOLLAND (Henry Richard Vassall-Fox, baron), *Souvenirs diplomatiques de lord Holland*, Paris, Rouvier et le Doyen, 1851.

METTERNICH (prince de), *Mémoires, documents et écrits divers laissés par le prince de Metternich : chancelier de cour et d'État*, Paris, Plon, 1880-1884, 8 volumes.

WELLINGTON (Arthur Wellesley, duc de), *The Despatches, correspondence and memoranda of field marshal Arthur duke of Wellington*, London, J. Murray, 1834-1838.

Écrivains

CHATEAUBRIAND (Alphonse de), *Mémoires d'outre-tombe*, Paris, E. et V. Penaud frères, 1849-1850, 12 volumes.

GOETHE (Johann Wolfgang von), *Ses mémoires et sa vie*, traduit et annoté par Henri Richelot, Paris, Le Signe, 1979.

NIETZSCHE (Friedrich), *La Volonté de puissance*, texte établi par F. Wurzbach et traduit par G. Bianquis, Paris, Gallimard, 1935.

STAËL (Germaine Necker, dite Mme de), *Considérations sur la Révolution française*, Paris, Tallandier, 1983 ; rééd., 2000.

STENDHAL, *Journal de Stendhal (H. Beyle), 1801-1814,* Paris, G. Charpentier, 1888.

ZWEIG (Stephan), *Le Joueur d'échecs*, Paris, Stock, 2002.

Ouvrages de management

COLLINS (Jim), *Level 5 Leadership : The Triumph of Humility and Fierce Resolve*, Harvard Business School Press, 2001.

HERSEY (Paul), BLANCHARD (Kenneth H.), PETERS (Lee G.), *Leadership situationnel. Exercice destiné à l'apprentissage d'une théorie du comportement. Guide de l'animateur. Manuel du participant : une méthode pour un management plus efficace : théories, concepts, applications*, Paris, Communication structure perfectionnement, 1988 (supports multimédia)

HILL (Napoleon), *Napoleon Hill's keys to success*, Plume Books, 1997.

MINTZBERG (Henry), *Harvard Business Review on Leadership*, Harvard Business School Press, 1998.

MINTZBERG (Henry), *Le Management : voyage au centre des organisations*, traduction de Michel Behar, Paris, les Éditions d'Organisation, 1991 ;

PORTER (Michael E.), *La Concurrence selon Porter*, traduit de l'américain par Michel Le Seac'h, Paris, Village mondial, 1999.

PORTER (Michael E.), *L'avantage concurrentiel des nations*, traduit de l'américain par Pierre Miraillès, Catherine Barthelemy et Ève Dayre-Mielkarski, Paris, Inter Ed., 1993.

SCHUMPETER (Joseph Alois), *Capitalisme, socialisme et démocratie*, traduit de l'anglais avec une introduction de Gaël Fain, Paris, Payot, 1951 ; nouv. éd., 1990.

SCHUMPETER (Joseph Alois), *Théorie de l'évolution économique : recherches sur le profit, le crédit, l'intérêt et le cycle de la conjoncture*, traduction de Jean-Jacques Anstett, Paris, Dalloz, 1983.

WEBER (Max), *Le Savant et le politique*, introduction de Raymond Aron, Paris, Union générale d'éditions, 1963.

Composé par Nord Compo
à Villeneuve-d'Ascq

- BN 26HC -
Imprimé par la Société Nouvelle Firmin-Didot
Dépôt légal : novembre 2004
N° d'édition : 3040 – N° d'impression : 70754
ISBN : 2-84734-202-8
Imprimé en France – Printed in France